暨南大学 企业发展研究所
企业发展研究书丛

品牌危机与品牌长期管理

心理契约理论视角

刘红艳 ◎著

中国经济出版社
CHINA ECONOMIC PUBLISHING HOUSE
北京

图书在版编目（CIP）数据

品牌危机与品牌长期管理：心理契约理论视角 / 刘红艳著.
—北京：中国经济出版社，2019. 12
（企业发展研究书丛）
ISBN 978-7-5136-5877-5

Ⅰ. ①品… Ⅱ. ①刘… Ⅲ. ①品牌—企业管理—研究 Ⅳ. ①F273. 2

中国版本图书馆 CIP 数据核字（2019）第 188533 号

责任编辑　姜　静　赵立颖
责任印制　马小宾
封面设计　华子图文

出版发行　中国经济出版社
印 刷 者　北京艾普海德印刷有限公司
经 销 者　各地新华书店
开　　本　710mm×1000mm　1/16
印　　张　15. 75
字　　数　235 千字
版　　次　2019 年 12 月第 1 版
印　　次　2019 年 12 月第 1 次
定　　价　68. 00 元
广告经营许可证　京西工商广字第 8179 号

中国经济出版社　**网址** www. economyph. com　**社址** 北京市东城区安定门外大街 58 号　**邮编** 100011
本版图书如存在印装质量问题，请与本社销售中心联系调换（联系电话：010-57512564）

总 序

暨南大学企业发展研究所（以下简称“企发所”）成立于2003年，为广东省首批普通高校人文社会科学重点研究基地。经过多年发展，已形成社会责任观下的企业价值创造、行为公司财务和管理会计、生产运营管理与决策、品牌营销与服务管理、组织行为与人力资源管理五个成熟的研究团队。自2014年以来，企发所旗帜鲜明地确立了“企业转型发展”研究主题，立足广东省、服务大湾区经济，在科学研究、人才培养、学术交流、咨询服务等方面开展了一系列工作，涌现出一批具有影响力的标志性成果。2019年8月，企发所被广东省教育厅评估为“优秀文科平台”。

当前，全球经贸环境正发生深刻变化，经济形势面临严峻的挑战，企业唯有实现以技术创新和产业升级为核心的转型发展，不断提高其自身的竞争力，才能有效应对挑战。同时，我们也看到，我国企业转型发展理论研究迫切需要新的突破，这正是企发所集结学界、业界在相关领域共同展开理论与案例研究并汇集成书的初衷。

2015年，企发所已经开始着眼于当下的经济形势和社会需求，结合自身的研究特色，资助出版了第一批“暨南大学企业发展研究书丛”，获得了业内广泛认可和高度评价。今年，企发所再次资助出版第二批书丛共12本著作。本书丛主要围绕以下四个方面展开研究：

（1）通过建立财政科技资金绩效评价方法、指标及权重体系模型，科学评价广东省财政科技资金投入的绩效，为政府科学决策提供依据，进而提升广东省科技管理的能力。

（2）以传统行业的转型升级为背景，研究上市公司的并购，特别是规模较大的重大资产重组中的核心中介机构——独立财务顾问行为动机和经济后果的现实意义，为梳理、总结、改进声誉机制与独立财务顾问制度的有效性提供有益思路。

(3) 从企业持续发展的战略高度入手，开展管理模式创新研究。探索投资、知识创新、技术革新等要素对企业转型的推动作用，根据客户需求指引生产系统的动态定制，推动企业向规范化、服务化、创新化方向转变。

(4) 依托中国本土文化特色，从心理契约视角研究对品牌关系和顾客品牌决策的影响，寻找企业化解品牌危机以及通过品牌管理获得竞争优势的路径。

本次结集出版得到了中国经济出版社的大力支持，在书丛的编辑过程中，不仅注重每本书的学术水平，而且关注其使用价值。各位作者也都尽可能地将自己的最新研究成果阐述得通俗易懂，以启发更多的读者。由于这些研究成果仍有待完善，理论和方法还有不少值得改进之处，探索企业发展的研究还有待进一步深入。

希望通过此次的出版工作，一方面与国内外有关专家和同行分享相关领域的研究成果；另一方面接受各位专家的批评和建议，不断提高科研工作质量和科研成果水平，为粤港澳大湾区乃至全国的企业发展贡献绵薄之力。

特此为序。

卫海英
暨南大学企业发展研究所
2019 年 11 月

前 言

在企业的发展和演化过程中，品牌所扮演的角色越来越重要。品牌(Brand)最原始的功能是“烙印”，用来识别企业的产品和服务。美国营销学会对品牌的定义也主要从识别的角度出发，品牌是一个“名称、专有名词、标记、符号，或设计，或所有上述元素的组合，用来识别一个供应商或者一群供应商的商品和服务。”(Keller, Parameswaran & Jacob, 2011)。品牌产品具有功能性价值和象征性价值。功能性价值强调品牌产品的实用性和工具性，象征性价值强调品牌产品的关系性和社会心理价值。顾客满意侧重于对品牌产品的功能性价值评价，是良好品牌关系和品牌忠诚的前提；但越来越多的研究发现品牌产品的象征性价值对品牌忠诚的影响越来越重要。在如今的消费社会，品牌不仅仅是商品或服务的标记，品牌已经成为表征消费者身份的重要符号。不同个性、不同身份特征的消费者通过购买相应的品牌产品以展示自己的身份。如何让消费者爱上品牌、认同品牌的价值体系、与消费者建立并保持长久健康的消费者品牌关系，成为企业最棘手的挑战。

移动互联网时代，人人都可以拥有自己的品牌和自媒体，成为传播媒介。一方面，消费者更高频率地接触来自不同媒介的泛滥信息；另一方面，消费者个体可以发声，并可以自己传播品牌和企业信息。自媒体的崛起使得品牌关系随时可能受到负面事件或负面传播的影响。很多企业在投入巨大的成本与消费者建立起积极的品牌关系之后，却往往忽视了品牌关系的维系。多年建立起的积极品牌关系和强大品牌资产往往毁于一旦。奔驰品牌多年来在中国市场享有良好的声誉，消费者认为奔驰车安全、高端、可靠，然而 2019 年上半年的奔驰漏油事件在社交媒体上被深度传播，成为目标消费群体关注的热点。这对奔驰忠诚顾客和目标顾客对奔驰品牌的信任、声誉都产生了非常深的负面影响，当月奔驰的销量急剧下挫。已有文献较多关注功能性价值未能兑现（如产品伤害危机）带来的负面影响，较少关注品牌的象征性价值未能实现对品牌关系以及品牌决策的影响。如顾客对可口可乐的期待是其所宣称的“永远”和“经典”的可口可乐，他们对可口可乐产生了深度的品牌认同。可口可乐公司推出新配方的“新口味可乐”后，顾客觉得无法再用新可口可乐来表达自我形象，这将负面影响顾客品牌态度和决策。

在与消费者互动建立品牌关系的过程中，品牌为了在消费者中占据独特的位置（抢占心智资源）常常为消费者提供某些独特的承诺，譬如绿色、安全、时尚、独特等，而顾客也以认同、信任、承诺或忠诚作为回报。品牌与顾客之间形成了一种非正式的、不成文的相互期望、承诺或责任即心理契约（Psychological Contract）。当品牌未能履行其许下的承诺（如可口可乐的口味改变与形象定位不一致，牛肉汉堡变成了马肉汉堡等）时，消费者可能会对该承诺违背事情进行负面认知评价并产生相应的失望、后悔和愤怒等强烈的负面情感体验。“承诺”未能被履行将会导致心理契约破坏感（Psychological Contract Breach），即对关系另一方未能履行心理契约中的责任或承诺而产生的主观感知或认知评价（Robinson，1996；Morrison & Robinson，1997）。在营销领域，品牌与消费者之间的关系变得越来越重要。品牌与消费者之间的关系虽不如组织与员工之间密切，但消费者会根据品牌的广告和营销传播、根据与品牌的互动活动等方式对品牌形成一系列期望；这些内在期望对消费者的认知和情感行为产生非常大的影响（Roehling，1997）。品牌企业信守承诺满足顾客期望，将促进品牌与顾客之间的良性互动使顾客保持品牌忠诚；然而营销实况却是品牌常常以最好质量、独特定位、贵宾待遇等吸引消费者，却常未兑现其承诺。消费者“期望”未能满足而形成的心理契约破坏感会给品牌关系、消费决策带来何种影响？产品类型、制度环境、顾客个性特征等是否会产生调节效应？

上述问题的回答不仅能为营销领域理解消费者与品牌之间的不和谐关系提供全新的解释视角，还能为近年来频发品牌问题的企业提供有价值的理论指导。理论价值表现为，本书拟从心理契约视角研究心理契约破坏感（关系型 vs. 交易型）对品牌关系和顾客品牌决策的影响；揭示顾客特征、产品类型、制度特征的调节效应。实践方面，本研究的结果可以为品牌企业如何诊断其顾客对品牌关系的负面认知评价和情感体验类型、如何预防和应对因心理契约破坏而导致的负面认知和情感后果提供理论指导，还能为品牌企业制定在危机情境下合适的品牌关系管理战略提供借鉴、为消费者权益的制度环境完善提供政策启示。

本书成果反映了过去5年著者在品牌领域的部分研究工作。本书所包含的研究受到了多项基金的资助。在此特致谢。这些基金分别是：①国家自然科学基金“心理契约破坏、品牌认同威胁对顾客品牌决策的影响”（批准号：71302152），2014年1月至2016年12月；②广东省自然科学基金“现代服务业顾客—品牌关系心理契约的破坏及其修复机制研究”（批准号：S2013040015169），2013年10月至2015年10月。

本书的写作得到暨南大学管理学院书记、企业发展研究所所长卫海英教授的大力支持，感谢她鼓励我撰写并出版本书。

感谢我的团队，特别是我指导的硕士生张斯贤、杨婧澜、李远停、张丽娟等，感谢他们在数据收集、案例资料整理、文献核对等方面的协助；尤其是杨婧澜，在案例资料收集和文献核对方面做了大量的工作。

目录

第1章　品牌与品牌关系

问题导读

阅读完本章之后，读者能对如下问题有更清晰、透彻的认识：

1. 品牌是什么？
2. 品牌为何重要？
3. 品牌和消费者关系的理论基础是什么？
4. 什么是品牌关系？品牌关系有哪些不同类型？
5. 品牌关系如何演变？
6. 品牌关系演变经历哪些过程？
7. 哪些因素影响品牌关系的演变？

1.1　品牌

当下的消费社会，品牌无处不在。我们所购买的产品都是有品牌的，例如“华为”手机、“联想”电脑等；我们所消费的服务也有品牌，“迪士尼”乐园、“长隆”欢乐世界、“王者荣耀”游戏等。不仅产品有产品品牌，企业还有自己的企业品牌，如“宝洁”和“联合利华”；大型非营利组织如奥林匹克、红十字会等也有其品牌；明星网红们的名字也是品牌。在不同个体心理中，品牌代表的含义存在差异：譬如同样的LV手袋，有的人认为是装物品的工具，而有些人则认为是身份和圈子的象征。

不同学科对品牌的理解不一样。从社会学视角来看，品牌与社会阶层联系在一起，品牌从标识产品的功能转换为标识个体身份符号。从经济学视角来看，品牌能降低交易成本，促进消费。从法学的角度来看，品牌是商标。从新闻学的角度来看，品牌是传播。由此可知，品牌可以从社会学、经济学、法学、新闻学、心理学等多个角度进行理解和研究。因此，品牌概念的界定和理解成为一个挑战。本书对品牌的理解主要来自营销管理的视角。

1.1.1 品牌的内涵

品牌可以拆解为“品”与“牌”，“品”从三口，“口”代表人，即众多人；“牌”即有专门用途的板状物，多用来做标志或广告等，如门牌、广告牌等。因此，从汉语文字的字面含义可知，品牌即众人一致认可的标识物。品牌的英文词“brand”意为“烙印”，农场主们为了记住自家的牛，在牛身上刻下烙印。由此可知，从语言学的角度来说，品牌是用来标识动物、地理位置以及产品和服务等的符号。美国营销学会（AMA）亦将“品牌”定义为“名称、标记、符号或设计，用来识别一个供应商或者一群供应商的产品和服务，并使之与竞争对手区分开来”。

那么，是否可以认为品牌就是标识物（Logo）呢？很显然，如果此答案正确的话，很多传播广告和营销活动就失去了存在的价值。已有关于品牌的定义和文献较多关注品牌的识别功能。然而，我们之所以购买“华为”手机，不仅仅是因为我们能记得这个手机就是“华为”品牌；同样地，我们之所以购买“耐克”运动鞋，不仅仅是因为我们能记得这款鞋子的商标就是“耐克”。广告之父大卫·奥格威（David Ogilvy）认为，品牌是产品特征、名称、包装、价格、历史、声誉以及广告方式的无形总和，包括消费者的个体经历以及品牌使用者的形象等。美国品牌管理学者 Keller 认为，品牌是品牌有形要素在顾客心目中建立起来的品牌意识、品牌联想以及由此影响他们对产品的感觉、评价、情感等的总和。显然，品牌是消费者对品牌相关要素的所有感受之和；消费者对品牌的态度、情感和行为倾向可能比识别要重要很多倍。

此外，品牌亦不同于产品。产品是工厂生产制造出来的，品牌则不是，品牌来源于顾客的感受。产品是实体，能满足顾客的功能性需求。品牌的概念存在于顾客的认知中，更多满足顾客的象征性需求。从竞争的角度来看，产品可以被复制和模仿；而品牌则无法复制。独特的品牌在消费者心中是独一无二的。随着技术的发展，产品可能很快被淘汰，但成功品牌的使命、承诺和价值观则影响深远，经久不衰。同时，产品是品牌的载体，传递着品牌的联想和承诺。品牌对顾客的承诺，可能超出产品或服务本身的价值，这些超额价值使得顾客愿意信任、喜爱和尊重品牌。

品牌可以存在于任何领域，如产品、服务、城市、区域（如大湾区）、组织、国家等。一个企业可能会使用多个品牌，如有企业层次的“宝洁”品牌，还有许多产品层次的产品品牌，如“海飞丝”等。苹果是企业品牌，旗下有 Iphone、Ipad、Iwatch 等产品品牌。不同产品品牌之间的战略角色可能存在差异。有些企业可能强调顾客忠诚于单个产品品牌，却不一定忠诚于企业品牌。譬如丰田汽车旗下有丰田、雷克萨斯等品牌，雷克萨斯的消费者可能仅仅忠诚于旗下的雷克萨斯产品品牌。某些企业譬如雅马哈强调若干产品和产品线使用一个统一的大品牌，消费者明白有雅马哈钢琴、家用音响甚至摩托车。

1.1.2　品牌的价值

成功的品牌能为企业和社会创造无限的价值。2019 年 1 月，英国权威品牌价值咨询公司 Brand Finance 在达沃斯世界经济论坛上发布了新一年的全球品牌 500 强报告，位于前三强的分别是亚马逊、苹果和谷歌。亚马逊作为全球最有价值的品牌，当年品牌价值增长近 25%，达到 1879 亿美元；苹果排名第二，品牌价值为 1536 亿美元；谷歌排名第三，品牌价值为 1428 亿美元。在这份报告中也有不少中国企业，其中工商银行排名第八，华为排名第十二，中国移动排名第十五。大家熟知并且日常使用的微信和 QQ 分别位列第二十和第二十一名，淘宝和天猫为新晋品牌，排名分列第二十三和第三十五。品牌早已不仅仅是企业用于标识和区分的工具，已演化为能给企业带来价值的核心要素。

首先，品牌能为企业带来利润。优势的品牌不仅能留住原有的顾客，使顾客保持极高的品牌忠诚和积极的品牌关系，还能够吸引源源不断的新顾客。

这一方面能降低企业的营销费用，降低维系老顾客的成本，吸引新顾客的营销成本也将极大的下降。老顾客的留存以及新顾客的增加将提高品牌企业的市场份额，为企业成长为行业领袖奠定了基础。另一方面，忠诚消费者对优势品牌的价格敏感度更低，使得品牌企业可以为产品定更高的价格，从而获得更高利润。超高的利润又为企业的研发和可持续发展提供了企业的竞争壁垒和护城河。耐克和苹果都是典型的例子，很多消费者都愿意付更高的价格购买耐克鞋子和苹果产品。利润为企业的研发经费提供了重要保障。

其次，优势品牌能为企业吸引和留住人力资本。优势品牌的价值观和愿景往往简洁又有力量，能够吸引和留住优秀人才。这些优秀的人力资本对于公司树立核心的竞争力至关重要。譬如，谷歌公司的使命是“组织全球信息，使得其人人皆可访问和使用”。谷歌公司吸引了具有同样使命感的优秀人才，并致力于使命的达成。这些员工会以公司的成功为荣，并为了提高公司声誉和竞争力而忘我地工作。

再次，品牌能为社会创造什么价值吗？社会学以及社会心理学家皆提出过他们的理解。从个体的角度来看，品牌被认为是消费者重要的关系伙伴（Fournier，1994），品牌为消费者建立自我认知、降低焦虑、补偿消费者的负面情绪等提供了非常重要的解决方案，成为提升个体幸福感的重要路径。品牌领域的学者们提出品牌幸福感的概念，即消费者通过与品牌建立联结，从而提升个体的社会参与度和幸福感等（卫海英等，2019）。过去由亲戚、宗教、实体社区承担的人际互动和自我认知，现在已经由品牌、品牌组织等扮演这些角色。有闲阶层通过闲暇消费来保持和展现身份地位。美国经济学家凡勃伦提出“有闲阶级论”（The Theory of the Leisure Class），认为闲暇是上层阶级的象征，陶醉于有闲消费是炫耀自己财富的重要方式（Veblen，1899，2015）。虽然有闲阶级以闲暇为荣，但是“闲暇”并不是指懒惰或完全无所作为，而是消耗大量时间和精力去消费某些价格高昂的产品。

最后，从群体的角度来看，品牌通过使命、愿景和价值观等方式吸引具有相似倾向的个体组成品牌社区、品牌组织等。“小米发烧友”“哈雷俱乐部”“花粉社区”“果粉”等这样的品牌社区或组织聚集了具有共同价值观和愿景的个体。这些社区或群体成为新型的社会组织，购买或消费同样品牌成为连接这些个体的纽带，也成为支持社会稳定和发展的重要结构。

1.1.3　品牌与消费者关系的理论基石

品牌会为消费者提供什么方面的利益？为何消费者要选择这些品牌？短期来说，消费者选择某个品牌可能出于经济上的考虑，但要维系长期的品牌关系绝不仅仅是纯粹的交易。美国著名品牌研究学者 Park 教授认为，消费者购买品牌产品，可能来自三个方面的利益：功能性利益、情感性利益和意义性利益。他在此基础上提出 3E 品牌关系模型，即长期良好的品牌关系源于品牌能为消费者提供赋能利益、赋情利益和赋意利益。

1.1.3.1　赋能利益

品牌能为消费者提供解决问题的方案，为顾客节约有限的资源，从而使顾客获得能力。顾客会感觉有能力、安心、安全。社会应用如微信有助于连接顾客与社会，海尔冰箱能帮助顾客储存安全的食物。顾客信任和依赖这些品牌来解决问题，降低焦虑；效能感和安全感取代了焦虑和恐惧。

品牌如果能够帮助顾客节约现有的稀缺资源，提高资源的使用效率，那么会提升顾客的效能感。譬如美的电饭煲，有提前预约煮饭和煲汤的功能，能帮助消费者更高效地安排时间。帮助顾客解决问题以及节约资源的品牌赋予了消费者的效能感、自信心和安全感，从而对社会和生活有更高控制力。

1.1.3.2　赋情利益

如果要与顾客建立长期的关系，应该让消费者喜爱品牌，从情感上与消费者建立联结。消费者喜欢能让他们觉得有趣和愉悦的产品。顾客希望品牌能发自内心地感受到他们的需求和心境。品牌的活动使得消费者愿意接近他们，愿意与友善且富有同理心的员工互动。如迪士尼品牌通过米奇、维尼熊等梦幻暖心角色形象，每天为顾客创造奇迹，使顾客体验惊喜和欢乐。长隆欢乐世界通过提供马戏表演、惊喜体验等让顾客沉浸在欢乐的体验之中。

1.1.3.3　赋意利益

消费者有归属感和自我实现的需求。如果品牌能帮助消费者丰富自己，认清自己的身份，发现自己的潜能并实现心中的理想，那么品牌就为顾客赋予了意义感、存在感和归属感。如哈雷摩托有紧密相连的车友会，哈雷品牌社区让消费者产生亲密而独特的归属感。同时哈雷摩托通过多种多样的传播和品牌活动赋予哈雷的独立、自主和自由的个性特征，激励顾客通过哈雷品牌来表达真实的自我。

任何一个成功的品牌一定是在上述三个维度都做得非常出色。仅仅功能性利益突出的品牌可能很快被同类竞争者替代，仅仅能让消费者愉悦的品牌也很难获得消费者长期理性的认可。品牌能够在功能、情感和意义三个维度都为消费者提供卓越的利益，就能收获消费者的信任、消费者喜爱和消费者尊重，从而建立长期优势的品牌关系。

1.2 品牌关系

品牌关系是一种基于品牌和顾客之间的互动反应，包括品牌对顾客的态度和行为以及顾客对品牌的态度和行为两个方面，这两个方面如同一对作用力和反作用力，相辅相成，是不可分割的一个整体。品牌关系的实质就是品牌能力与消费者需求之间的对接，从品牌信任到品牌喜爱再到品牌尊重。这一小节，我们将主要介绍品牌关系的相关概念，包括品牌关系的来源、分类、理论模型等相关内容。

1.2.1 品牌关系的来源

自 1983 年美国学者 Berry 提出关系营销的概念后，营销学家们就对如何将关系理论应用于营销研究进行了广泛的讨论。Morgan 和 Hunt（1994）将关系营销定义为“旨在建立、发展并维系成功的关系性的交换而进行的一切营销活动”。它以建立顾客忠诚度为目标，强调如何为顾客提供经济、社会和技术支持等方面的附加值。早期对关系理论的探讨主要集中在企业与顾客之间的关系层面。后来，随着对品牌研究的关注程度不断提高，一些营销学者提出消费者与品牌之间的关系具有类似伙伴关系的特征，并将关系理论扩展到品牌层面。

对顾客品牌关系的研究源于企业对品牌忠诚的重视（Cunningham，1956）。企业逐渐意识到留住老顾客优于持续吸引新顾客（Sheth & Parvatiyar，1995），搭建良好的消费者—品牌关系利于企业形成竞争优势（Jayawardhena，2014）。Blankston 在关系营销理论和社会心理学的人际关系理论的基础上提出了品牌关系概念，认为品牌关系就是"消费者对品牌的态度和品牌对消费者的态度之间的互动"。在他的研究体系里，品牌关系的主体是消费者与品牌；他认为品牌关系与品牌个性、品牌形象等单向概念不同，品牌关系是一个双向互动的概念，不仅仅考虑品牌或者消费者单方面的态度与行为，而是指消费者对品牌以及品牌对消费者之间双向的互动。这一新概念将品牌关系类比成人际关系，认为品牌也像人一样会对消费者产生态度和行为。美国品牌关系知名学者 Fournier（1995）也认为，关系理论应该朝品牌的层面发展，品牌是关系伙伴方，会与消费者形成如同人与人之间一样的关系。现实生活中，很多品牌确实以各种人际角色形象与消费者相处。微软开发了"小娜"，号称是全球首款跨平台智能"个人助理"。一些家居品牌在进行广告宣传时会宣称自己是"你的家居伙伴"，将自己打造为消费者的伙伴角色。

1.2.2　品牌关系的分类

首先，品牌关系研究先驱 Fournier 认为品牌关系类似于人际关系，认为可以从关系程度和关系效价两个维度对品牌关系分类。Fournier（1994）首次通过探索性研究，提出人际关系的有关概念和理论可以适用于消费者—品牌关系的构念建立。Fournier（2016）对来自美国、中国和西班牙的 53 种品牌关系进行多维标度分析，发现可以从关系程度和关系效价两个维度归纳所有的品牌关系类型。母子关系为积极的强关系；主仆关系为消极的强关系；邻居为积极的弱关系；陌生人为消极的弱关系。相应的典型关系有：友谊（Frinedships）、婚姻（Marriage）、暗面关系（"Dark—side" Relationships）和暂时性导向的关系（Temporally oriented relationships）。

其次，学术界亦从关系范式的角度对品牌关系进行分类。Aggarwal

（2004）借用 Clark 和 Mills 有关人际关系类型的理论，将品牌关系区分为两类：交换关系（Exchange relationship）和共有关系（Communal relationship）。交换关系是指消费者与品牌之间建立一种类似商业伙伴之间的交易关系（Yeh，2011），具体表现为品牌可以为消费者的付出提供专业、高效的产品或服务作为回报，并在消费者提供帮助后支付等价的、即时的报酬，消费者在接受品牌的帮助后也愿意为对方支付酬劳（Aggarwal，2004）。在这种等价交换关系下的品牌虽然较少在意消费者的需求和情感状态，但它能够为消费者的付出提供专业、高效的物质回报，让消费者的支出与收益达到平衡（Kwak，Puzakova & Rocereto，2015）。共有关系是指消费者与品牌之间建立一种类似好朋友之间的情感关系。品牌会关心消费者的独特需求，注重与其顾客建立情感联系；并可以接受在消费者需要时无偿提供帮助，同样地，品牌得到消费者的帮助后也倾向于不提供金钱回报（Aggarwal，2004）。共有关系下，品牌强调与消费者之间情感的培育，让消费者感受到朋友般的温暖（Yeh，2011）。消费者向企业抱怨也是为了帮助其纠正和改进失误，具有利他动机（黄敏学等，2009）。

简单来说，交换型的品牌关系往往没有附带情感因素，主要是出于交易目的；而共有型关系的品牌与消费者之间不仅仅是冷漠无情的买卖双方，还可能是伙伴关系，消费者对品牌有着独特的情感。尽管从本质上讲，两种关系范式都会涉及对成本和收益的关注，所有消费者与品牌关系都属于交换型关系，但有一些品牌与消费者的关系超越了物质利益层面，消费者将品牌视为朋友、亲人般的角色。这种情感下，消费者对品牌的期待与态度比交换型关系更高。Aggarwal 对此做了系列研究，他的研究表明，在消费者与品牌关系的互动中，违背关系规范的品牌行为与遵照关系规范的品牌行为相比，得到消费者更差的评价；相对于交换关系规范，共有关系规范引导消费者在更高的抽象层面上评价品牌属性，导致更大程度的损失规避（Aggarwal，2004）。关系类型作为先行变量调节了消费者对品牌活动的反应、对品牌信息的处理以及对损失规避的效应。遵循或违背关系规范会影响到消费者对具体营销行为和品牌的评价。尽管品牌关系的行为准则与人际关系中的并不完全一样，但是一些人际关系的行为准则能够运用到品牌关系中。

Aggarwal（2005）还通过实验发现共有关系规范比交换关系规范更可能使品牌信息在更高的抽象层次得到处理。对正确具体的品牌信息，交换关系规范参与者比共有关系规范参与者显示出更高的认识率；对错误的非具体的品牌信息，交换关系规范参与者比共有关系规范参与者显示出更低的接受率。Aggarwal（2006）发现共有关系规范和交换关系规范在情绪依恋和感知方面是不同的，共有关系规范中的消费者比交换关系规范中的消费者在接受意愿上表现的避害程度要高于在支付意愿上表现的避害程度。国内学者黄静和姚琪（2009）也对两种关系进行了实证研究，发现品牌关系规范（共有关系规范和交换关系规范）通过恢复投入影响消费者恢复品牌关系的意愿，道歉使共有消费者更愿意恢复关系；有形的回报使交换消费者更愿意恢复关系。

1.2.3 品牌关系的理论模型

1.2.3.1 品牌关系概念模型

品牌关系概念模型描述的是品牌关系的研究思路和分析框架。1992 年，Blackston 根据人际关系交往的原理规范了品牌关系的定义，认为品牌关系就是“消费者对品牌的态度和品牌对消费者的态度之间的互动”。在 Blackston 所提出的这个关系概念中，它将品牌和消费者视为两个同等的主体，而不仅仅单方面考虑消费者这一个主体，消费者对品牌的态度行为以及品牌对消费者的态度行为都是品牌关系中重要的组成部分。Blackston（1992）在对品牌资产的定性研究中提出了品牌关系模型（见图 1-1）。在该模型中，他指出品牌资产由品牌价值和品牌意义组成。其中，品牌价值是可量化的，而品牌意义则难以量化。同时，他将品牌关系分为主观品牌和客观品牌，根据这两个新概念，Blackston 将品牌关系界定为“客观品牌与主观品牌的互动”。他指出品牌关系保护品牌的客观面与主观面，也即品牌形象和品牌态度这两个维度相互作用的结果。

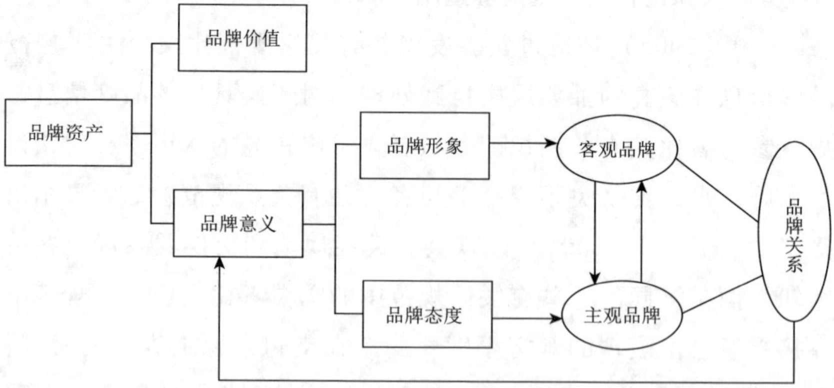

图 1-1　品牌关系模型

Blackston 的模型非常抽象地描述了品牌和消费者的互动关系。Mundkur（1997）又提出了一个品牌和消费者的互动关系模型，更加具体直观地表现出品牌关系。他将品牌关系中的互动元素变为四个——品牌 A、品牌 B、顾客 A、顾客 B，由该四个元素组成了品牌—品牌、品牌—顾客、顾客—顾客等 12 种互动关系。在 Mundkur 的模型中，对品牌关系的定义比 Blackston 的范围更广，不仅包含了品牌—消费者之间的互动，还探讨了消费者与消费者之间的关系。在现实生活中的品牌关系确实也会受到消费者与消费者之间互动的影响。

1.2.3.2　品牌关系角色模型——品牌个性

由于品牌关系是一个双向的互动关系，故角色明确是研究品牌关系的基础。不同品牌关系的出现常常是因为品牌角色的差异。因此，一些研究者想要了解品牌关系中品牌扮演的角色。

20 世纪 90 年代中期，奥美广告调查发现，品牌在与消费者的关系中可以扮演品质、地位、奖赏、自我表达和感受五种角色。其中，品质与产品功能有关；地位满足了消费者对“面子和社会尊重感”的需要；奖赏诉求的是轻松、悠闲的生活方式；自我表达则是指品牌对消费者自我的认可和传递；感受则给予消费者想象的空间。五种品牌角色满足了消费者五种不同的价值需求，是品牌关系建立的基础。

Goodyear（1996）的品牌角色阶梯模型动态地描述了品牌在与消费者关系中所扮演的角色。她认为，“市场演进可以理解为消费行为的不断延续，这种延续反映了营销人员与消费者的对话进行的程度”。基于这种认识，她把不同类型的品牌进行了排列。在不同的关系阶段，品牌扮演了不同的角色，对消费者有着不同的含义。最初，品牌只是衡量产品质量的参考；随着营销人员在品牌中增添情感成分，品牌就发展出了个性；当亲密关系建立起来时，品牌就成为一个偶像；下一个阶段，消费者变得非常容易受公司营销活动的影响；最后，品牌成为企业政策的代名词，在社会文化认可中承担更多的责任。

Fournier 还曾发现消费者与品牌之间发展的全方位的社会关系，包括依赖关系、朋友关系、婚姻关系等。品牌可以展示真诚、能力、刺激、精致和粗犷五种个性特征；品牌个性是消费者理解品牌、消费者—品牌互动的基础。通常情况下，当品牌拥有消费者所喜欢或期望的个性时，更愿意与其产生关系。Aaker，Fournier 和 Brasel 则提出，当品牌树立类似于“真诚”这样的角色形象时更适合那些将自己的品牌定位为消费者朋友的公司，而当品牌树立类似于“令人兴奋的”这样的角色形象时则更适合一时肆意放纵般类型的关系。Huang 等（2013）研究发现，一个新兴品牌在做平面广告时，广告上品牌与消费者的相对位置及距离与品牌和消费者之间的角色关系相匹配时能获得消费者更高的品牌评价。该文章还提出两种积极的品牌与消费者关系，一种是友好型关系，即品牌与消费者之间保持着朋友的关系；另一种则是领导型关系，即品牌倾向于作为消费者的引领者。

1.2.3.3　品牌关系动态模型

品牌关系动态模型的视角是消费者与品牌之间的关系如同人际关系的发展一样，有一个从无到有、从陌生到熟悉、从一般到亲密直至忠诚的渐进过程。品牌关系实际上是品牌与顾客之间的互动的、个性化的、长期的，以增加价值为目标的接触、交流与沟通（马永生，2002）。目前，关于品牌动态关系模型的研究大多借鉴关系营销中的关系动态模型，主要包括 Levinger（1983）的五阶段论、Cross 和 Smith（1998）的五阶段论、Fournier（2001）

的六阶段论等。

Levinger（1983）借鉴人际关系的发展，从关系本身变化的角度将品牌关系发展分为起始、成长、维持、恶化、瓦解五个阶段。Cross 和 Smith（1998）也提出了五阶段论，但内容有所不同。他们提出的五阶段包括认知、认同、关系、族群、拥护，以消费者与品牌的接触过程及消费者的认知反馈为主线。从消费者认识品牌出发，并对品牌形象产生认同，从而建立了关系；产生关系了渴望成为群体成员，获得归属感和自我提升感。

Fournier（2001）对品牌关系的发展提出了六阶段论——注意、了解、共生、相伴、分裂、复合。在 Fournier 的六阶段模型中，强调了消费者与品牌的相处过程，并且指出关系会由于种种原因而分裂；在分裂之后，企业通过努力也可使关系得到复合。这一模型所表述的品牌与消费者的关系是一个动态的循环过程。因此，更加全面地表现了品牌与消费者关系的发展过程。

结合学者们对品牌关系动态模型的研究成果，我们可以看到品牌关系是处于动态变化中的，品牌关系会受一些因素的影响而变化。在下一小节，我们将重点探讨品牌关系的演变。

1.2.4 品牌关系的价值

在消费者—品牌关系理论出现以前，学者们通常将消费者忠诚度作为衡量消费者与品牌关系的指标。虽然品牌忠诚度在一定程度上反映了消费者对品牌的态度和依赖，但仅仅靠品牌忠诚度来反映消费者与品牌之间的关系是不够的。消费者忠诚一般可以通过态度忠诚和行为意向忠诚两个角度进行定义和评估（Olive，1999）。在操作行为意向角度的忠诚时，往往根据顾客重复购买或者该品牌在顾客购买的同类产品中所占比重来衡量品牌忠诚。而顾客忠诚中出现的惰性忠诚、垄断忠诚都属于非主动忠诚，用其来衡量消费者与品牌间的关系是不准确的。品牌忠诚概念简化了消费者与品牌之间的关系，而实际上品牌关系应该是多元且双向的。例如，不同品牌对于消费者具有不同的社会和心理意义，而年龄、生命周期、性别、家庭/社会关系和文化等消费者所具有的基本的社会文化因素都会对关系的强度、期望的关系类型、关系中的情感表达、关系中双方的交互方式、关系建立和完结的容易程度和长期关系的需求程度产生系统的影响（Fournier，1998）。

另外，与人际关系的形成和发展历程相似，消费者与品牌的相互关系是一个从形成、维系到消亡的动态过程。Fajer（1995）提出了一个从品牌试用到品牌喜爱、多品牌共存的品牌忠诚、品牌忠诚和品牌上瘾的五阶段动态模型。这个模型主要涵盖了品牌关系的建立和维系阶段。以 Levinger（1983）的人际关系演进五阶段理论为基础，Fournier 等（2001）提出了一个品牌关系发展的六阶段动态模型。该模型涵盖了更为广泛的关系阶段，包括品牌受到关注，消费者与品牌相互熟悉、共同成长、相互陪伴，以及关系解体和关系复合。

因此，动态研究品牌关系能够更广泛、全面地涵盖消费者与品牌关系的内容，并且可以获得更丰富且具有诊断性作用的品牌认识；相比于品牌忠诚理论，品牌关系具有动态性特征，更适合用来研究长期、动态的消费者与品牌之间的关系。

1.3　品牌关系的演变

1.3.1　品牌关系演变的类型

由于品牌定位的变化以及企业战略的发展等因素，消费者与品牌的关系并非一成不变的，品牌关系处于动态的演变过程中。按照品牌与消费者之间的关系是否牢固，把品牌关系分为弱关系和强关系。所谓弱关系，是指消费者对品牌的依恋程度低，消费者与品牌之间的关系不牢固，品牌关系容易受双方主观因素或者外在客观因素的影响。强关系则意味着消费者对品牌有较高的依恋，二者之间的关系相较于弱关系更加紧密和牢固，不会轻易断裂。根据品牌忠诚相关理论与文献，品牌忠诚度是指消费者对品牌偏爱的心理反应，反映了对该品牌的信任和依赖程度。因此，可以把消费者对品牌的忠诚度分为低忠诚度和高忠诚度。低品牌忠诚的消费者在有需求的情况下对某一品牌产品的购买倾向性不高，重复购买频次低；高品牌忠诚是指消费者在购买决策中，多次表现出来对某个品牌有偏向性的（而非随意的）行为反应。表示消费者在有需求的情况下往往会优先购买某一品牌的产品，重复购买的频率比较高。它既是一种行为过程，也是一种心理（决策和评估）过程。按照关系强弱程度和忠诚程度两个维度，可以把消费者—品牌关系分为四种状态，如图 1-2 所示。

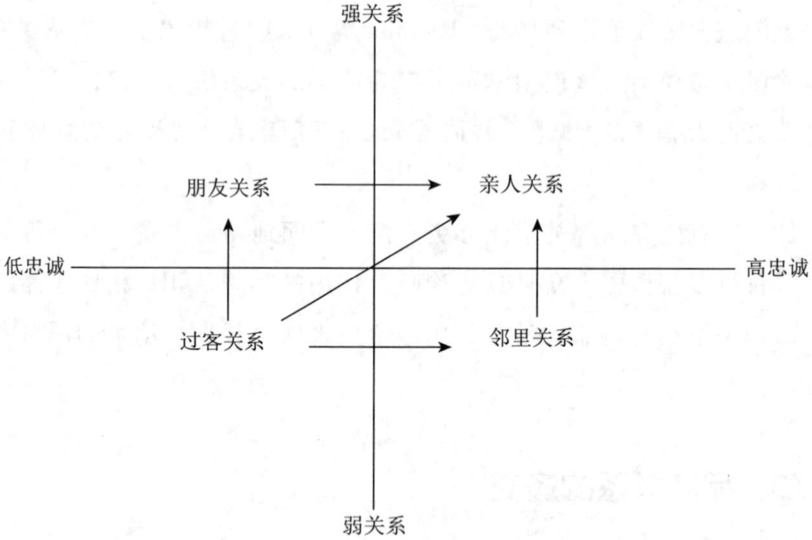

图 1-2　消费者—品牌关系演变状态

注：→代表关系演变方向。

资料来源：徐小龙，苏勇．消费者—品牌关系断裂研究述评 [J]．现代管理科学，2011（8）：11-13

1.3.1.1　过客关系

过客关系，即弱关系—低忠诚组合。过客关系就如其名——“过客”一样，是一种短暂的品牌关系，一般存在于消费者与品牌接触初期。由于在接触初期，消费者与品牌之间互相了解得还不够深入，无法形成稳固的关系。故二者就如同彼此的过客一般，品牌关系较为脆弱。既有深入发展到下一个阶段的可能，也有关系结束的可能。以苹果手机为例，在其初入中国市场时，与中国消费者初步建立的便是过客关系。消费者需要通过一些信息渠道了解苹果品牌以及通过购买产品体验产品品质，获得亲身的品牌体验；而苹果也需要对中国消费者做出初步判断，判断他们是否属于目标顾客群和有价值的顾客群。在这个阶段，由于消费者对苹果这个品牌的了解只处于表面，因此处于低忠诚状态，消费者不会积极维护苹果的品牌形象。

1.3.1.2 朋友关系

朋友关系，即强关系—低忠诚组合。随着消费者与品牌的交流增加，消费者对品牌的认可度逐渐提高，关系逐渐变得紧密，如同人际关系中的朋友关系一样。但在该阶段消费者在购买产品时仍有较多的选择范围，消费者仍然处于低忠诚水平，并不局限于购买一种品牌，偏好于在几种品牌之间选择购买。此时，品牌也试图通过一些手段来更好地与消费者互动。仍以手机品牌为例，OPPO 手机在中国占有一定的市场份额，许多消费者也对该品牌有较深入的了解，但消费者对该品牌的忠诚度并不高，消费者可以同时与几个不同的品牌维持关系，如其竞争对手 VIVO。此外，一些传统品牌或者消费者喜欢但无法轻易购买的品牌，其与消费者之间的关系也是处于朋友关系状态。

1.3.1.3 邻里关系

邻里关系，即弱关系—高忠诚组合。在该阶段，可能由于品牌的独特性以及差异化，使其变得无可替代，品牌受到消费者的认可，但彼此之间并未达到强关系，这时消费者与品牌之间的关系如同邻居一样，表现出表面稳定的关系，消费者对品牌表现出“虚假”的依赖性和忠诚度。一旦品牌的优势失去，或者被其他企业模仿和超越，消费者就会扬长而去，因此邻里关系是一种暂时性的稳定关系。这种情况往往体现在惰性忠诚与垄断忠诚中。譬如，消费者会频繁在自家小区的小超市购物，但这并不意味着消费者对该超市是高度认可，而是因为其便利性。此时，若小区新开张一家小超市，消费者可能就会选择在新开张的超市购买。

1.3.1.4 亲人关系

亲人关系，即强关系—高忠诚组合。对于这类品牌关系，品牌与消费者已经彼此深入了解，知己知彼。品牌已融入消费者的日常生活，消费者是从心底里完全认同品牌，把品牌视为自身生活不可缺少的一部分，表现出品牌依恋行为。品牌注重发展关系价值，专注于满足消费者的特定需要，始终能为消费者提供不可模仿的消费价值和独特的消费体验。品牌与消费者之间表现出高度稳定的关系。如“亲人”二字所言，亲人关系是品牌关系中最稳定而持久的关系，也是许多品牌期望与消费者建立的一种关系。对企业而言，消费者—品牌关系由过客关系向亲人关系演变是它们所期望的关系演变方向。再以手机品牌为例，由于苹果手机出众的性能以及其在手机行业中的领头地位，收获了不少“果粉”（代指苹果品牌的粉丝）。对于苹果与“果粉”而言，二者之间就处于品牌关系中的亲人关系，“果粉”对苹果有强烈的偏好与忠诚度，在有购买需求时也会直接选择苹果，而不会考虑其他竞品。

品牌关系如同客户生命周期一般，它并不一定能够往企业理想的方向演变。因为品牌关系是脆弱的，受到竞争者竞争策略影响和消费者心理认知影响，品牌与很多消费者的关系会发生变化，甚至会中止、终止或消亡（Halinen & Tahtinen，2002）。当然，随着时间的推移，品牌关系也有可能转向更稳定、更理想的亲人关系。也就是说，品牌关系既可能从亲人关系退化为朋友关系、邻里关系甚至过客关系，也可能跳过朋友关系、邻里关系，从亲人关系直接退化为过客关系，甚至品牌关系断裂。

由于消费者间存在个体差异，与品牌的接触以及体验都不同，因此同一品牌与不同消费者之间存在着不同关系。同理，同一个消费者与不同的品牌也是处于不同阶段的关系。但总体而言，对任何一个企业来说，一定时期的消费者—品牌关系都会呈现群体性的特征，从而显示企业的消费者—品牌关系在这一时期所处的主要状态。

1.3.2 品牌关系演变的过程

消费者与品牌之间的关系从无到有，由浅入深，有一个形成过程。大多数学者采用起始、发展、维持、恶化和断裂五阶段关系发展模型，每一个阶段都是一种类型关系在连续变化中的一段间隔（Fournier，1998）。Aaker 等

(2001) 提出消费者—品牌关系发展包括引起注意、相识、共同发展、共同陪伴、断裂和共同恢复六个阶段。笔者结合国内外学者的观点以及客户生命周期，把品牌关系演变过程分为建立、发展、稳定、弱化、断裂和再续六个阶段。

阶段一：关系建立。不论是人际关系还是品牌关系，关系建立是一切关系发展的基础。关系的建立主要来自双方的信息接触，包括品牌方对外的信息传播以及消费者对品牌信息的主动搜寻。消费者在有购买需求后的下一步购买行为便是信息搜寻，而品牌就是许多消费者进行搜寻的信息之一。成熟的品牌或者消费者信任的品牌往往能够让消费者感知到更低的风险。感知风险和购买涉入是消费者愿意与品牌建立关系的重要决定因素（Riley & Chernatony，2000）。消费者在关系建立阶段，会通过对所了解到的信息的判断、与品牌的互动以及对产品初步的体验，形成对品牌的初步认知。这决定了品牌关系是否会走入下一步。若在关系建立阶段，双方都没有达到对方理想的标准，则很有可能品牌关系中止甚至终止；若双方体验良好，消费者愿意进一步与品牌接触甚至对品牌产生一定的依赖，则进入关系发展阶段。

阶段二：关系发展。关系发展阶段，消费者与品牌双方不再停留在表面的信息接触层面，而是发生了情感交流。在交流过程中，消费者与品牌之间更加了解。当品牌呈现的价值观、定位、产品、服务等达到甚至超过消费者预期时，消费者会对品牌产生信任。在一段时间交流后，甚至对品牌产生归属感、认同感。这种情形主要是发生在消费者有了一定的品牌体验并且品牌体验感受较好的情况下，消费者在品牌体验中感知品牌个性、品牌形象并形成稳定的品牌态度。Chang 和 Chieng（2006）的研究表明，品牌体验可分为个体体验和共有体验。个体体验对品牌联想、品牌个性和品牌态度具有显著的影响；个体体验与共有体验通过品牌联想、品牌个性、品牌态度等形成积极的消费者—品牌关系。对于品牌方而言，通过在关系建立阶段与消费者的接触，品牌对目标消费者也有了更准确的了解。在发展阶段，品牌通过对消费者偏好、购买行为数据分析，制定更适合目标消费者的产品方案，从而更好地服务于消费者。

阶段三：关系稳定。当品牌关系发展到一定阶段，关系就趋于稳定。此时，关系不会轻易发生变化，因为双方都对彼此有足够的了解，处于一种稳定的依赖状态。即便竞争对手加大投入对品牌进行宣传，也无法轻易改变处于这个阶段的消费者。处于该阶段的消费者对品牌有较高的忠诚度，能给企业带来较高的稳定收入。许多成熟的品牌与它的老顾客们大多处于关系稳定阶段。当品牌关系处于稳定阶段时，品牌不可高枕无忧，应该居安思危。品牌可通过制订顾客忠诚计划和售后服务措施，加强与消费者的沟通交流，不断提高顾客满意度，维持顾客的忠诚度。同时要掌握市场动态与消费者需求变化，满足消费者不断变化的需求。另外，品牌需要防止发生危机事件；竞争对手的发展与入侵也不可忽视。

阶段四：关系弱化。品牌关系弱化是指消费者与品牌之间关系的强度和忠诚度逐步弱化、衰退。从二者关系建立开始，若品牌无法妥善发展、维护好品牌关系，品牌关系就会出现弱化，消费者与品牌之间的关系变得越来越不稳固。有学者提出，关系衰退是由双方没有积极的行动和沟通造成的（Pressey & Mathews，2003）。如人际关系中的恋爱关系一样，当双方没有及时沟通或者当二者之间出现矛盾没有及时解决而是采取消极的态度和行为来面对时，关系就会弱化。品牌关系亦是如此，当消费者对企业的反馈没有被受理，诉求无果时，消费者对品牌的态度就会发生改变。除此以外，品牌发生定位变化、战略转变等也可能导致其与消费者观念不再符合而发生关系变化。消费者自身因素的变化也会导致其对品牌的态度发生变化。譬如，随着年龄的增长，消费者对服装的喜好也会发生变化。美特斯邦威、森马等此类主打年轻人消费的服装品牌就可能因为消费者年龄的增长而产生关系弱化。或者，随着消费者可支配收入的增长，其消费升级，对原先低价的品牌不再有偏好，此时也会发生关系弱化。

阶段五：关系断裂。关系断裂指消费者—品牌之间的互动、情感终止。当消费者与品牌的关系弱化到一定程度后，就会导致关系断裂。但关系断裂并不是只会发生在关系弱化之后。在关系发展的各个阶段中，关系断裂随时都可能发生。可能在关系建立阶段，消费者通过信息搜寻觉得品牌与自身不匹配，决定终止品牌关系，则关系断裂就会发生。也有可能在关系稳定阶段，由于品牌发生负面事件，消费者对品牌失去了信任，关系断裂就会发生。通常情况下，关系断裂多是消费者的选择。但也可能出现由于政策或其他不可抗因素，品牌选择退出市场导致的关系断裂。关系维持与发展需要消费者与品牌双方的努力和配合，而关系断裂只需要一方采取行动即可完成。但当消费者与品牌都认为关系延续没有任何价值时，双方都会做出终止关系的决定。在前文我们提到在关系稳定阶段，品牌也不可掉以轻心。竞争对手的出现与发展往往容易造成品牌关系断裂。因此，品牌需要塑造自身的独特性以及差异化，拥有自己的核心竞争力，提高客户黏性，防止品牌关系断裂。

阶段六：关系再续。品牌关系再续是指消费者与品牌之间的关系在断裂之后得以重新恢复和延续。品牌关系断裂并不意味着消费者和品牌之间永远不再联系。Aaker 和 Fournier 等（2001）指出，品牌关系的发展会经历一个从建立到断裂，到再续的动态过程。有些断裂的关系在满足一定条件下还有可能恢复（Havila & Wilkinson，2001）。如果采取适当的措施，消费者与品牌就会经历关系再续阶段。发展一段全新关系的难度远远大于维持关系，因此品牌应该重视关系延续。Stauss 和 Friege（1999）的研究表明，在一些利润空间较大的行业，对一个新顾客进行投资的回报率是 23%，而对一个已流失顾客进行投资，回报率可高达 214%。Tokman 等（2007）也认为，重新唤回消费者能够给企业带来较高的经济回报。在实现关系再续的过程中，消费者付出的成本相对较低；企业还可以在这个过程中通过流失顾客了解企业不足，做出改进。

研究发现，企业与流失的顾客重新进行交易的可能性高达 20%~40%。即使关系完全停止，其他形式的交互还是会持续，如信息交换和其他形式的社会或商业交流，而且过去的印象会留存在个人的关系和知识中，要经过一段时间以后才会消失，这些为关系的再续提供了契机（Gadde & Mattsson，1987）。Havila 和 Wilkinson（2002）由此提出了关系能量保持原理，即使双方不会再进行交易，但是仍然存在着某种关系能量，可为“休眠”的关系提供复苏的机会。人际关系修复研究也有同样的结论。例如，Tsang 等（2006）的研究表明，关系双方的承诺越多、关系越亲密，宽恕对方的可能性就越大。也就是说，若消费者与品牌之间交流得越密切，情感越深厚，即关系曾经达到发展甚至稳定阶段，则关系再续的可能性越大。

品牌关系的演变具有不同的形式。从演变的连续性而言，品牌关系的演变存在两种形式——线性演变和非线性演变（徐小龙和苏勇，2012）。线性演变是指随着消费者与品牌接触时间的增加、品牌对关系投入的增加，消费者与品牌的关系变得越来越密切。比如，一个新上市的品牌随着上市时间的增加，对品牌关系投入加大，消费者通过搜索信息、产品使用等方式对其逐渐了解，在这个过程中品牌关系逐步走向更深的层面，这就是线性演变。非线性演变即品牌关系的演变不是一根直线式的，而是曲折甚至有断裂的。一般而言，线性演变是一种在短期内或者在理想状态下的演变方式。现实生活中的品牌关系由于受到多种因素的影响，往往不是线性演变的，而是有波动的。譬如，当企业出现品牌危机事件时，消费者与品牌的关系就会发生非线性演变，可能从朋友关系、亲人关系直接回落至过客关系，甚至关系断裂。

以“西安奔驰漏油”事件为例，2019 年 3 月 22 日，一女子花费 66 万元在西安利之星奔驰 4S 店购买一辆奔驰 CLS300。27 日女车主提到新车开出 4S 店去加油时，发现车辆机油报警。奔驰 4S 店检测发现发动机漏机油，车主要求退款或者换车，被 4S 店拒绝。后经过多天协商，销售人员告知车主，“按照三包条例，只能换一台发动机”。女车主十分气愤，自己花高价购买的新车还未开出 4S 店便出现了质量问题，还不能退款退货。于是 4 月 9 日，女车主来到奔驰 4S 店，坐在发动机盖上维权，被拍下视频发到网上。由于事件的恶劣性以及女车主在维权过程中严密的逻辑性，视频在微博等社交媒体广泛传播并引起极大关注，许多网友也因此对奔驰品牌产生了负面印象。在这个事件中，女车主与奔驰品牌的关系就发生了演变，由于出现突发事件而产生了非线性演变。

1.3.3 品牌关系演变的影响因素

品牌关系是多元且动态变化的，它受许多因素的影响。一些学者对品牌关系的影响机制进行了探讨，Blackston（1992）将人际关系交往原理应用到品牌关系中，发现顾客信任和满意是将成功的品牌与竞争对手区分开的两个重要的影响因素。也就是说，顾客信任和满意是影响品牌关系演变的重要因素。而顾客对品牌的满意度受主动性和支持性的影响，而信任受风险、可信度和亲密性的影响。Aaker，Fournier 和 Brasel（2004）提出了关系强度的概念，认为关系强度反映了关系的耐久性和有效性，并将其定义为由承诺、亲密、满意度和自我联结等维度组成。

具体来说，品牌关系的演变主要受到消费者与品牌之间利益交换、情感交流和外界环境影响三个方面的影响。首先，品牌关系演变的首要动机是利益交换，因为消费者与品牌之间的关系首先以利益交换为基础，如果关系双方的利益交换呈线性方式递增，那么在没有其他因素影响的前提下，消费者与品牌的关系就会呈现有规律的线性演变。但是在现实生活中，品牌关系往往不仅受利益关系的影响，还受品牌与消费者双方之间情感的变化以及外界环境的影响。

其次，品牌关系演变的动机是情感交流。在消费者与品牌的利益交换过程中，随着消费者对品牌的认知发展和体验增加，消费者与品牌之间的情感交流深度发生变化。品牌情感是消费者对品牌产生的主观意识，而情感变换是一种非线性的心理变化过程。当消费者对品牌的情感体验累积到一定程度，就会由量变转向质变，形成不同于以往的情感态度。

最后，外界环境也是品牌关系演变的重要动机。消费者—品牌关系作为一种社会关系，存在于一定的社会环境里。社会环境中的各种因素都将对消费者—品牌关系产生不同程度、不同效价的影响，它们通过对消费者的品牌认知和品牌体验施加影响，形成综合的影响力。这种综合的影响力有可能在一定的时期内改变消费者—品牌关系的演变方向和发展轨迹。

另外，需要引起重视的是，消费者—品牌关系演变的驱动力除了来自企业、消费者，还会来自竞争者。面向竞争的企业都有充足的动力促进消费者—品牌关系演变，以改善品牌绩效，实现可持续经营。企业期望通过改善消费者—品牌关系，使之朝对自己有利的方向演变。消费者的利己需要也将促进消费者—品牌关系演变。消费者为了规避产品风险，更愿意购买知名品牌产品。为了得到更多的价值，消费者可能会主动追求 VIP 身份和资格，迅速成为品牌的忠诚顾客。消费者的利己需要也可能促使消费者—品牌关系恶化，朝对品牌不利的方向演变。当消费者的经济条件或者社会地位发生变化，消费者可能改变对以往品牌的态度，倾向新的品牌。消费者可能由于社交需要、价值观的变化或者消费观的改变而重新审视自己与品牌之间的关系，并进行调整。正是由于竞争的存在，企业才有改善消费者—品牌关系的压力和动力。竞争者在消费者—品牌关系演变中扮演破坏者角色。竞争者采取正当或不正当竞争手段，破坏和瓦解竞争对手的消费者—品牌关系，使其关系恶化，为自己建立和发展消费者—品牌关系创造机会。比如，竞争者通过开发新产品、采取优惠促销策略等措施吸引竞争对手的顾客，也可能采取散布谣言、诋毁声誉、制造危害事件等不正当手段，故意损害对方的消费者—品牌关系。

消费者—品牌关系维系的根本是品牌可以持续不断地满足消费者不同的需求。品牌被当作能满足消费者物质和情感需求的伙伴，它通过解决消费者对产品属性的需求来满足物质需求，同时让消费者感受愉悦、积极等来满足情感需求。消费者—品牌关系并非一个静态的符号和标志，而是一个能互动的纽带，处于动态变化的过程中（卢泰宏和周志民，2003）。消费者—品牌关系是建立在消费者与品牌互动沟通基础上的不断变化发展的关系。该关系的发展变化依靠消费者掌握的品牌信息（积极的和消极的），并会根据现有信息对消费者与品牌之间的关系进行判断与评估，决定持续保留抑或抛弃。

1.4 案例分析——移动互联网背景下脆弱的品牌关系

在互联网背景下，品牌与消费者之间的关系变得更加脆弱。进入 21 世纪以来，互联网技术迅速发展。如今，互联网已经完全进入生活的方方面面，带来日新月异的变化。近些年来，随着通信技术的发展和手机的普及，传统 PC 互联网正在向移动互联网发展。各种移动终端的不断发展，让人们越来越体验到移动互联所带来的便利：从最早的移动网络，到后来的移动电子商务，再到现在的移动商务办公，可穿戴智能设备等，移动互联网正在以一种全新的形态改变着人们生活。生活也因此变得十分便捷，只需拥有一部智能手机，人们就可以实时了解全球的新闻热点；转账、充值等服务也只需动动手指便可轻易完成；手机购物更是成为许多人的日常，通过一部手机可以随时随地地购买所需要的产品和服务。

移动互联网在带来便捷的同时，也带来了一些问题。消费者每天会接收到无数的信息，有社会轶事、有军情速递、有娱乐八卦、有政治绯闻，各类信息如同鹅毛大雪般向我们扑来，令人眼花缭乱。电脑桌面、手机应用无时无刻不在弹出你躲避不及的消息及广告。这在一定程度上削弱了消费者与品牌的关系，一方面消费者在面临产品与品牌时，有了更多的可选项；另一方面，由于信息传播的及时性与有效性，当品牌出现负面消息时，消费者能够在第一时间接收信息并根据信息重新审视自身与品牌的关系。在这一小节，我们将用 D&G 杜嘉班纳的品牌危机案例来阐述移动互联网背景下消费者与品牌间的脆弱关系。

D&G 杜嘉班纳辱华事件——移动互联网时代下脆弱的品牌关系

2018 年 11 月 21 日，在上海世博中心，计划是要举办一次盛大的意大利时尚奢侈品牌杜嘉班纳时装秀，众多时尚达人以及各大明星被邀请出席。然而，这么一场时尚盛宴却因为一场突发性事件被搅黄，时装秀当晚被迫宣布取消。随之而来的品牌危机并没有因时装秀的取消而停止。由于 D&G 创始人 Gabbana 兼设计师和 D&G 的官方未能从品牌危机及品牌关系的专业角度看待和处理这件事，致使事件持续发酵。该事件的闪电般传播速度对这个时尚品牌造成了非常严重的负面影响。

（1）事件缘起。

在 2018 年 11 月 20 日之前，D&G（杜嘉班纳）在社交论坛上发布一个名为“如何用这种小棍子状的工具，来吃我们伟大的意大利玛格丽特比萨”的视频。视频分三集，分别讲的是用东方人的筷子来吃意大利比萨、意大利炸甜卷和意大利面条。视频中一个穿着杜嘉班纳服饰的亚裔女子，手拿着筷子用各种动作演示了用筷子吃意大利食物，视频中的亚裔女子呈现出一种呆板、木讷的感觉，并配上让消费者难以接受的台词。台词大意是：用小棍子形状的餐具来吃伟大的传统玛格丽特比萨饼，具有浓浓的嘲讽之意。网友在观看视频后纷纷表示，该视频折射出中国落后、贫穷和守旧思想。

（2）事件发酵。

该视频在网上引起了中国消费者的不满，纷纷要求D&G向中国消费者道歉。虽然其团队将视频在中国的社交媒体上删除，但大家并没有等到真诚的道歉。D&G创始人斯特法诺·班纳（Stefano Gabbana）在事后不仅不出来为事件中的不当措辞和偏见道歉，反而私下与人大肆辱骂中国消费者。其聊天记录被曝光在社交媒体上："我的团队已将视频从社交媒体上删除，因为我的团队和中国人一样愚蠢"；"没有你们（中国）我们也一样过得很好"等。这段对话中D&G创始人斯特法诺·班纳完全没有意识到D&G品牌视频对中国消费者自尊情感的伤害，毫无悔改之意，直接表明发该视频是自己的意愿，自己永远不会删除那些带有偏见的广告视频。

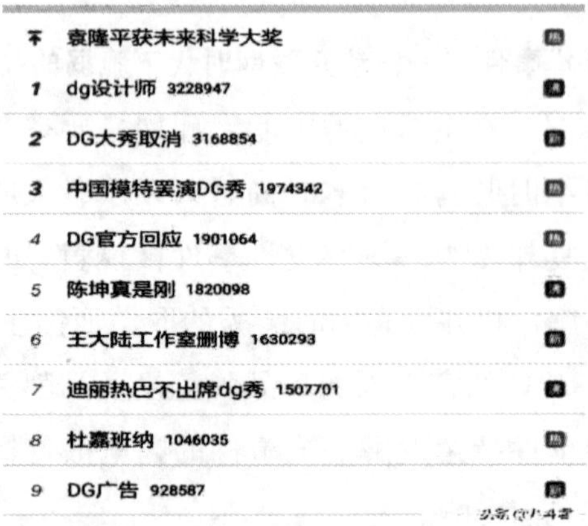

图1-3 事发当日微博热搜截图

事件曝光当天，众多艺人本应前往上海参加杜嘉班纳时装秀，该视频事件在社交媒体大肆传播之后，以陈坤为首的一众明星、模特等纷纷在微博上发布消息，抵制D&G品牌，占据当天微博热搜榜面。随后，全国各大电商平台陆续下架 D&G 商品，中国消费者纷纷在网上发表抵制微博，迫使当天的时装秀直接宣布取消。

（3）事件结果。

11 月 22 日，D&G（杜嘉班纳）在社交媒体 ins 上发表声明，大概意思是：我们原本是梦想着办一场专门为中国的，并能够把展现我们品牌与想象力的活动带到上海。这不仅仅是一场时装秀，它是我们怀着对中国以及全球所有喜爱 D&G 品牌的人的爱与热情，创造出来的产物。今天发生的一切不仅对我们来说非常不幸，对为把这场秀带到现实中来日日夜夜工作的所有人来说，都很不幸。我们发自心底地感谢所有我们的朋友和客人。D&G 未能意识到或者不愿承认这次危机的根源。随后该品牌又在社交媒体进行了三次道歉，其中还提及，此前 D&G 创始人斯特法诺·班纳辱骂华人的对话，是由于 D&G 创始人斯特法诺·班纳社交账号被盗，并非其本人所说。以致事件越描越黑，坚决不承认自己有错。中国消费者并不能接受该品牌傲慢的态度和负面的偏见，对中国消费者自尊情感的伤害是不可逆的。该品牌在中国消费者心中的地位一落千丈，很多中国消费者与该品牌的关系也几乎直接走向了终止。

（4）事件评价。

互联网时代，品牌危机都以惊人的闪电般速度传播。如若处理不当，无论是对企业发展，还是品牌关系都会造成长远的负面影响。一个成熟的品牌，应该要建立完整的品牌危机识别体系和管理机制。品牌危机看似偶发性事件，但其实都有很深刻的必然性。不管事件是否偶然，只要是有损品牌的事情都应该称得上品牌危机事件。企业的每一个人，特别是高管，都要从品牌的角度出发，而不是幼稚的以自我为中心，让品牌危机进一步恶化。从整个事件看，D&G 是一个典型没有完整的品牌管理体系的企业，高层也更不具备品牌意识。D&G 以中国筷子为主题拍摄的短视频并发布到杜嘉班纳的官方微博里，若品牌具有强烈的品牌危机意识，应当立即删除并真诚道歉，争取获得中国消费者原谅。原本还有一线生机可以挽回品牌与消费者的关系，但就因为该条视频被删除后，杜嘉班纳的联合创始人兼设计师斯蒂芬诺·嘉班纳发布了一系列恶劣的不当言论，由于社交媒体传播的广泛性与及时性，使得品牌危机彻底不可逆转。在危机开始阶段，部分企业或者品牌会认为事故原因并非由自己导致的，于是开始从外部找原因，甚至有些企业会认为都是客户的问题，这样会直接忽视自身问题，忽视对品牌带来的影响。如果具备品牌意识，品牌管理者高明的做法应该是，在一场品牌危机即将形成大火之前，就应该准确快速地找到火的根源在哪里，顺势助推，将大火转移到其他的区域，这样就可以转移危机，也就是认真对待和解决用户的质疑。我们看到 D&G 根本没有这么做，当他们意识到危机形势已经十分严峻之后，其设计师没有自省，而企图欺骗消费者，让广大消费者彻底对该品牌失望。

前文提及，品牌关系的演变动机包括利益交换、情感交流和外界环境影响。进入互联网时代，尤其随着移动互联网的发展，品牌关系变得更加脆弱，因为消费者有更多的渠道和信息来了解品牌以及竞争品牌，面临更多的选择。同时，一些负面评价、负面事件在互联网以及移动互联网背景下，传播速度以及广度都显著扩增。根据艾媒大数据舆情监控系统监测显示，随着 2018 年 11 月 21 日 D&G 设计师的辱华言论令事件曝光在公众视野中，热度值骤增。随后，中国共产主义青年团、新华社、《人民日报》、环球网等媒体关注，引发大量讨论，截至 21 日，事件热度值达到 3459，并呈快速上升趋势。因此，品牌应该重视移动互联网、自媒体的影响力。姚金和黄金凤（2017）曾基于我国服装品牌做了个实证分析，研究品牌关系对消费者行为意向的影响。研究结果表明，服装品牌的微博官方网站的感知价值、网络互动对品牌关系产生显著的正向影响。感知价值、网络互动和品牌关系对消费者行为意向均起到显著的积极影响。然而，在品牌关系的各影响因素中，互动的影响作用普遍较大。可见，消费者非常注重信息可得性、平台易用性、深度参与社交媒体圈子。消费者在互动过程中也有更多机会可以感知网站的价值，进而对品牌产生了归属感和情感依恋，从而提高了他们对品牌的承诺意愿。

因此，任何品牌都不能再像传统营销思维那样，想仅依靠产品单方面的优势而长久立足于市场。品牌关系是双向的，并且消费者拥有很大的主动权。在社交媒体环境下，消费者渴望被尊重、被关注，十分注重个人情感的表达，非常愿意向品牌企业提供建议，帮助其改善服务质量（姚金和黄金凤，

2017）。品牌在经营过程中，应以消费者为中心，注重消费者诉求并根据消费者需求做出对应调整，以此来发展和稳固品牌关系。品牌应该全力将品牌关系发展至稳定阶段。当品牌出现危机等事件导致品牌关系断裂时，应该迅速找到危机发生的原因，并且对症下药找到解决方案，寻求关系恢复和再续。

互联网时代，我们应该树立正确的品牌意识，建立完整的品牌危机公关体系。正确的品牌意识是与时俱进，品牌是消费者心中存在的印象。在面对品牌危机时，首先要勇于承担在危机中的所有责任，做到真诚沟通，坦诚真实地对待和解决用户的所有疑虑；在公关过程中一定要快速坚决，让消费者感觉到你的真诚。其次要借助互联网、自媒体的便利，及时地传播有效信息获得消费者信任，再续良好的品牌关系。

本章小结

本章介绍了品牌和品牌关系。首先，对品牌的内涵、价值以及消费者品牌关系的基础进行了深入阐述。品牌可以从社会学、经济学、法学、新闻学、心理学等多个角度进行理解和研究。本书侧重从营销管理视角理解品牌。已有文献多从品牌的识别功能定义品牌，近年来品牌学者们意识到，识别只是品牌的非常基础的作用之一。其次，广义的品牌是品牌有形要素在顾客心目中建立起来的品牌意识、品牌联想以及由此影响他们对产品的感觉、评价、情感等的总和。品牌容易与商品、产品等概念混淆。品牌对企业、社会和消费者皆具有重要的价值，品牌能为企业创造利润，吸引和留住人才；品牌是消费者重要的关系伙伴，帮助个体提升自我认知，是社会群体组织的重要纽带。品牌能满足消费者的功能性利益、情感性利益和意义性利益。

品牌关系是指消费者对品牌的态度和品牌对消费者的态度之间的互动，它来源于 Berry 提出的关系营销概念。许多学者对其构成和类别做了探讨，其中 Aggarwal 提出的品牌关系范式在学术研究中被广泛引用。Aggarwal（2004）借用 Clark 和 Mills 有关人际关系类型的理论，将品牌关系区分为两类：交换关系（Exchange Relationship）和共有关系（Communal Relationship）。交换关系是指消费者与品牌之间建立一种类似商业伙伴之间的交易关系；而共有关系是指消费者与品牌之间建立一种类似好朋友之间的情感关系。此外，我们还探讨了品牌关系的理论模型如品牌关系概念模型、品牌角色模型、品牌关系动态模型。

由于品牌关系不是一成不变的，在第 1.3 节我们对品牌关系的演变做了梳理，包括品牌关系演变的类型、影响因素和过程。其中品牌演变类型包括过客关系、朋友关系、邻居关系和亲人关系；演变动机包括利益交换、情感交流和外界环境等多个方面的结合；品牌演变过程则包括六个阶段——关系建立、关系发展、关系稳定、关系弱化、关系断裂、关系再续。

在第 1.4 节，结合案例——D&G 品牌视频事件，分析互联网背景下脆弱的品牌关系。进入互联网时代，随着移动互联网和自媒体的发展，品牌关系变得更加脆弱。消费者有更多的渠道和信息来了解品牌以及竞争品牌，消费者面临更多的信息和品牌选择。同时，一些负面评价、负面事件在互联网以及移动互联网背景下，传播速度以及广度都显著扩增。因此，品牌企业应具有强烈的危机意识，应采取相应措施和应对体系以建立和发展良好的品牌关系。

参考文献

[1] 黄静，雷柳桢. 品牌关系倾向对消费者品牌态度的影响 [J]. 营销科学学报，2006，2 (3)：86-96.

[2] 黄静，姚琦，周南. 品牌关系准则对再续品牌关系意愿的影响 [J]. 经济管理，2010，32 (3)：79-85.

[3] 黄敏学，才凤艳，周元元，等. 关系规范对消费者抱怨意愿及潜在动机的影响模型 [J]. 心理学报，2009，41 (10)：989-999.

[4] 马永生. 品牌关系管理：品牌管理的未来趋势 [J]. 经济管理，2001 (22)：33-38.

[5] 谢毅，彭泗清. 消费者—品牌关系的影响因素：一项探索性研究 [J]. 商业研究，2008 (1)：1-7.

[6] 徐小龙，苏勇. 消费者—品牌关系断裂研究述评 [J]. 现代管理科学，2011 (8)：11-13.

［7］姚杰，黄金凤. 品牌关系对消费者行为意向影响研究——基于我国服装品牌的实证分析［J］. 管理世界，2017（2）.

［8］周运锦，潘建华. 品牌关系生命周期论［J］. 商场现代化，2005（25）：176-177.

［9］周志民，卢泰宏. 广义品牌关系结构研究［J］. 中国工业经济，2004（11）：98-105.

［10］Aaker，J. L.，Fournier，S.，Brasel，S. A. Charting the Development of Consumer-brand Relationships［C］. Research Paper Series，Graduate School of Business，Stanford University，2001.

［11］Aaker J.，Susan F.，Brasel S. A. When Good Brands do Bad［J］. Journal of Consumer Research，2004，31（June）：1-16.

［12］Aggarwal Pankaj. The Effects of Brand Relationship Norms on Consumer Attitudes and Behavior［J］. Journal of Consumer Research，2004，31（6）：87-101.

［13］Aggarwal Pankaj，Sharmistha Law. Role of Relationship Norm sin Processing Brand Information［J］. Journal of Consumer Research，2005，32（12）：453-464.

［14］Aggarwal Pankaj，Meng Zhang. The Moderating Effect of Relationship Norm Salience on Consumers' Loss Aversion［J］. Journal of Consumer Research，2006，33（12）：413-419.

［15］Biel A. L. Grundlagenzum Markenwertaufbau［M］. Moderne Markenf-ührung，1999.

［16］Blackston，Max. Observations：Building Brand Equity by Managing the Brand's Relationships［J］. Journal of Advertising Reaesrch，1992（3）：79-83.

［17］Chang，Pao Long，Chieng，Ming Hua. Building Consumer brand Relationship：A Cross-cultural Experiential View［J］. Psychology & Marketing，2006，23（11）：927-959.

［18］Dwyer F. Robert，Paul H. Schurr，Sejooh. Developing Buyer-Seller Relationships［J］. Journal of Marketing，1987，51（4）：11-27.

［19］Fajer M. T. Break Down and Dissolution of Person Brand Relationships［J］. Advance sin Consumer Research，1995（22）：663-667.

［20］Fournier Susan. Consumers and Their Brands：Developing Relationship Theory in Consumer Research［J］. Journal of Consumer Research，1998，24（3）：343-373.

［21］Fournier Susan. Dimensioning Brand Relationships Using Brand Relationship Quality［C］. Paper presented at the Association for Consumer Research annual conference，Salt Late City，UT.，2000.

[22] Gadde L. E., Mattsson L. G. Stability and Change Innetwork Relationships [J]. International Journal of Research in Marketing, 1987, 4 (1): 29-41.

[23] Goodyear L. J., Chang P. Y., Sherwood D. J., et al. Effects of Exercise and Insulinon-mitogen-activated Proteinkinase Signaling Path Ways in Rat skeletal Muscle [J]. Am J Physiol, 1996, 271 (1): 403-4088.

[24] Havila, V., Wilkins, I. F. The Principle of the Conservation of Business Relationship Energy: Or Many Kinds of New Beginnings [J]. Industrial Marketing Management, 2002, 31 (3): 191-203.

[25] Heide J B. Plural Governance in Industrial Purchasing [J]. Journal of Marketing, 2003, 67 (10): 18-29.

[26] Huang X., Li X., Zhang M. "Seeing" the Social Roles of Brands: How Physical Positioning Influences Brand Evaluation [J]. Journal of Consumer Psychology, 2013, 23 (4): 509-514.

[27] Huber, F., Vollhardt, K., Matthes, I., Vogel, J. Brand Misconduct: Consequences on Consumer-brand Relationships [J]. Journal of Business Research, 2010, 63 (11): 1113-1120.

[28] Muniz Albert M. Jr, Thomas C. O'Guinn. Brand Community [J]. Journal of Consumer Research, 2001, 27 (3): 412-432.

[29] Riley, F. D'O., Chernatony, L. de. The Service Brand as Relationships Builder [J]. British Journal of Management, 2000, 11 (2): 137-150.

[30] Pressey, A. D., Mathews, B. P. Jumped, Pushed or Forgotten? Approaches to Dissolution [J]. Journal of Marketing Management, 2003 (19): 131-155.

[31] Sauss, B., Friege, C. Regaining Service Customers [J]. Journal of Service Research, 1999, 1 (4): 347-361.

[32] Smith S. B., Lin K. C., Wilson J. J., et al. Starvation Depresses Acylglycerol Biosynthesis in Bovine Subcutaneous but not Intramuscular Adipose Tissue Homogenates [J]. Comparative Biochemistry & Physiology Part B Biochemistry & Molecular Biology, 1998, 120 (1): 165.

[33] Keller K. L. Building Customer-based Brand Equity [J]. Marketing Management, 2001, 10 (Jul/Aug): 14-19.

[34] Kwak, Puzakovam, Rocereto J. F. Better not Smile at the Price: The Differential Role of Brand Anthropomor Phization on Perceived Price Fairness [J]. Journal of Marketing, 2015, 79 (4): 56-76.

[35] Tokman M., Davis L. M., Lemon K. N. The WOW factor: Creating Value Through Win-back Offers to Reacquire Lost Customers [J]. Journal of Retailing, 2007, 83 (1): 47-64.

[36] Tsai C. C., Yang Y. K., Cheng Y. C. Does Relationship Matter ? Customers' Response to Service Failure [J]. Managing Service Quality, 2014, 24 (2): 139-159.

[37] Tsang. Mechanism and Rate Constants for the Decomposition of 1-pentenyl Radicals [J]. Journal of Physical Chemistry A, 2006, 110 (27): 8501-8509.

[38] Varshavsky A., Levinger L., Sundin O., et al. Cellular and SV40 Chromatin: Replication, Segregation, Ubiqiritination, Nuclease - hypersensitive Sites, HMG - containing Nueleosomes, and Heterochromatin-specific Protein [J]. Cold Spring Harbor Symposia on Quantitative Biology, 1983, 47 (1): 511.

[39] WanL C., Hui M. K., Wyer R. S. The Role of Relationship Norms in Responses to Service Failures [J]. Journal of Consumer Research, 2011, 38 (2): 260-277.

[40] Yeh Y. H. The Effects of Brand Relationship Norms on Consumer Response to Brand Information and Advertising [J]. Austin: The University of Texas at Austin, 2011: 19-25.

第2章　心理契约与品牌危机

问题导读

阅读完本章之后，读者能对如下问题有更清晰、透彻的认识：

1. 组织行为学如何定义心理契约?
2. 员工心理契约如何分类? 又是如何形成的?
3. 员工心理契约的内容有哪些?
4. 营销管理中顾客心理契约如何定义?
5. 顾客心理契约违背是什么?
6. 如何从不同视角理解品牌危机的定义?
7. 品牌危机有哪些特征?
8. 如何应对品牌危机?
9. 应对品牌危机时有哪些原则?

移动互联网时代下，变幻莫测的竞争环境、高度迭代的智能科技、多样化和碎片化的传播媒介以及日益挑剔的消费者需求，使得品牌关系的建设面临非常大的挑战。品牌危机爆发日益频繁。企业在品牌建设过程中，日日如临大敌，无相应的系统和策略较好地应对随时可能面临品牌危机。

契约，原是指合同双方或多方共同协议订立的有关买卖、抵押、租赁等关系的文书。可以签订契约的对象也是多种多样，生意伙伴之间可以订立契约；租客与租户之间会有契约；朋友、爱人之间也可以签订契约；企业之间以及企业与员工之间会订立契约；企业与消费者之间也会有签约关系；甚至人们可以与自己订立契约。大家熟知的“合同”便是契约的一种。除了这种文字形式的契约，还有一些契约是非文字形式表达的精神契约，心理契约便属于后者。它与文字形式的契约有着类似的效力，一旦心理契约破裂，也会给双方带来消极后果。

2.1　组织行为中的心理契约

心理契约（Psychological Contract），从字面上就可看出这是非文字合同形式的契约，属于“无言”的精神契约。心理契约是由美国著名管理心理学家施恩（Schein）正式提出的。最开始心理契约的提出是应用在组织管理领域，更多地被用来说明员工与企业间的心理契约；即组织和成员之间的一系列无形、非文字的期望。企业清楚地了解每个员工的需求与发展愿望，并尽量予以满足；而员工也为企业的发展全力奉献，因为他们相信企业能满足他们的需求与愿望。企业的成长与员工的发展虽然没有通过一纸契约载明，但企业与员工却依然能找到决策的各自“焦点”，如同一纸契约加以规范。即企业能清楚每个员工的发展期望，并给予满足；每一位员工也为企业的发展全力奉献，因为他们相信企业能实现他们的期望。其后，学者们发现心理契约还存在于其他的关系中。例如，消费者与品牌之间也存在着心理契约关系。简单来说，消费者在购买某一个品牌的产品时，内心会有自己的预期所得以及自己接受范围内的付出，品牌也会希望从消费者身上得到相应的价值。而二者之间没有形式化的契约签订，更没有文字合同，而是在过程中自然形成的“默契”，这便是心理契约。

心理契约作为一种主观契约形式，在内容上可能涉及正式书面合同所涉及的契约条款，但更多是非正式的、书面合同没有涉及的方面（Rousseau, 1995）。对心理契约内容的探讨最早可追溯到 20 世纪 20 年代，Mayo 在霍桑试验中关注了一些物质因素和非物质因素对生产效率的影响，包括对员工报酬、工作环境，任务与职业取向吻合，归属感，价值认同，培训和发展计划，晋升等。心理契约理论在最开始主要是用来研究组织与员工间的关系，其后营销学家们将其扩展至消费者与品牌的关系中。

2.1.1 心理契约的定义

20世纪60年代，Argyris（1960）在所著的《理解组织行为》一书中最先运用了与心理契约相关的术语——心理的工作契约，用来描述工厂雇员和主管之间的关系。这种心理契约具体表现为：如果主管采取一种积极的领导方式，雇员就会有乐观的表现；如果主管保证并且尊重雇员的非正式文化规范（如让雇员有自主权，确保雇员有足够的工资，有稳定的工作等），雇员就会减少抱怨，维持高生产效率。Levinson等（1962）在一个公共事业单位的个案研究中，提出心理契约是“没有书面化的契约”，是组织与雇员事先约定好的、内隐的各自对对方所怀有的各种期望总和。其中有些期望是明确具体的，如员工的工资；而有些期望则是比较模糊抽象的，如员工的晋升期望。正是因为Levinson本人对“心理契约”做了明确的定义，并对其进行了深化和发展，故被称为“心理契约”的鼻祖。Schein在此基础上将心理契约划分为个体的心理契约和组织的心理契约两个层次；强调虽然心理契约是没有成文的东西，但在组织中却是员工行为的重要决定因素（Schein，1965）。Herriot等（1997）也是把心理契约定位在个体和组织两个层次上，认为心理契约是组织和个人在雇用关系中彼此对对方应提供的各种责任的知觉。这种知觉可能来自对正式协议的感知，也可能隐藏于各种期望之中。

综上，我们可以看到，心理契约是雇用双方的一种主观的心理约定。该约定内容包括对对方的付出以及从对方那儿得到的收获。约定的核心成分是雇用双方内隐的不成文的相互责任。但是对于心理契约的具体内涵，不同学者给出的定义也不相同。有的学者认为是一种期望；有的学者则认为是一种知觉。但我们可以看到，较多学者是将心理契约划分为个体的心理契约和组织的心理契约两个层次，虽然Rousseau等对此提出了质疑，认为组织不具有主体性，因而不会有统一的期望以及组织本身不会有心理契约，它在心理契约中的作用是为期望知觉提供背景。本书基于前人的研究，认为心理契约是“关系双方之间自动形成的一种无言的、内隐的约定，该约定包含彼此对对方的期望付出与期望所得”。

2.1.2 心理契约的类型

组织行为学中，不同学者对心理契约的分类存在差异。本书主要介绍三种主要分类：

（1）交易心理契约和关系心理契约。

法学家 Mac Neil（1985）提出的员工与组织之间的契约类型可划分为交易契约和关系契约两种类型。Rousseau（1990）用典型相关分析法从实证角度验证了法学家 Mac Neil 的观点。他对 129 名 MBA 毕业生心理契约的雇主责任和雇员责任的维度进行分析，抽出两对典型变量：第一类变量反映的是雇员以加班、职责外工作为代价，以换取组织提供的高额报酬、绩效奖励、培训和职业发展，是以经济交换为基础的契约关系，称为“交易契约”（Transactional Contract）；第二类变量反映的是雇员以长期工作、忠诚和愿意接受内部工作调整为代价，以换取组织提供的长期工作保障，是以社会情感交换为基础的契约关系，称为“关系契约”（Relational Contract）。同样地，Robinson 等在对 125 名 MBA 毕业生心理契约违背的跟踪研究中，对员工心理契约中的雇主责任进行因素分析，也提取了两个因子。第一个因子包括高额报酬、绩效奖励、提升和发展等与物质交换有关的契约项目，称为交易契约。第二个因子包括长期工作保障、职业发展、培训等与社会情感交换有关的契约项目，称为关系契约。验证了 Rousseau（1990）的研究结果。此外，Millward 和 Hopkins（1998）以 Rousseau 的“交易—关系”维度模式为基础编制量表，通过对英国不同地区、企业及职业的 1200 名员工心理契约维度的分析，结果也证实了“交易契约”与“关系契约”两个因素的结构。

后来，Rousseau（1995）提出从雇员与雇主契约期限是“长期的”还是“短期的”，以及绩效要求是“明确界定的”还是“没明确界定的”两因素、两水平进行组合，可以把心理契约划分为交易型（Transactional）、关系型（Relational）、平衡型（Balanced）和变动型（Transitional）四种类型。Wade-Benzoni 和 Rousseau（1997）通过对美国一所大学 170 名博士生和他们的 46 名教师之间合作关系的契约性质进行调查，证实了交易型、关系型、平衡型和变动型这四种契约类型的存在。

（2）交易心理契约、培训心理契约和关系心理契约。

Shapiro 和 Kessler（2000）用因素分析方法对 9 项雇主责任进行分析，提取了三 个因素。第一个因素包含与相同行业员工有相同的报酬、相同的福利，报酬与责任挂钩，随着生活水平的提高增加工资等与经济物质有关的组织责任，称为“交易责任”（Transactional Obligations）；第二个因素包含必要的工作培训，新知识、新技能培训和组织支持等与员工知识和能力增长有关的责任，称为“培训责任”（Training Obligations）；第三个因素包含长期工作保障和良好职业前景等与员工个人前途有关的责任，称为“关系责任（Relational Obligations）”。三因素结论与已有“交易—关系”两契约模式的结论不同，认为培训责任既不是交易契约也不是关系契约，而是一个独立的契约维度。

（3）外在心理契约与内在心理契约。

Kickul 和 Lester（2001，2002）将心理契约分为了外在契约与内在契约。他们对 246 名在职 MBA 学员做雇主责任的因素分析，发现所有心理契约内容都涉及两个基本的允诺：一是与工作完成有关的；二是与工作性质有关的。故提取了外在契约（Extrinsic Contract）和内在契约（Intrinsic Contract）两个因素。外在契约涉及雇主对员工做的与员工工作完成相关的允诺，如灵活的工作时间、安全的工作环境、有竞争力的工资和奖金；内在契约涉及雇主所做的与员工工作性质有关的承诺，如工作自我选择、自主决策、自我控制、从事挑战性工作、提供组织支持、参与决策、有发展机会等。

除上述三种分类以外，还有一些学者从理论上提出了一些分类方法。譬如，Rousseau 和 Park（1993）提出，心理契约类型可从心理契约的关注焦点、时间模式、稳定性、范围和性质五种属性及其组合进行考察。后来，Park 和 Smith（1998）把它扩大到稳定性、广狭性、复合性、关注焦点、时间模式、参与性、多维代理性和违背八个方面。Anderson 和 Schalk（1998）也提出了自己的见解，提出可从宽泛的—狭窄的、外显的—内隐的、动态的—静态的、确定的—非确定的、成文的—不成文的等不同性质进行分析。但这些理论大多没有进行实证证明。

2.1.3　心理契约的形成过程

员工心理契约的形成不是一蹴而就的，可能经历四个明显的阶段。

第一个阶段是期望阶段。在员工加入组织之前，有自己关于组织或企业的薪酬、晋升和福利等内容的期待。这些期待也可以用“图式”来概括。图式是基于过去知识和经验的抽象原型。譬如，一般人关于“医生”的图式可能是出诊，看病救人。但对于准备从事“医生”职业的医生学生而言，图式内容更加丰富和具体，包括出诊的时间长短、值班时间、报酬以及晋升渠道等。期望或图式中有些内容可能是个人知识，而有些内容可能受社会文化和信念的影响。值得提出的是，期望阶段的心理契约内容非常主观和碎片化，而这些期望可能会影响后续心理契约的内容。为了使员工对组织企业的心理契约保持足够的稳定和合理，企业非常有必要在前期通过合适的渠道发布清晰明确的员工岗位信息，并确保不同渠道信息内容的一致性。

第二个阶段是初入组织期。员工进入组织，组织和员工双方对各自的责任和义务有了进一步的了解，双方基本达成一致。组织或企业在招聘员工或向消费者推销产品时，往往强调工作的积极方面或产品服务的优势，隐瞒组织的问题和挑战或者消极方面，希望员工加入组织或者消费者购买产品。然而，这种方法并不利于员工或者顾客形成合理的心理预期。过高心理预期会导致员工或消费者的预期—现实落差特别大，不利于形成正确和稳定的心理契约。

第三个阶段是磨合期。员工进入组织后，会更深入了解组织的信息，获得许多新的信息。其中有些内容符合原来的预期，企业实现了承诺。反之，有些信息可能超出他们的预期，譬如，工作性质和工作内容与预期不符，超出他们的能力，或者组织文化和氛围与预期完全不一致。这种情况下，个体可能产生违背感。

第四个阶段是解散期。个体在组织工作了一段时间后，对组织有了深入的了解；同时组织也对员工能力有了具体的把握。个体渴望得到组织的认可以及自己的付出能获得回报。经过一段时间的发展后，个体的能力得以提升，对组织的薪酬预期、晋升预期和培训预期等可能发生变化。此时，当组织或企业未能及时调整心理契约中双方的权利义务和责任等内容，心理契约可能出现裂痕，甚至其中一方可能提前解散合同，导致心理契约破裂。

从动态的视角理解心理契约具有重要的参考意义和价值。心理契约处于不断变化和修正之中。由于有些心理契约内容是内隐的，如果心理契约双方的心理准备不够的话，可能会给个体和组织都带来心理痛苦和经济损失。

2.1.4 员工心理契约和组织心理契约的内容

很多心理契约内容研究大都仅从单一角度出发，要么只对员工心理契约中的组织责任进行探讨，要么只对组织心理契约中的员工责任进行探讨，其中尤以对员工心理契约中的组织责任的探讨居多。而且由于调查对象的不同，员工心理契约中的组织责任也存在较大的不同。

Rousseau 等认为，心理契约的内容来自两个方面即员工心理契约中的组织责任和义务以及员工自己的责任和义务。员工心理契约中的组织责任有：提升、高额报酬、绩效奖励、培训、长期工作保障、职业发展、人事支持七个方面；员工心理契约中的员工责任有：加班工作、忠诚、自愿从事职责外的工作、离职前预先通知、接受内部工作调整、不帮助竞争对手、保守公司商业秘密、在公司至少工作两年八个方面。Robinson，Kraatz 和 Rousseau（1994）进一步的实证研究显示，员工认为组织的义务主要归结为六个方面：内容丰富的工作、公平的报酬、成长和晋升的机会、充分的工具和资源、支持性的工作环境和有吸引力的福利；员工认为他们自己的义务主要集中在八个方面：对组织忠诚、加班工作、自愿做分外工作、接受工作调动、拒绝支持竞争对手、为组织保密、离职前提前告知以及至少在组织工作两年。

员工对自己的责任义务以及组织对员工的责任义务内容可能是不对等的。Herriot 和 Manning（1997）等用关键事件技术和比例分层抽样方法对英国各地区各行业的 184 名管理者和 184 名员工的心理契约内容进行研究。结果发现，员工心理契约中的组织责任项目有培训、公正、关怀、协商、信任、友善、理解、安全、有恒一致、薪资、福利、工作稳定 12 个类别。员工的责任项目有守时、务业、诚实、忠诚、爱护资产、体现组织形象、互助七个方面。进一步比较研究还表明，员工和组织对“组织责任”或义务的理解在友善、理解、福利、安全、薪资、工作稳定六个方面有差异。其中员工希望组织重视安全、薪资和工作稳定，而组织则比较重视友善、理解和福利。员工和组织对“员工责任”的要求在忠诚、爱护资产和体现组织形象三个方面存在差异，其中员工比较重视爱护资产、体现组织形象，而组织更强调忠诚。

2.2　营销管理中的心理契约

2.2.1　顾客心理契约的定义

随着对心理契约研究的深入，学者们开始关注心理契约在营销中的应用。Roehling（1997）指出心理契约概念现在已经一般化地被用来描述许多关系，如房东与租户之间的关系、咨询员与客户之间的关系、夫妻之间的关系、师生之间的关系。这一概念也适用于个人之间、个人与组织之间，以及组织之间的许多交换关系。前文中 Rousseau 等对心理契约的定义是“心理契约是个体在雇用关系背景下对雇用双方相互义务的一种期望或知觉”。在营销活动中，企业与顾客之间也存在着类似组织与个体之间的关系。企业会面向顾客做出或明示或暗示的承诺。在顾客看来，这种承诺就是一种自己感知到的义务关系，能够引导顾客相信自己能从这种关系的互动中获得利益。此时，心理契约就产生了。Blance 和 Ellram（1997）指出，心理契约产生于互惠关系，本质是对相互期望的理解。企业与顾客之间的交易就是这种互惠关系的一种体现。企业提供产品满足顾客需求，相应地，顾客提供金钱满足企业需求，这样一来，顾客心理契约就是指除经济契约之外，顾客对商家提出的额外要求，既包括与产品有关的要求，也包括与产品无关的要求，如尊重等。

国内学者罗海成、范秀成（2005）率先展开了对顾客心理契约的研究，他们借鉴了组织行为学中“Rousseau”学派提出的心理契约概念，仅仅从顾客视角出发，将顾客心理契约界定为“顾客对自己与企业之间互惠义务的感知与信念”。王淑红（2005）在对顾客心理契约的研究中指出，对心理契约的研究最初是从组织与其内部成员的关系角度来讲的，也就是主要的研究角度是企业与内部顾客之间的关系。但是，我们可以从更广泛的意义上来理解心理契约的含义，拓展其外延，可以从心理契约的角度来研究企业与外部顾客之间的关系。顾客与企业之间除了对产品的价格或售后服务条件等内容有明文规定之外，还会涉及很多没有明文规定的方面。这些没有说明的方面虽然没有被企业在与顾客正式的交易契约中明文规定，但却包含在顾客的心理期望中，这些期望也就是心理契约的主要内容。顾客的心理契约内容往往建立在企业对顾客曾经做过的承诺基础上，如企业的广告宣传、营业人员的说明介绍等。王静一（2007）在对顾客心理契约的研究中提出顾客心理契约与顾客期望有关，但是不完全等同于顾客期望。当顾客认为其期望主要是一种内生变量时，亦即顾客认为其期望很大程度上是自己的主观想法时，这种期望不属于心理契约内容，而当顾客认为期望是一种来自企业的某种或明示或暗示的承诺，或是来自对社会常识、行业潜在规则等的认知时，这种期望就属于顾客心理契约的内容。在上述文献的基础上可知，顾客心理契约是顾客在与品牌互动过程中形成的对彼此责任和义务的承诺或期望。顾客心理契约应该是在与企业互动的过程中形成的，它不仅是一种期望，还包含了一层含义，就是顾客认为企业应该或者有义务去满足他的这种期望，而如果一旦这种心理契约被破坏，就极有可能产生对企业的消极情绪，甚至是愤怒情绪，直接降低顾客的满意度。

2.2.2 顾客心理契约与品牌信任

在品牌关系中，品牌作为企业运营的主体，体现了企业的价值与形象。消费者通过与品牌的接触、交流，在自身利益与情感获得的基础上，也使企业价值得以实现。企业通过品牌与消费者所建立的这种关系是相互的，一种类似于人际关系的关系。营销学家们将心理契约概念中的雇员与雇主之间的关系置换为消费者与品牌之间的关系。组织行为中的雇员与雇主之间的心理契约关系体现了双方的互惠和承诺；营销情境下的消费者品牌关系也是基于消费者和企业之间的互惠和承诺达成的共同心理预期，二者具有共性，都是建立在互惠和承诺基础上的。当消费者感到企业单方面违背了与消费者之间早已达成的契约和承诺，不履行应尽义务时，就会导致消费者态度和意愿的改变，致使契约关系发生违背与破裂，维系消费者和企业之间的纽带就会受到影响，品牌就可能发生危机。

2.2.2.1　品牌信任

关于信任的探讨最初起源于哲学，远古的希腊哲学家试图通过对信任的思索来了解人的本性。之后，心理学、经济学、组织行为学、市场营销学等领域众多学者，从多种角度对信任问题进行了大量研究。近年来，随着关系营销的兴起，一些学者看到了品牌信任在消费者与企业关系的建立与维系上所起到的重要作用，开始研究消费者品牌信任及相关问题。在品牌关系范围内，品牌被看作关系中积极的一方，是能动与活跃的一个主体。许多营销学者对品牌信任做了定义，Geok 和 Sook（1999）认为品牌信任是消费者在面对风险的情况下，对品牌产生依赖的意愿，并且相信品牌能创造积极的结果。Ballester（2003）等定义品牌信任为消费者在面临风险的情况下，对品牌的可靠性和倾向性的有信心的期望。新加坡学者 Lau 和 Lee（1999）认为，品牌信任是在面临风险的情况下，消费者依靠某品牌的意愿。笔者认为，消费者信任即消费者对某一品牌有信心的积极态度，这种信心包括对品牌的产品、服务以及能力的信心。

基于研究角度的不同，信任的形式不同。在现实生活中，多种信任形式往往混合在一起，同一种信任形式也往往存在于不同学科研究视角之中，表现出信任研究的交叉性与复杂性。品牌信任更多地体现在消费者与品牌的接触、交流之上的认知与情感联系。McAllister（1995）把信任划分为认知型和情感型信任。McAllister 指出，经过较长时间的持续交往，在回报对方关心的基础上，信任方和被信任方形成了感情的纽带。由于这种关系融入了情感，学者们通常称之为“基于情感的信任”。认知型信任作为一种狭义的信任形式，来自信任方对受信方的初始认知。Lewicki 和 Bunker（1995）从消费者角度出发，把信任分为计算型信任、知识型信任和认同型信任。计算型信任是基于经济学理性经济人的假设，把交易双方的信任看成是人们理性选择的结果；认同型信任的双方在情感及认知上以相互认同为基础，交易双方有共同的价值观和道德准则，双方均能理解对方的需要，这种理解能导致最终的信任，可看作是一种基于情感之上的信任；知识型信任是建立在认知、计算、情感之上的信任，它是信任方与被信任方反复交往的结果。

2.2.2.2 品牌信任与消费者心理契约

在营销领域，心理契约指的是消费者与品牌之间双方的承诺和责任；品牌信任则是指消费者对品牌的有信息的态度。二者都是抽象概念，也有着共同之处。

信任作为一方建立在对另一方可靠性和倾向性基础上的有信心的期望，是正确估计基础之上的不设防的心理状态。它表现出一种非正式与隐含的状态。这与心理契约的非正式性和内隐性是相似的。组织行为学中，学者们研究提出，信任与心理契约存在正相关关系。Atkinson 和 Carol（2007）研究发现，信任出现在所有的心理契约类型与层面之中，分为认知的信任与情感的信任。他们是基于双方的交易与相互义务之上的。不同层面的信任具有不同的影响。有学者认为，信任对心理契约违背产生一定的负向影响（SandraL & Robinson，1996）。

营销领域中，Kingshott 和 Russel（2006）在澳大利亚机动车销售业随机抽样，运用社会交易理论的模型检验后发现：心理契约对于供应商与销售商之间关系的发展起直接的导向作用。而在这一关系中，信任与承诺水平起到了积极的影响。我国学者罗海成和范秀成（2005）在消费者与企业的关系中进行相关实证研究后指出，心理契约与信任存在正相关关系。具体体现在，交易型心理契约、关系型心理契约分别与信任存在正相关关系。

综观学者们的研究结果可以看出，信任与心理契约有着密切的联系，信任出现于心理契约动态发展的每个层面，对心理契约的建立与发展起积极作用。反过来，不同的心理契约形式也对信任起到积极的作用。信任与心理契约的关系是一种相互交往的、互动的关系。把这一关系投射到品牌关系中，可以得出：消费者品牌信任出现在企业与消费者心理契约的每个层面，是心理契约构建与发展过程中的关键环节。消费者作为心理契约的优势主体，在与企业或者品牌的关系中居于有利的地位。消费者品牌信任很大程度上决定了他对该品牌的满意与选择。他对品牌信任所表现出的那种有信心的期望，是与企业心理契约建立中的一个关键要素，是双方期望中合意的一方。从企业的角度，消费者品牌信任是品牌与消费者交往过程中互动的结果，企业只有获得了消费者的信任，才能与消费者进行更深层次的情感交流，与消费者达成一致的期望，成功构建与消费者的心理契约。同时，消费者对品牌的信任程度，又促使心理契约在不同层面转化。消费者的持续信任，表现为品牌关系中消费者的满意感，由此心理契约得以持续。消费者对品牌失去信任，表现为伤心失望，导致心理契约破裂。同时，还应看到，心理契约的建立，持续与破裂又反过来影响信任关系。心理契约的建立，使消费者产生了更强烈的期望。如果期望得到很好的满足，消费者对品牌更加信任。反之，消费者对品牌的信任遭到破坏，甚至产生不信任。

2.2.3　心理契约违背

当一方未履行心理契约内容时，心理契约违背就会发生。譬如，当员工感知到组织未能履行心理契约的允诺时，就会产生心理契约违背。Morrison 和 Robinson（1997）提出了心理契约违背的发展模型，认为从员工感知到心理契约违背行为会经历三个阶段：感知到承诺未履行、感知到契约破裂和契约被违背。他们指出“破坏”和“违背”是两个不同的概念：破坏指的是个体对组织没有履行心理契约中包含的对应于其贡献的某些义务的感知，而违背则指与组织没有充分履行心理契约的信念相伴随的强烈情绪和情感体验。也就是说，心理契约破坏更多是一种认知感知；而心理契约违背是一种主观的情感体验。

心理契约违背是一种普遍的现象，会对员工的态度和行为产生负面影响，从而影响组织的效益。许多研究都证实了雇员对心理契约违背行为的认知与不良的雇员行为（包括离职、工作粗心）存在高度正相关（Guzzo，Noonan & Elron，1994）；而与积极的雇员行为（如工作绩效、组织公民行为、组织承诺）存在负相关关系。研究发现心理契约的违背会导致雇员和雇主关系的断裂（Turnley & Feldman，1998）。

那么，在营销情境下，心理契约违背会产生什么样的影响呢？Zweig 和 Aggarwal（2005）研究指出，违背消费者心理契约将会导致消费者终止品牌关系。消费者在选购产品或者服务过程中，会形成与企业之间无形的心理契约关系。当品牌未能履行承诺而没有达到消费者预期时，就会引发顾客的感知差异，导致顾客的不满和抱怨，从而引发消费者品牌关系的扭曲甚至断裂。

在前文我们已经提及组织行为学中心理契约违背和心理契约破坏的区别。笔者认为，在消费者与品牌的关系中也存在心理契约违背和心理契约破坏的区别。具体来说，当品牌未能履行承诺时，消费者可能先感知到心理契约破裂。如果这种破裂感知足够强烈，可能会引发消费者强烈的情绪和情感体验，即心理契约违背，这甚至可能导致品牌关系终止。

对于品牌而言，当品牌由于未能履行承诺导致消费者产生不满时，如果品牌采取积极的补救策略和诚恳的态度，就有可能取得消费者的同情和原谅，挽回消费者丧失的信任感。如果品牌在契约破裂时，选择消极应对甚至采取零补救措施，消费者的不满就会升级，引发强烈的情绪反应和行为反应，从而导致消费者流失和品牌关系的彻底断裂。虽然品牌关系断裂并不意味着品牌与消费者之间关系的永久断裂，但是如果对于已经发生扭曲或者断裂的品牌关系置之不理，消极应对，就容易激发消费者心中对品牌情感的变化，产生抱怨、背叛的心理，诱发品牌危机。在下一小节我们将对品牌危机进行着重探讨。

2.3 品牌危机

2.3.1 品牌危机的定义

消费者品牌关系是动态发展的，从关系建立、关系发展、关系稳定、关系弱化到关系破裂和关系再续，消费者和品牌企业双方在关系的发展过程中会发生变化。消费者对企业的认知、需求、期待和态度会随着消费者自身知识的增多而发生变化；企业对消费者的需求和服务的响应也可能因为企业的发展而不同。不仅如此，移动互联网和自媒体的丰富以及多变的竞争环境等给消费者品牌关系带来了更多的不确定性。在消费者品牌关系中，消费者处于主导地位，消费者可以单方面终止与企业的关系。当企业的产品出现质量问题，或企业品牌存在道德问题，或一些大规模的品牌负面信息都可能导致消费者对产品质量不再信任，对企业品牌形象存在负面看法，导致大量消费者短时间内改变对品牌的态度，中断与品牌的关系，这时品牌危机就发生了。

多个学科如营销学、传播学、政治学、社会学等都对品牌危机领域有诸多研究。从传播学的角度来看，品牌危机是组织危机中的一种，它是指企业与其有关公众之间出现严重冲突或发生明显不利于企业品牌的舆论、事件，或者是指危及企业品牌的声誉、形象、利益、生存和发展的突发性或灾难性的事情或事件（王雷，2005）。从营销管理的角度来看，品牌危机是由于被广泛宣传的负面事件导致的品牌关系扭曲乃至暂时或永久性的品牌关系断裂（卫海英，2011）；由于组织内、外部突发原因造成的，是始料不及的，并且会导致对品牌形象的损害和品牌价值的降低，以及由此导致的使组织陷入困难和危险的状态。我们认为，品牌危机是由于品牌负面信息的广泛传播导致大量消费者短时间内中断品牌关系的事件。

由于导致品牌危机的原因非常多，品牌是传播学、营销学等多个领域的研究对象，品牌危机的分类成为一个挑战。有的将产品伤害危机等同于品牌危机，或者认为品牌危机就是负面曝光事件。如品牌危机权威学者 Coombs 把品牌危机分为受害性危机、偶发性危机和有意性危机。其中，受害性危机包括谣言；偶发性危机包括产品伤害事件、技术失败等；有意性危机是指人为负面曝光或企业犯罪等。Pullig 等（2006）将品牌危机分为与绩效相关的品牌危机和与价值观相关的品牌危机。类似地，Votolato（2006）将品牌危机分为与能力相关的品牌危机如产品伤害危机和与道德相关的品牌危机，如企业犯罪。

部分学者将品牌危机成因分类为：外部原因和内部原因两大类，或者企业可控和不可控因素。由外部原因导致的被称作外生型危机，这类危机往往也是由企业不可控因素导致的；内生型危机就是由内部原因（即企业可控因素）导致的；还有一种则是内外双生型危机，也即导致品牌危机的既有内部原因又有外部原因。外生型危机就是由企业外部环境发生变化所引起的危机，通常不受品牌掌控，如国内经济疲软、国民信心指数下滑、自然灾害造成的心理动荡，相关行业危机事件的波及等。而内生型危机则是因为品牌管理不善导致的危机，如服务承诺不能实现、产品质量投诉等。顾名思义，内外双生型危机是指两种危机相互作用而成，既有外部因素又有内部因素。尽管品牌危机的爆发时间只是某个节点，但它不是一个孤立事件，它反映的是品牌管理与企业管理间不断恶化的结果。从危机发展过程看，品牌危机往往是从品牌管理不善开始的，由于外部环境的冲击，使这些潜伏的危机被不断累积、放大，最终导致了爆发。因此，品牌危机产生的直接诱因是外部品牌环境的突变，但企业品牌管理的不善才是品牌危机爆发并损伤企业品牌形象的深层原因。

品牌危机与产品伤害危机、企业危机、公共危机等概念容易混淆，它们都是危机在不同领域的发展，区别在于危机成因和危机主体存在差异。首先，品牌危机和产品伤害危机的关系最为密切，因为产品伤害危机往往会演化成品牌危机。如 2019 年 5 月，在西安发生的奔驰漏油事件，最开始只是一辆车的产品质量出现问题，但是由于广泛的媒体关注，该事件发展成为对消费者、企业和行业影响深远的品牌危机。产品伤害危机是指偶尔出现并被广泛宣传的关于某个产品有缺陷且对大量消费者有危害的事件（Siomkos & Kurzbard, 1994）。品牌危机是由于品牌负面信息的广泛传播导致大量消费者短时间内中断品牌关系的事件。由此可知，产品伤害危机应该是品牌危机中的一个子范畴。而品牌危机并非都是产品伤害危机。引发品牌危机的原因不仅仅是产品质量问题，品牌不履行品牌的承诺，不履行社会责任、企业道德问题、品牌联盟或品牌延伸失败等都可能导致品牌危机。如携程的品牌口号是“携程在手，说走就走”，但是很多消费者发现携程“搭售”，捆绑销售问题严重，导致“携程在手，看清楚再走”。此外，品牌危机还常常与企业危机一起出现。企业危机的主体是企业，影响的是企业与利益相关者的关系，譬如，企业财务危机，会影响企业与员工、企业与投资者的关系。导致企业危机的原因既有来自企业内部的，如战略方向危机、运营模式危机、供应链危机、产品研发危机；也有来自外部环境的，如经济环境、文化环境、行业竞争等。例如，2018 年，中兴通讯公司因受美国制裁，企业供应链中断，导致全方位的企业危机爆发。由此可知，导致企业危机的原因更为复杂和多样，品牌危机可以说是企业危机的一个子范畴。但两种危机的主体和客体存在很大的差异。品牌危机的主体是品牌，客体是顾客，品牌未能履行对顾客的承诺，顾客中断品牌关系。营销学者们从消费者视角考察品牌负面事件对消费者利益和品牌关系的影响。而企业危机的主体是企业，客体是企业利益相关者。因此战略管理、财务管理等领域的学者考察企业战略、管理制度、财务制度等对企业利润、企业利益相关者的影响。显然，品牌危机与企业危机在危机原因、危机主体和危机客体上都存差异。

2.3.2　品牌危机的特性

品牌危机同其他形态的危机一样，是危机在以品牌为主体上的表现，并且作为品牌运营过程中出现的非常规状态。根据上述品牌危机基本内涵的解释以及大量发生品牌危机的案例，笔者认为品牌危机一般具有如下特点：

（1）突发性。

任何一种危机的发生往往是计划外的、不可预估的、突发的；品牌危机也是如此。品牌危机的突发性是指品牌危机的发生时间、发生地点以及发生方式都在预料之外，人们往往难以实现预测并准确把控。品牌会受一系列复杂因素的影响，且各因素间存在交叉性关系。品牌管理过程中任何一个薄弱环节都可能因某种偶然性因素而导致顾客品牌关系失衡、崩溃，最终形成危机。虽然，有时人们可以预测品牌危机发生的可能性，但没有人可以确定品牌危机一定会发生以及会在何时何地发生。突发性反映了品牌危机事件的偶然性和随机性。以碧桂园为例，2018 年碧桂园几度深陷品牌危机。作为中国房地产巨头，却在短短两个月接连发生了“倒楼”事件，并且在上海奉贤区海湾镇碧桂园在建小区工地发生的模架坍塌事故中造成了人员伤亡。这将碧桂园推上了舆论的风口浪尖。碧桂园倒楼事件完全体现了品牌危机的突发性，事件的发生没有任何的可预见性，带来的品牌伤害却非常大。碧桂园的口号是“给你一个五星级的家”，在碧桂园快速周转的运营模式下，很多消费者认为该品牌并未能实现其承诺，一些顾客甚至将品牌口号修改为“碧桂园给挖一个五星级的坑”。

（2）伤害性。

品牌危机的第二个特性是伤害性，也就是品牌危机带来的后果。品牌危机一旦发生，就会产生相当大的破坏作用，可能损害到消费者、社会公众的利益，还可能导致消费者抵制品牌和产品，消费者与品牌关系断裂；或者导致企业形象受损并引发品牌价值降低，破坏消费者对企业产品品牌的感知、识别、联想与忠诚；也可能使得企业陷入法律纠纷，面临巨额索赔等，这都会使得品牌陷入困难窘迫的被动状态。甚至一些严重的品牌危机使得企业彻底覆灭，如2008年发生的三鹿“三聚氰胺”事件；在事件发生短短半年后，曾经是《福布斯》评选的“中国顶尖企业百强”乳品行业第一位、品牌价值达149.07亿元的三鹿集团，于2009年2月12日宣布破产。

从品牌危机管理角度来看，品牌危机事态的伤害性要求在进行品牌管理时尽可能地积聚一切可获得资源，同时能够根据事态的轻重缓急，准确评估各个行动的优先次序并据此分配资源，以求得危机应对资源效率的最大发挥，尽可能减少品牌危机的伤害。

（3）机遇性。

品牌危机除了具有突发性、危害性之外，也存在一定的机遇性。所谓“危机”，可将其拆分为危险和机会。每一次危机既包含着危险，也存在着机会。对于品牌而言，及时并且准确的危机处理也许能够给品牌带来机遇。以星巴克为例，此前星巴克无辜遭遇“致癌”风波，对星巴克的影响可谓扩散至全球。但星巴克及时采取措施，粉碎谣言，不仅平息了风波，还得到公众的认可与赞赏。

（4）高公众关注性。

品牌危机一旦爆发，就会立即引起媒体、政府、公众和相关组织以及消费者的密切关注，成为社会和舆论关注的焦点和热点。尤其是高伤害性或者高品牌知名度的品牌危机事件，往往都是新闻报道的重点关注对象。如今，移动互联网、社交媒体等的迅速发展，让品牌危机的信息传播速度加倍。同时，自媒体、社交媒体的发展也让品牌危机的扩散范围超越传统媒体对危机的报道，贯穿于危机发生的始终，常常成为危机处理中最棘手的问题，舆论的偏向直接影响到品牌的发展存亡。

2.3.3　品牌危机应对策略

根据品牌危机的演化理论，品牌危机大致可以分为三个阶段，即危机发生前的潜伏阶段、危机爆发阶段以及危机发生后的恢复阶段。当品牌所属的企业发生不履约行为，如产品质量缺陷、虚假广告、违反社会公德等有违承诺和义务的行为，会使消费者感到承诺未履行。此时，企业已经处在品牌危机的潜伏阶段。这些未能履行的承诺是导致品牌发生危机的导火索。处在此阶段的消费者，会对已经存续的消费者品牌关系产生警惕，并不断比较自己的个人得失，观察其他消费者的反应以及媒体、政府的反应。一旦发现众多的利益相关者，如公众、媒体以及政府对品牌持反对或者不支持的态度，消费者就会很快进入感知契约破裂的阶段。处于潜伏阶段的品牌危机是否会真正爆发取决于消费者对品牌危机的归因和企业的应对策略。如果消费者能做出有利于企业的归因，而且企业也能采取积极的应对策略，品牌危机的影响可能减少或者就此消除，否则就可能引发大规模品牌危机的爆发。

危机的发生并不一定会导致企业或者品牌受到消费者摒弃。危机发生时，企业采取的应对策略的不同，引起的反响也必然不同。危机应对策略是指在危机事件发生后，针对特定的状况和危机情境，企业所采取的应对方式和执行策略。正确并且及时的危机处理往往会获得消费者原谅，给品牌带来机遇。而不及时甚至错误的危机应对策略很可能会使品牌陷入严重的危机困境，因此进行合理的危机应对非常关键。

2.3.3.1　危机应对理论：形象修复理论和危机沟通理论

在危机应对领域，Benoit 和 Coombs 做出了巨大的理论贡献，他们分别提出了形象修复理论和危机沟通理论。两种理论都是在了解危机情境的基础上，给出最适合的形象修复策略。Benoit（1995）提出的形象修复理论特别关注团体、组织或个人在做错事之后，将采取何种降低或者避免其形象受到损害的沟通形式。Benoit 认为，危机处理的目标在于两点：首先是让消费者产生好感以达到目标，说服他人；其次是树立形象，让消费者对企业留下好印象。

Coombs 和 Holladay（1996）也认为危机处理的首要任务是保护企业形象，修复因危机所造成的受损形象，并希望借此达到影响公众如何诠释危机以及承担应负责任的目的。Coombs（1999）提出的危机情境沟通理论，认为企业在危机发生时，应先将危机分类，并对可能影响企业声誉的变数加以评估后选择最适当的危机应对策略。通过这种危机处理程序，可以有效减少危机对企业的负面影响，有利于企业在危机后重建声誉。此外，Laezniak，Neearlo 和 Ramaswami（2001）提出，企业过去的声誉与形象，在企业发生危机时，会对消费者的态度产生重要的影响。所以根据 Coombs 的观点，企业在应对危机时应充分评估企业所处的危机情境，根据情景来选择适当的危机应对策略，企业管理者如果对危机情境了解的越多，就越能有效地应对危机。

2.3.3.2 危机应对策略

危机应对策略塑造了公众对危机事件的认知，同时反映了组织对此应负的责任。因而，作为组织同外界响应与沟通的方式，采取何种危机应对策略成为危机管理者非常重要的并具有象征意义的符号资源。Coombs（1995）研究显示，危机应对策略可以分为五种：否认、保持距离、逢迎讨好、感到耻辱和忍受。否认是指其认为没有发生危机或者否认针对企业发生危机的指责；保持距离是其接受危机，但试图与危机之间保持一定距离，减少二者之间的联系；逢迎讨好是指组织寻求公众支持；感到耻辱则是组织试图获取原谅；而忍受是组织把自身描述成危机的受害者。Benoit（1997）也提出了五种不同的方法：否认、逃避责任、减少攻击、认错道歉和修正行为。有学者则是以“平息—恶化”（Mitigation-Aggravation）标准进行分类，平息策略指企业给予受害者关心并承认过失；而恶化策略则相反，是为了保护企业形象并否认企业存在过失（McLauglin，Cody & O'Hair，1953）。Coombs（2006）则将危机应对策略由“抗拒”到“和解”分为七类，分别是攻击谣言、坚决否认、托辞辩解、行为正当化、取悦逢迎、改善行动以及诚意致歉。Donald（2010）等将危机沟通形式按等级划分为五种，分别是不发表评论、否认、寻找借口、辩护和承认。方正和江明华（2010）等借鉴 Coombs 对策略的分类，把沟通战略精简为三类：和解策略、缄默策略和辩解策略。

2.3.3.3 社交媒体对品牌危机应对的挑战

企业品牌所面临的危机主要来源于与企业相关的内外部人的思想或行为。而现如今，社交媒体的力量不可小觑。社交媒体是信息传播平台，它的本质是一种媒介，但是它会推动危机的传播，社交媒体时代的到来让企业品牌传播面临新的挑战。

社交媒体的特点体现在它的时效性，传播速度呈裂变式。以微博为例，一则微博的发出，短短几分钟甚至几秒就可有数以万计的围观，关注度火速上涨。因此，在社交媒体时代，企业应该在最短的时间内处理危机。以分、秒为单位，企业越是反应迟钝，危机越恶化。社交媒体传播快、范围广、方式多样，并且多是熟人间传播，这种传播方式更能引发受众的关注。传统媒体时代，企业品牌危机相关信息多由媒体报道。进入自媒体时代，人人都可当主播。传播主体的普泛化使公众的声音日益影响着舆论的走向，而主流媒体则难以成为绝对的“意见领袖”。危机事件中，消费者意见领袖声音被放大，打破了现实社会等级关系，并能影响舆论走向。

社交媒体的自由度和低限制也带来一些问题，就是网民盲目围观，缺乏理性判断。在社交媒体的开放式平台，其扩散面积、聚合人数远高于线下，且在短期内难以控制。人与人之间情绪感染、相互模仿，在转发中寻求共同参与的归属感和维护正义的自豪感，而不顾事件的正确认知、理智的评判。微博中的语言具有碎片化特点，信息传播松散不稳定，人们得到的只是事件的片段，有可能将事件原本复杂的语境简单化，致使受众轻率地对事件下评判，将思考和理性抛掷脑外。由此也导致在社交媒体上信息过多，真假难辨。自媒体时代的核心是信息的提供和分享，作为自媒体代表的微博，充分给予用户传播信息与分享信息的机会。但由于网友不用像专业记者那样担负责任，缺少约束，导致有时谣言散布。

2.3.4 品牌危机处理原则

被誉为“危机公关第一人”、知名危机公关专家游昌乔先生提出危机公关处理有五项原则，分别是承担责任原则、真诚沟通原则、速度第一原则、系统运行原则、权威证实原则。这五大原则对于企业在处理品牌危机时十分适用。

2.3.4.1 承担责任原则（Shoulder The Matter）

承担责任原则是指在危机事件发生后，企业应该坦然面对，勇于承担责任，不能推卸责任或拒不承担责任。若企业闪烁其词、避重就轻、逃避责任，公众只会更加反感；但若能坦然面对，及时处理，阐述原因并给予解决方案，更有可能获得消费者的理解和原谅。否则企业的信誉就会受损，在公众心目中的形象也会大打折扣。危机发生后，公众会关心两方面的问题，其中首要方面便是利益，利益是公众关注的焦点，因此企业应该承担责任，保护消费者利益。即使受害者在事故发生中有一定责任，企业也不应首先追究其责任，引起公众的反感。而应该自省，首先分析自身问题。因此企业处理危机时承担责任的态度至关重要。

2.3.4.2 真诚沟通原则（Sincerity）

当危机事件发生后，企业与公众的沟通至关重要，而沟通的前提就是真诚。这里的真诚指诚意、诚恳、诚实。诚意，即在事件发生后的第一时间，公司的高层应向公众说明情况，并致以歉意，从而体现企业勇于承担责任、对消费者负责的企业文化，赢得消费者的同情和理解。诚恳指一切以消费者的利益为重，不回避问题和错误，及时与媒体和公众沟通，向消费者说明相关的进展情况，重拾消费者的信任和尊重。诚实，即在向公众传递信息、解释缘由的过程中不隐瞒、不欺骗。

前面提到危机发生后，公众会关心两方面的问题，其中首要方面是利益，其次就是情感。以品牌关系中的消费者和品牌为例，消费者对品牌是有情感的，因此消费者会关心品牌对自身是否有同样的情感。因此企业应该站在受害者的立场上表示同情和安慰，并通过新闻媒介真诚地向公众致歉，解决深层次的心理、情感关系问题，从而赢得公众的理解和信任。只有诚心实意地同消费者、媒体交流，才有可能平息舆论，获得公众支持。另外，企业应主动向媒体及时提供相关信息，并通过媒体引导舆论，处理危机的过程中取得的每一步进展都及时让媒体了解。沟通的形式多样，可以通过公众号、企业官微等发布通告；还可以通过媒体发布信息、举行新闻发布会等。要根据危机事件的性质、规模及影响范围和后果等情况，做到具体情况具体对待。但无论采取什么方式，真诚的态度是沟通成功的前提和保证。企业不可存有侥幸心理，企图蒙混过关。

2.3.4.3　速度第一原则（Speed）

危机具有突发性和伤害性，因此当危机事件发生时，企业要及时、准确地把危机事件的真相告诉公众和媒体，以最快的速度做出反应，掌握处理危机事件的主动权，在第一时间赢得公众的理解和支持，这就是速度第一的原则。因为在危机出现的最初 12~24 小时内，消息会像病毒一样，以裂变方式高速传播。在社交媒体和自媒体高速发展的今天，事件发生的第一时间公众便会知晓。此时公司的一举一动将是外界评判公司如何处理这次危机的主要根据。若企业在危机发生后没有在第一时间做出反应，就难以阻止社会上充斥着的谣言和猜测，舆论导向变得更加难以控制，就会加大危机带来的伤害。所以危机事件一旦出现，企业必须当机立断，快速反应，果决行动，与媒体和公众进行沟通，从而迅速控制事态。危机发生后，及时控制事态，使其不扩大、不升级、不蔓延，是处理危机的关键。否则会扩大突发危机的范围，甚至可能失去对全局的控制。

2.3.4.4　系统运行原则（System）

在处理整个危机事件的过程中，组织者要按照应对计划系统、有序地开展工作。处理危机过程是一个完整的系统，环环相扣，要顾大局，全面解决问题。因为在处理危机事件时，若某个环节出现问题，必然影响到其他环节。所以，一定要坚持系统运行原则，不能顾此失彼，才能保证及时、准确、有效地处理危机事件。创造性地解决问题，化害为利。遵守系统运行原则需要做好以下几点：①沉着冷静：突如其来的危机会使人处于焦躁或恐惧之中。越是如此，企业管理者越应该沉着冷静，稳住阵脚。②口径一致：在应对危机时企业内部应该迅速统一观点，对外口径一致。对危机有清醒认识，万众一心，同仇敌忾。③专项负责：一般情况下，危机公关小组的组成由企业的公关部成员和企业涉及危机的高层领导直接组成。这样，一方面是保证高效率，另一方面是保证对外口径一致，使公众对企业处理危机的诚意感到可以信赖。④循序渐进，对症下药：要想彻底消除危机就需要及时准确地找到危机产生的原因，对症下药，既治标又治本。否则就会前功尽弃，甚至引发新的危机。

2.3.4.5 权威证实原则（Standard）

我们常用"王婆卖瓜，自卖自夸"来形容做生意的人自吹自擂，这说明当个体或者组织在为自己解释或者称赞自己时，其权威性和可信度都较低。作为一个企业或者品牌，其口碑更需要依靠广大消费者的评价。在解决危机时，企业还应该遵守权威实证原则，争取得到政府主管部门、独立的专家或权威机构、媒体及消费者代表（KOL）的支持。增强企业的公信力、影响力，使消费者解除对自己的警戒心理，重获他们的信任，尽可能降低危机伤害。

2.4 案例分析——携程捆绑销售危机

（1）携程简介。

携程旅行网创立于1999年，总部设在中国上海，员工超过30000人。2015年，携程战略投资艺龙旅行网，并与百度达成股权置换交易完成对去哪儿网的控股。同年，携程首次被评为中国最大旅游集团，并跻身中国互联网企业十强。携程目前在在线旅行社（Online Travel Agent，OTA）市场居领先地位，连续4年被评为中国第一旅游集团，目前是全球市值第二的在线旅行服务公司。当携程风风火火地占领市场的时候，出现了过度关注利润最大化、忽视消费者权益等问题。2017年的携程"幼儿园虐童事件"、捆绑销售事件及 2018 年年初的高额退票费事件，把携程推向了舆论的风口浪尖。在线旅游网站捆绑销售，即网站在没有征得消费者同意的情况下，通过在订票过程中设置默认选项，单方面为消费者选择了除机票、火车票之外的服务选项。消费者提交订单时，只要稍不留神，就可能为不是自己选择，也不是自己需要的服务买单。此类问题一直是消费者投诉的热点。

（2）携程捆绑销售危机通过社交媒体爆发。

携程的品牌口号“携程在手，说走就走”。这句话其实是对消费者承诺携程的便利、快捷的产品和服务。2017 年 4 月，一篇题为《一年 100 亿？揭秘“携程”坑人“陷阱”》的文章在朋友圈刷屏，阅读量达到“10 万+”。文中指出携程通过默认勾选酒店优惠券、VIP 加速等收费项目，从中“坑了”消费者 100 亿元。2017 年 10 月，知名艺人韩雪通过微博发声，表示自己作为一个在携程获得“天外飞仙”称号、截至目前总里程超过 99%的旅行者，曾多次手动取消隐藏在携程机票订单下的预选保险，但在一次旅行中不小心仍“被套路”，在机票订单中支付了 38 元的酒店优惠券。韩雪在微博文案中呼吁消费者，“携程在手，看清楚再走”。该微博引来超过 26 万网友点赞。韩雪微博发出后的一小时左右，果麦文化传媒董事长路金波也发表了一条微博动态，同样斥责携程在自己的每个订单后面默认购买 40 元“尊贵航意险”的行为。

此次公众人物发声，将携程推向了风口浪尖，许多消费者表示有过类似被强买强卖的经历。例如，通过携程购买火车票，订单中会被默认勾选 40 元的 VIP 套餐，内含钻石客服、快速改退签、短信服务和 4 天以上租车最高 70 元返现的服务。而预订接送机专车时，则会默认加入售价 19 元的 70 元代金券，可供 15 天内使用。这类服务对于消费者而言，并非所有人必需，且容易因忽略而直接付款。消费者在事后才发现这类收费会产生被骗的感觉，极大地影响了用户体验。即使发现了，取消步骤也比较复杂。随着携程网此番深陷“默认勾选”风波，一起“沦陷”的还有别的在线旅行服务公司，默认勾选现象俨然成了行业潜规则。然而，携程内部对于搭售套路似乎也颇有微词，一位携程的产品经理告诉《国际金融报》记者，企业内部对搭售产品的意见挺大，但因为能带来收益，这块业务一直砍不掉。对于私人出游是否会选择携程平台？其予以否认。更有携程的离职员工在社交平台上毫不掩饰自己的愤怒，炮轰携程机票的产品组工作思路有问题，“一天到晚就想着怎么不知不觉地绑东西”。对于搭售给携程带来的收益，他表示前一年机票产品组绑出了6亿元的利润，下一年说要绑出12亿元的KPI。

（3）携程回应。

携程在2017年10月10日发布官方声明，反击《一年100亿？揭秘“携程”坑人“陷阱”》一文纯属造谣诽谤，没有事实依据。对于文章提到的携程“每年坑了消费者100亿”，作者的确没有拿出确凿证据。但是文中提到的携程“捆绑搭售”、提供“无默认选项产品供消费者选择”等问题却是不置可否的。其实，早在2017年2月，中消协就机票陷阱问题约谈过携程、途牛、去哪儿等6家在线商旅平台。同年5月5日，携程提交整改报告，承认自己在不同产品标价、项目勾选操作、退款服务等方面存在问题和不足，对广大消费者表示歉意，并推出四项改进措施。这说明，对于上述问题，中消协知道，携程也“供认不讳”。但从眼下携程的项目勾选操作等情况来看，其整改措施依然不到位，还是有很多消费者不明不白地掉进陷阱里。在韩雪等公众人物再次将携程推入舆论漩涡之后，携程官方很快公布调整办法声明，推出普通预订功能，用户可预订无默认勾选的机票产品，同时改进部分文案，在显示价格部分更加清晰等。

有专家认为，整改过后，携程的购票选择变得更加灵活和人性化。携程通过实际行动、高效的处理速度以及诚恳的整改态度，表现出一家知名企业应有的担当。在携程的带动下，艺龙、去哪儿、同程等平台也加入整改的队列中来，把选择权真正交还给消费者。但不少消费者发现，在所有购票选项中，“普通预定”一项在视觉上通过浅色被弱化了，而含38元车酒券的选项颜色更鲜明。并且当用户选择普通预定后，会自动弹出来5秒的广告，引导用户选择含38元专车酒店券的极速预定，而看完广告进入预定界面后，仍有默认勾选保险服务。很明显，这样的改进办法仍然会被诟病。但为什么携程宁愿牺牲用户体验也要采用“搭售”模式呢？

从携程的业务结构来看，携程的业务主要涵盖住宿预订、交通票务、旅游度假及商旅管理业务四个板块。其中包括机票预订在内的大交通业务占据了携程将近一半的营收来源。2018 年财报显示，携程净营收 310 亿元中，有 129 亿元来自交通票务预订收入，是四大板块业务中最多的。住宿预订、旅游度假业务和商旅管理业务营收则分别为 116 亿元、38 亿元、9.81 亿元。因此，交通票务是携程的重头戏。虽然携程驳斥“坑掉消费者 100 亿”的数据毫无依据，但不得不承认搭售产品带来的收益也是机票预订业务中的一部分。然而自 2015 年 6 月起，国内各大航空公司陆续取消机票代理费，强化直销业务，机票代理行业进入“零佣金”时代，票务代理的利润空间进一步被压缩。新政下机票的业务利润基本上已经消失，航空公司给代理商的佣金也近乎没有了。此外，因为机票的供给属于卖方市场，所以平台也无法把压力转嫁给供应商。在现行监管政策下，代卖机票赚不了钱，反而还会亏损。但交通出行是巨大的流量入口，在线旅游服务不能没有机票订购服务。那就要想办法，把因此带来的成本弥补回来，造成了“堤内损失堤外补”的做法。“搭售”成为携程这样的 OTA 公司的一种“成本回收机制”。交叉销售是携程整合供应链的自然结果，这是很好的商业模式，但在什么场景下推荐产品很重要，卖机票时默认勾选当然是转化率最高的方式，但在一定程度上损害了用户体验。

劲旅集团总裁魏长仁在接受《国际金融报》记者采访时表示，近五六年来，航空公司不断减少机票的佣金比例，平台也逐渐适应了这样的趋势，在机票不赚钱的情况下，盈利的需求使得保险业务尤为重要。劲旅总裁魏长仁举例称，6 年前携程平台国内机票的平均佣金约为 50~80 元，现在降至 10~20 元。而保险的毛利率高达 70%~80%，一张 28 元保险的利润可能就比一张机票高。机票业务作为携程重要的营收来源，如何应对机票销售政策的变化，影响着携程未来的营收。一方面，携程将机票、火车票等业务统称为大交通票务业务，从而掩盖机票增速放缓的事实，通过与基数小但是增速快的火车票合并，拉高整体增速。另一方面，则是针对机票的搭售套路层出不穷。在携程董事长梁建章看来，“搭售”只是一种交叉销售模式，它能让携程最终在酒店预订市场的竞争中胜出。面对旅游市场正从低频率向高频率业务转变，携程 CEO 孙洁也表示，一旦用户觉得在携程 APP 上面可以买到一切产品，他们就离不开携程平台了。

当捆绑销售成为行业普遍价值取向时，市场竞争也解决不了问题。OTA 公司中捆绑销售不只是携程一家，几乎是业内默认的盈利模式，这说明出行平台已经出现了行业性的乱象。携程可以否认不存在“100 亿”，但无法否认默认勾选的系统设定。此前有媒体对艺龙、同程、途牛、美团、驴妈妈、飞猪等 16 家在线售票的 APP 进行测试发现，除了第三方售票平台外，还有三家航企官方 APP 上也存在系统自动勾选“航空意外险”和“延误险”等违规行为。在媒体曝光后，多家存在搭售情况的航空公司已整顿改进，原本存在“默认勾选”情况的海航、厦航、国航等 3 家航企都取消了默认勾选，保障购票客户自主权。但是，一些第三方购票平台非但没有改进，反而变本加厉，将默认勾选项从一项意外险，增加到延误险、保险套餐、贵宾休息室等，多达三四项。

（4）携程完善相应的产品和服务。

按携程管理层的承诺，携程已设计了新的交叉销售策略，正在进行 Beta 测试。首先不同航段被划分为商务和旅游，当一个用户预订了周一、周四往返于北京、深圳的机票时，系统会认为这是商务行程，搭售 141 元的增值产品，包括机场贵宾休息室和专车优惠券。而当用户预订了周六至下周日的往返北京和拉萨的机票时，系统会认为这是旅游行程，搭售 73 元的增值产品，聚焦在酒店和基础服务。并且，当用户有明确手动停用这些服务的行为时，携程将不再默认勾选这些产品。携程正在将明确避免购买的用户排除在交叉销售用户池外，而鼓励购买者重复或扩大购买行为。

国庆期间的舆论风暴、中国消费者协会与携程的探讨、中国民用航空局发布的新规，三件事情共同组成了携程此次“危机”。这次舆论风波的声量似乎比以往更大，核心原因是携程整合了去哪儿和艺龙后，市场占有率很高，这引起了消费者的普遍反感，甚至有消费者拿百度医疗广告事件来对比。在国际上，OTA 往往通过收取服务费盈利，但中国的消费者没有这个习惯，中国的互联网公司以前也是通过免费模式获取流量。旅游 O2O 公司执惠旅游创始人刘照慧认为，本质上来说交叉销售替代了服务费，合理的交叉销售是市场的选择，但不应强制搭售没有用的东西。

携程的整改，在六人游旅行网创始人兼 CEO 贾建强看来更多是消费者倒逼的调整，贾建强认为对于携程而言，重要的是完善经营理念，寻找更好的业务突破，而不是以应对的心态来处理。毕竟，破除危机最好的方式是完善企业经营价值观，真正做到用户第一。魏长仁认为，OTA 平台提供更多的、更丰富的产品陈列展示没有错，但这些交叉消费应该是在增加产品本身吸引力的前提下，让用户主动去选择的，而不是强行捆绑。

（5）案例点评。

其实“捆绑搭售”模式在如今的商业活动中早已司空见惯，如手机上网套餐、化妆品套装等。作为卖方所采取的一种商业策略，并不是任何搭售行为都是违法的。对经营者采取“搭售”的营销方式，不应一概否定。只要经营者是在合法范围内且没有损害消费者的合法权益时所采取的经营手段应当予以支持。对于消费者而言，有时也能从“搭售”中获得相对优惠的价位，出卖方将两种产品捆绑在一起销售，有可能比分开销售的价格更低。因此，只有在违背购买者意愿的情况下并且附加了不合理的条件时，“搭售”才是被禁止的。针对此次携程事件，人们愤怒的关键点在于携程侵犯了消费者的自主选择权，以默认预订方式使消费者在不知情的状况下产生了消费。在线旅游网站在没有征得消费者同意的情况下，擅自为消费者选择服务选项，就算消费者可以自己取消，网站也涉嫌侵犯消费者的自主选择权。携程的品牌口号是“携程在手，说走就走”，但是很多消费者发现携程“搭售”，捆绑销售问题严重，导致“携程在手，看清楚再走”。携程并未履行对消费者的承诺“说走就走”，即提供方便和快捷的产品和服务，未能实现消费者的预期，导致顾客产生心理契约破坏，对品牌形象、品牌忠诚和信任都产生了负面影响。

本章小结

本章的主题是心理契约和品牌危机。首先，阐述了组织行为学中心理契约的内涵、类型和形成过程。心理契约研究始于组织行为研究，以组织员工为研究对象；心理契约是“没有书面化的契约”，是组织与雇员事先约定好的、内隐的各自对对方所怀有的各种期望总和。虽然心理契约可以从不同角度进行多种分类，但大家较多认可二分法，即交易型心理契约和关系型心理契约。员工心理契约的形成不是一蹴而就的，经历四个明显的阶段即期望阶段、进入组织阶段、磨合期和解散期。员工心理契约中的组织责任有：提升、高额报酬、绩效奖励、培训、长期工作保障、职业发展、人事支持七个方面；员工心理契约中的员工责任有：加班工作、忠诚、自愿从事职责外的工作、离职前预先通知、接受内部工作调整、不帮助竞争对手、保守公司商业秘密、在公司至少工作两年八个方面。

其次，介绍了营销管理中的顾客心理契约。营销学中借鉴组织行为中的定义，将顾客心理契约界定为“顾客在与品牌互动过程中形成的对彼此责任和义务的承诺或期望”。顾客心理契约也可以分为关系型心理契约和交易型心理契约。顾客心理契约是在与品牌互动的过程中形成和确定的，如果品牌一直信守承诺，履行自己的责任和义务，顾客会对品牌产生品牌信任和忠诚，反之可能会导致顾客心理契约违背。

第 2.3 节重点介绍了品牌危机的定义、特性、应对策略和处理原则。综合已有文献，本章将品牌危机定义为是由于品牌负面信息的广泛传播导致大量消费者短时间内中断品牌关系的事件。品牌危机与企业危机、产品伤害危机等概念存在差异，主要是危机主体、危机客体、危机成因不一样。品牌危机具有突发性、危害性、机遇性、高公众关注性的特性，鉴于品牌危机处理的重要性，我们还阐述了品牌危机的应对策略和处理原则。

在第 2.4 节，结合携程的搭售危机案例，分析了品牌未能实现其所承诺的义务，未能履行对消费者的承诺，导致顾客产生心理契约破坏。携程的品牌口号是“携程在手，说走就走”，但是很多消费者发现携程“搭售”，捆绑销售问题严重；消费者认为“携程在手，看清楚再走”。携程未能履行对消费者的承诺“说走就走”，即提供方便和快捷的产品和服务；未能实现消费者的预期，导致顾客产生心理契约破坏，该搭售危机对携程品牌形象、品牌忠诚和信任都产生了负面影响。

参考文献

[1] 刘凤军. 品牌运营论 [M]. 北京：经济科学出版，2002.

[2] 卢冰. 企业品牌危机管理研究 [M]. 厦门：厦门大学，2002.

[3] 罗海成，范秀成. 基于心理契约的关系营销机制：服务业实证研究 [J]. 南开管理评论，2005：48-66.

[4] 伍小美. 认知和情感信任对顾客忠诚影响的差异分析 [J]. 北方经济，2007 (1)：76-77.

[5] 王雷. 品牌传播学 [M]. 石家庄：河北人民出版社，2005.

[6] 向长江，陈平. 信任问题研究文献综述 [J]. 广州大学学报，2003，5 (5)：39-42.

[7] Atkinson, Carol. Trust and the Psychological Contract [J]. Employee Relations, 2007 (3): 227-246.

[8] Anderson N., Schalk R. The Psychological Contract Inretrospect and Prospect [J]. Journal of Organizational Behavior, 1998 (19): 637-647.

[9] Argyris C. Understanding Organizational Behavior [M]. London: Taalstock Publications, 1960.

[10] Ballester E. D., Aleman J. M., Yague-Guillen M. J. Development and Validation of a Brand Trust Scale [J]. International Journal of Market Research, 2003 (1): 36-53.

[11] Benoit, William L. Another Visit to the Theory of Image Restoration Strategies [J]. Communication Quarterly, 2000, 48 (1): 40-43.

[12] Benoit, William L. Image Repair Discourse and Crisis Communication [J]. Public Relations Reviews, 1997, 23 (2): 177-186.

[13] Coombs, W. T. An Analytic Framework for Crisis Situations: Better Res-ponses from A Better Understanding of The Situation [J]. Journal of Public Relations Research, 1998, 10 (2): 177-191.

[14] Coombs, W. T. The Protective Powers of Crisis Response Strategies: Managing Reputational Assets During a Crisis [J]. Journal of PromotionManagement, 2006, 12 (3/4): 241-260.

[15] Eddleston K. A. Kidder D. L., Litzky B. E. Who's the Boss? Contending with Competing Expectations from Customers and Management [J]. Academy of Management Executive, 2002, 16 (4): 85-95.

[16] Guzzo, R. A., Noonan, K. A., Elron, E. Expatriate Managers and the Psychological

Contract [J]. Journal of Applied Psychology, 1994, 79 (4): 617-626.

[17] Laezniak, R. N., De Carlo, T. E., Ranaswa. N. Consumers' responses to Negative Word-of-Mouth Communication: An Attribution Theory Perspective [J]. Journal of Consumer Psychology, 2001 (11): 57-73.

[18] Fajer, Mary T. John W. Schouten. Break down and Dissolution of Person - Brand Relationship [J]. Advances in Consumer Research, 1995 (22): 663-667.

[19] Schein, E. Organizational Psychology [J]. Englewood Cliffs, NJ: Prentice Hall, 1965.

[20] Kingshott, Russel P. J. The Impact of Psychological Contracts up on Trust and Commitment with in Supplier-buyer Relationships: A Social Exchange View [J]. Industrial Marketing Management, 2006, 8 (6): 724-739.

[21] Kotter J. P. The Psychological Contract [J]. California Management Review, 1973 (15): 91-99.

[22] Herriot P., Manning, E. G. Kidd, J. M. The Content of the Psychological Contract [J]. British Journal of Management, 1997 (8): 151-162.

[23] Levinson H., price C. R., Munden K. J., et al. Men, Management and Mental health [M]. Cambridge: Harvard University Press, 1962.

[24] MacNeil. I. R. Relational Contract: What We Do and Do not Know [J]. Wisconsinlaw review, 1985 (10): 483-525.

[25] Millward L. J., Hopkins L. J. Psychological Contracts, Organizational and Job Commitment [J]. Journal of Applied Social Psychology, 1998, 28 (16): 1530-1556.

[26] Morrison, E., Robinson, S L. When Employees Feel Betrayed: A Model of How Psychological Contract Violation Develops [J]. Academy of Management Review, 1997, 22 (1): 226-256.

[27] Parks J. M., Smith F. Organizational Contracting: A "Rational" Exchange? In: Halpern J. R. Debating Rationality: Non-rational Elements of Organizational Decisionmaking [M]. New York: ILR Press, 1998: 125-154.

[28] Rousseau D. M. New Hire Perspective of Their Employer's Obligations: A Study of Psychological Contracts [J]. Journal of Organizational Behavior, 1990 (11): 389-400.

[29] Rousseau D. M., Parks J. M. The Contracts of Individuals and Organizations [J]. Research in Organizational Behavior, 1993 (15): 1-43.

[30] Rousseau D. M. Psychological Contract: Understanding of Written and Unwritten Agreements [M]. Thousand Oaks. Sage Publication, 1995.

[31] Rousseau D. M. The 'Problem' of the Psychological Contract Considered [J]. Journal of Organizational Behavior, 1998 (19): 661-671.

[32] Robinson S. L., Rousseau D. M. Violating the Psychological Contract: Not the Exception but the Norm [J]. Journal of Organizational Behavior, 1994, 15 (3): 245-259.

[33] Robinson. S. L., Morrison E. W. Psychological Contracts and OCB: The Effect of Unfulfilled Obligations Oncivic Virtue Behavior. Journal of Organizational Behavior [J]. 1995, 16 (3): 289-298.

[34] Robinson S. L. Trust and Breach of the Psychological Contract [J]. Administrative Science Quarterly, 1996, 41 (4): 574-599.

[35] Wade-Benzoni K. A., Rousseau D. M. Psychological Contracts in the Faculty-Doctoral Student Relationship [M]. Under Review, 1997.

[36] Shapiro J. C., Kessler L. Consequences of the Psychological Contract for the Employment Relationship: A Large Scale Survey. Journal of Management Studies [J]. 2000 (17): 903-930.

[37] Shore L. M., Barksdale K. Examining Degree of Balance and Level of Obligation in the Employment Relationship: A Social Exchange Approach [J]. Journal of Organizational Behavior, 1998 (19): 731-744.

[38] Tahtinen, J. Halinen, A. Research on Ending Exchange Relationships: A Categorization, Assessment and Outlook [J]. Marketing Theory, 2002, 2 (2): 165-188.

[39] Turnley, W. H., Feldman, D C. Re-examining the Effects of Psychological Contract Violations: Unmet Expectations and Job Dissatisfactionas Mediators [J]. Journal of Organizational Behavior, 2000 (21): 25-42.

[40] Zweig, David, Aggarwal. Breaking Promises: The Role of Psychological Contract Breach in Mediating the Relationship Between Marketing Practices and Brand Evaluations [J]. Advances in Consumer Research, 2005 (32): 342-343.

第3章　心理契约破坏对品牌关系的影响

问题导读

阅读完本章之后，读者能对如下问题有更清晰、透彻的认识：

1. 心理契约破坏哪些维度？
2. 如何测量心理契约破坏？
3. 如何操控心理契约破坏？
4. 品牌关系包括哪些维度？如何测量？
5. 心理契约破坏的不同维度对品牌关系的影响是否一致？
6. 心理契约破坏是如何影响品牌关系的？

3.1　问题提出

当顾客从特斯拉销售人员手中终于接过车钥匙之后，他没有跟其他车主一样打开车门坐进去体验车内空间，而是迅速打开车前盖，拿出做牵引车辆用的黑色钩子，向苦盼了近半年却刚刚到手的特斯拉 Model S 新车挡风玻璃，狠狠地砸了下去。“说好的首批车主身份呢？说好的安装充电桩呢？说好的名牌标识呢？哪个你兑现了！”于鑫泉一边砸风挡玻璃，一边愤怒地大声喊道。顾客的高心理预期及因此产生的订单与日后因“服务网络”不完善和拓展迟缓而无法生产交车之间形成了巨大的反差；特斯拉没有兑现自己的承诺使“车主们”产生愤怒的负面情绪。特斯拉并非唯一一个忽视品牌承诺和履行的企业，还存在很多品牌企业为了争夺更多的顾客，常常以最好质量、独特定位、贵宾待遇等方式吸引顾客，然而品牌未兑现其承诺。

在与消费者的互动建立品牌关系的过程中，品牌为了在消费者中占据独特的位置（抢占心智资源）常常为消费者提供某些独特的承诺，譬如，绿色、安全、时尚、独特等，而顾客亦以认同、信任、承诺或忠诚作为回报。品牌与顾客之间形成了一种非正式的、不成文的相互期望、承诺或责任即心理契约（Psychological Contract）。当品牌未能履行其许下的承诺，消费者可能会对该承诺违背事件进行负面认知评价并产生相应的失望、后悔和愤怒等强烈的负面情感体验。“承诺”未能被履行将会导致心理契约破坏感（Psychological Contract Breach），即对关系另一方未能履行心理契约中的责任或承诺而产生的主观感知或认知评价（Elizabeth Wolfe Morrison & Sandra L. Robinson, 1997）。在营销领域，品牌与消费者之间的关系变得越来越重要。建立健康牢固的消费者品牌关系，提升顾客忠诚有助于企业建立可持续的竞争优势。品牌的功能性价值和象征性价值是吸引消费者建立和保持品牌关系的动力；功能性价值强调产品的实用性和工具性，象征性价值强调产品的关系性和社会心理价值。顾客满意侧重于对品牌产品的功能性价值评价，是良好品牌关系和品牌忠诚的前提（范秀成、郑秋莹、姚唐、穆琳，2009）。但是越来越多的研究发现品牌产品的象征性价值对品牌忠诚的影响越来越重要（于春玲、王海忠、赵平、林冉，2006）。品牌关系视角的品牌依恋、品牌认同等成为研究的焦点（田阳、王海忠、王静一，2010）。

品牌与消费者之间的关系虽不如组织与员工之间密切，但消费者会根据品牌的广告和营销传播、根据与品牌的互动活动等方式对品牌形成一系列期望；这些内在期望对消费者的认知和情感行为产生非常大的影响（M. V. Roehling, 1997）。品牌企业信守承诺满足顾客期望，将促进品牌与顾客之间的良性互动使顾客保持品牌忠诚；然而营销实况却是品牌常常以最好质量、独特定位、贵宾待遇等吸引消费者，但企业常未兑现其承诺。消费者“期望”未能满足而形成的心理契约破坏感会对品牌关系产生何种影响？品牌未能实现其承诺的价值将导致负面的品牌态度及行为；已有文献较多关注功能性价值未能兑现（如产品伤害危机）带来的负面影响，较少关注品牌的象征性价值未能实现对品牌关系以及品牌决策的影响。

3.2 文献综述

3.2.1 心理契约破坏

心理契约概念起源于组织行为学，“Rousseau”学派对心理契约的定义是“心理契约是个体在雇佣关系背景下对雇用双方相互义务的一种理解和信念”。在营销活动中，企业与顾客之间也存在着类似组织与个体之间的交换关系。在营销活动中，企业会面向顾客做出或明示或暗示的承诺。在顾客看来，这种承诺就是一种自己感知到的义务关系，能够引导顾客相信自己能从这种关系的互动中获得利益。此时，心理契约就产生了。Roehling（1997）提出，心理契约可以从组织行为扩展到企业与外部顾客之间的关系中（Mark V. Roehling，1997）。Blance 和 Ellram（1997）指出，心理契约产生于互惠关系，本质是对相互期望的理解。企业与顾客之间的交易就是这种互惠关系的一种体现。企业提供产品满足顾客需求，相应地，顾客提供金钱满足企业需求。这样一来，顾客心理契约就是指除经济契约之外，顾客对商家提出的额外要求，既包括与产品有关的要求，也包括与产品无关的要求，如尊重等（Blancero & Ellram，1997）。国内学者罗海成、范秀成（2005）率先展开了对顾客心理契约的研究，他们借鉴了组织行为学中“Rousseau”学派提出的心理契约概念，仅仅从顾客视角出发，将顾客心理契约界定为“顾客对自己与企业之间互惠义务的感知与信念”。

综合上述文献可知，顾客心理契约是顾客在与品牌互动过程中形成的对彼此责任和义务的承诺或期望。顾客心理契约应该是在与企业互动的过程中形成的，它不仅是一种期望，还包含了一层含义，就是顾客认为企业应该或者有义务去满足他的这种期望，一旦这种心理契约被破坏，就极有可能产生对企业的消极情绪，甚至是愤怒情绪，直接降低顾客的满意度。

心理契约违背和心理契约破坏是两个不同的概念。在研究初期，有些学者提出心理契约违背的概念，他们认为心理契约违背和心理契约破坏是一样的概念，两个不同的表述都表达了员工对于组织未履行心理契约的感知。Rousseau（1989）将心理契约违背描述为“一种由于被伤害而产生的愤怒等情绪体验”，并指出，心理契约违背是一种强烈的情绪和情感体验，是员工在对组织未履行心理契约进行认知评价后形成的一种精神积累和情绪情感体验（Denise M. Rousseau，1989）。Morrison 和 Robinson（1997）对心理契约破坏现象进行研究时，从员工视角出发，将心理契约破坏定义为“员工对于组织未能履行心理契约中与员工贡献相称的一种或多种责任的主观感知”，并且指出心理契约破坏是员工对组织未履行心理契约状况的认知性评价。除此之外，他们还对心理契约破坏概念和心理契约违背概念进行了区分，认为心理契约违背是当员工感知到心理契约破坏后产生的一系列情绪反应，如愤怒、悲伤和失望等，是一种感知后发生的情绪体验（Elizabeth Wolfe Morrison & Sandra L. Robinson，1997）。国内学者沈伊默和袁登华（2006）指出，心理契约破坏描述的是雇员对于组织未能充分地履行心理契约中承诺责任的主观感知，侧重于认知性感受（沈伊默、袁登华，2006）。

Morrison 和 Robinson（1997）指出，心理契约违背是“员工因组织违背心理契约而产生的一种短期的、相对激烈的情绪和情感反应，如失望、愤怒、悲痛等”，心理契约破坏是心理契约违背的一个良好的预测指标（两者的相关系数达到 0.7）（Elizabeth Wolfe Morrison & Sandra L. Robinson，1997）。石晶和崔丽娟（2011）指出，心理契约破坏作为强烈的工作事件常会引发雇员的情绪和情感反应。钟建安和黄继久（2014）指出心理契约违背是一种外在事件刺激，其形式是企业组织对员工所履行的责任与义务未能达到员工所期望的情况。他们的研究结果表明，心理契约违背与负性情绪之间显著正相关，心理契约违背和负性情绪与反生产行为也具有显著的正相关关系，负性情绪在心理契约违背与反生产行为之间具有部分中介作用（钟建安、黄继久、沈励斌、陈景山，2014）。沈世银（2015）指出，心理契约破坏与消极情绪存在着显著负相关。消极情绪在心理契约破坏对组织公民行为的影响中起着部分中介作用（沈世银，2015）。余伟萍和张琦（2012）在研究产品伤害危机程度对消费者负面情感及抵制意愿的影响时，得到的结论是：产品伤害危机程度影响消费者抵制意愿，负面情感具有中介作用（余伟萍、张琦、段桂敏，2012）。

心理契约破坏和心理契约违背会对员工和组织产生负面影响。Simon，Prashant 和 Robert（2006）的研究表明，心理契约破坏与雇员的情感承诺有显著的负相关关系（Restubog，Bordia & Tang，2006）。Kickul 和 Lester（2001）指出，心理契约破裂对员工组织承诺有很大影响，心理契约破裂会降低组织承诺，尤其是情感承诺（Kickul & Lester，2001）。Russel 和 Anthony（2007）在研究心理契约违背对供应商—分销商关系中的信任和承诺的影响时指出，心理契约违背与信任存在显著负相关关系，心理契约违背与承诺存在显著负相关关系（Arnott，Wilson，Kingshott & Pecotich，2007）。心理契约违背与雇员对组织的信任具有显著的负相关关系（Robinson & Rousseau，1994）。心理契约破坏与雇员对组织的信任存在显著的负相关关系（Robinson，1996）。心理契约破坏对员工的信任有很大的影响，心理契约破坏会降低员工的信任（Deery，Iverson & Walsh，2006）。张生太和杨蕊（2011）指出，心理契约破裂的三个维度（规范维度、人际维度和发展维度）都对组织承诺产生了显著影响，都降低了员工对组织的承诺。

国内学者运用心理契约理论对服务业进行了实证研究，证明在营销情境中也存在着心理契约，并且验证了心理契约与顾客忠诚之间的因果关系（罗海成和范秀成，2005）。罗海成（2005）开发了营销情境中心理契约的测量量表。

3.2.2 负面情绪

在中国古代就有“七情六欲”之说，“七情”指的就是喜、怒、忧、思、悲、恐、惊这些基本情绪。而现代西方情绪的研究从心理学开始。消费者行为学中对消费情绪的度量借鉴了心理学中对情绪的度量，Izard 的 DESⅡ模型和 Russell（1980）的环形模型是较多被采用的两种度量方法，但是也有学者提出了新的度量方法。Westbrook 和 Oliver（1991）通过聚类分析将消费情绪分为五类：高兴/满足、愉快的惊奇、不愉快的惊奇、生气/难过和无感情。

Mano 和 Oliver（1993）通过因子分析得到 10 个消费情绪因子：好心情、害怕、坏心情、唤起、厌烦、从容、惊奇、内疚、平静、愉快。Dube，Belanger 和 Trudeau（1996）通过因子分析得出 3 个消费情绪因子：SNE（Situational-attributed Negative Emotions），包括紧张、焦虑、担心、沮丧、失意、心神不宁；ONE（Other-attributed Negative Emotions），包括受挫、寂寞、感觉被忽视、猜疑；PE（Positive Emotions），包括乐观、舒服、从容。Richins（1997）建立 CES（Consumption Emotional Set）模型，通过聚类分析，得到 16 类情绪：生气、不满足、担心、悲伤、害怕、羞愧、嫉妒、孤寂、浪漫的爱情、喜爱、平静、满足、乐观、高兴、兴奋和惊奇。Watson，Clark 和 Tellegen（1988）提出了情绪可以划分为积极情绪和消极情绪两个维度，积极情绪包括热情、感兴趣、坚定、兴奋、受鼓舞、警觉、积极活跃、坚强、自豪、专心；消极情绪包括恐惧、害怕、沮丧、痛苦、紧张不安、羞愧、内疚、急躁、敌对。

学者们将情绪划分为不同的层次。有学者将情绪分为积极情绪和消极情绪两个层次。史倩（2013）指出，积极情绪和消极情绪是存在于两个不同维度的情绪，而不是一个维度的不同两极。她认为，消极情绪是与积极情绪相对立的一种情绪状态，它指的是个体体验到的一种不良的、令人不满意的情绪状态。本研究会将负面情绪作为中介变量。Jorgensen（1996）就产品伤害危机引发的消费者情感分为生气和同情两个维度，每种维度下有两种类型。余伟萍和张琦（2012）指出，产品伤害危机会引起消费者的负面情绪：愤怒、失望、麻木和遗憾。对于已发生的产品伤害危机事件，消费者具有怀疑态度的成分较少。高忠华（2012）在研究服务失败不公平的影响时，指出当消费者在遭遇不公平的服务接待时，会引发负面情绪，其中包括后悔，产生“要是不光顾这家店就好了”“早知道如此，应该光顾另一家店”之类的想法。汪兴东（2013）提出，在产品伤害危机中，顾客可能会采取不同的归因方式。他重点探讨了产品伤害危机不同归因情境下，顾客情绪反应的差异。在外部归因情境下，顾客更容易出现愤怒情绪；在情景归因情境下，顾客倾向于产生沮丧情绪；而在内部归因情境下，顾客容易表现出后悔情绪。因此，结合学者们的研究，本研究从生气、后悔、失望、沮丧四个情绪对消费者的负面情感进行测量。

3.2.3 品牌关系

品牌关系是一种基于品牌和顾客之间的互动反应，包括品牌对顾客的态度和行为以及顾客对品牌的态度和行为两个方面。这两个方面如同一对作用力和反作用力，相辅相成，是不可分割的一个整体。品牌关系是动态的，会随品牌定位、品牌传播、消费者自身因素和环境因素等影响而发生变化。传统的品牌关系理论中的研究主体大多涉及消费者与品牌。Muniz 和 O'Guinn（2001）将品牌关系从品牌和消费者两个角度扩展到消费者、品牌与其他品牌社群之间的关系，也被称为品牌社群模型（Brand Community）。这个模型以品牌为中心，研究品牌与品牌、消费者与品牌、消费者与消费者的品牌关系。与传统品牌关系理论相比，这个模型还描述了消费者之间的信息交流对消费者与品牌之间的关系的影响。Fournier（2003）在品牌关系研究中的品牌关系分析模型考虑了更多的关系主体，这个模型将消费者与品牌关系分成四个层面的关联来研究：消费者与产品关联、消费者与品牌关联、消费者与消费者关联、消费者与公司关联（Fournier，2003）。李攀（2013）在对品牌个性、品牌认知对品牌关系的影响研究时，指出品牌个性对品牌关系有显著的正向影响作用；品牌个性对品牌认知有显著的正向影响作用；品牌认知对品牌关系有显著的正向影响作用。品牌认知在品牌个性对品牌关系的影响中有显著的中介作用。这些研究结论丰富了品牌关系的相关理论，为实践中的企业开展营销活动和品牌管理提供了有益的启示。

品牌关系质量（Brand Relationship Quality，BRQ）是指品牌关系的状态及其强度。Blackston（1992）在研究消费者与品牌之间的关系时发现，成功的、得到肯定的品牌关系都具有两项条件，即顾客对品牌的满意和顾客对品牌的信任。他认为顾客对品牌的信任与亲密性有关，亲密性是衡量品牌与消费者关联程度的指标。他提出了两个与顾客满意度有关的元素：前瞻自发性和支持性。前瞻自发性是指企业积极主动接近消费者；支持性是指企业积极回应支持消费者的需求，让他们感觉到自己被尊重。他认为，前瞻自发性+支持性=顾客满意度。Fournier（1998）提出 BRQ 可以分解成六个维度：爱与激情（Love and Passion）、自我联结（Self-Connection）、相互依赖（Inter dependence）、个人承诺（Commitment）、亲密感情（Intimacy）、品牌的伴侣品质（Brand Partner Quality）。周志民和卢泰宏（2004）提出 BRQ 模型可以分成五个维度：获得承诺/相关度、归属/关注度、熟悉/了解度、信任/尊重度、联想/再认度。

何佳讯（2006）在对品牌关系质量模型本土化的研究时，提出了适应中国社会文化背景中衡量品牌关系质量的模型（Chinese Brand Relationship Quality，CBRQ），他认为 CBRQ 模型由信任、相互依赖、承诺、自我概念联结、面子感、真有和应有之情组成。杨清云（2008）提出可以把承诺分成情感性承诺和算计性承诺两个维度，以描述消费者与品牌之间的情感关系。他将情感承诺定义为“消费者由于对当前品牌持有的好感和情感归属，而在心理上产生持续与该品牌之间关系的渴望”；将算计承诺定义为“消费者由于在当前品牌关系中投入巨大，或者潜在的替代品牌不足，而使得转换品牌的壁垒过高，不得不倾向于持续当前的关系”。

综上所述，考虑本研究设计的心理契约破坏情境的特点，将借鉴何佳讯（2006）的品牌关系质量模型和杨清云（2008）提出的两个承诺维度，就心理契约破坏对品牌信任以及品牌承诺的影响展开研究。

3.3　研究假设

学者们对心理契约的结构展开了广泛的研究。Rousseau 提出了二维结构说。心理契约可以分为两大类：交易型心理契约（Transactional Psychological Contract）和关系型心理契约（Relational Psychological Contract）。罗海成（2005）对营销情境中的心理契约维度进行了实证研究，结果显示心理契约在营销情境中也可以区分为交易心理契约和关系心理契约两个维度，交易心理契约建立在短期回报和利益基础之上，主要关注具体的、短期的、经济的交互关系，它是指某一有限时期内的具体的、可货币化的交换；关系心理契约更多关注广泛的、长期的、情感的交互关系，它除了经济方面的物质回报之外，还有来自较高卷入水平的情感投入，如对个人的支持、家庭的关注等无形因素，它能产生较强的参与情感和归属感，更多地体现为隐含和主观的理解。市场营销中顾客心理契约亦可以分为两个维度。其中交易维度包括良好的产品属性，是整个心理契约内容的根基，大多数顾客的心理契约建立在此基础上，主要是顾客对企业的一系列短期的、特定的、有形的利益交换。关系维度包含三个层级，主要是顾客和企业一系列长期的、广泛的、无形的关系发展。关系维度建立在交易维度的基础之上，且从顾客心理需求出发，各个层级满足的需求的层次逐渐上升（王紫薇，2010）。

根据前人对心理契约维度的划分，心理契约破坏在本书中被划分为两个维度，分别是交易心理契约破坏和关系心理契约破坏。心理契约违背是一种外在事件刺激，其形式是企业组织对员工所履行的责任与义务未能达到员工所期望的情况。心理契约违背与负性情绪之间有显著的正相关（钟建安等，2014）。心理契约破坏与消极情绪存在着显著正相关（沈世银，2015）。基于前人的研究，本书推断心理契约破坏对负面情绪有正向影响。由于心理契约破坏在文中被划分为两个维度，所以本书提出以下假设：

H1：关系心理契约破坏正向影响负面情绪。

H2：交易心理契约破坏正向影响负面情绪。

何佳讯（2006）在对品牌关系质量模型本土化的研究时，提出了适应中国社会文化背景中衡量品牌关系质量的模型（Chinese Brand Relationship Quality，CBRQ），他认为 CBRQ 模型由信任、相互依赖、承诺、自我概念联结、面子感、真有和应有之情组成。心理契约破坏与雇员对组织的信任存在着显著的负相关关系（Robinson，1996）。心理契约破坏对员工的信任有很大的影响，心理契约破坏会降低员工的信任（Deery et al.，2006）。Russel 和 Anthony（2007）在研究心理契约违背对供应商—分销商关系中的信任和承诺的影响时，指出心理契约与信任存在显著负相关关系。心理契约违背是一种外在事件刺激，其形式是企业组织对员工所履行的责任与义务未能达到员工所期望的情况。心理契约违背和负面情绪与反生产行为也具有显著的正相关关系，负面情绪在心理契约违背与反生产行为之间具有部分中介作用（钟建安等，2014）。

上述研究结果表明，心理契约破坏对雇员对企业的信任有负向影响；心理契约破坏在负面情绪的中介作用下对雇员与企业之间的关系存在着负向影响。雇员是企业的内部顾客，消费者是企业的外部顾客。本书据此认为心理契约破坏对消费者—企业关系的影响可以借鉴心理契约破坏对雇员—企业关系的影响。因此，本书推测心理契约破坏在负面情绪的中介作用下对消费者对企业的信任有负向影响。由于心理契约破坏在文中被划分为两个维度，于是本书提出以下假设：

H3：关系心理契约破坏以负面情绪为中介负向影响顾客信任。

H4：交易心理契约破坏以负面情绪为中介负向影响顾客信任。

杨清云（2008）研究品牌关系质量模型时，提出将承诺分成情感性承诺和算计性承诺两个维度，以描述消费者与品牌之间的情感关系。已有研究发现，心理契约破裂对员工组织承诺有很大影响，心理契约破裂会降低组织承诺，尤其是情感承诺（Kickul & Lester，2001）。已有文献在研究心理契约违背对供应商—分销商关系中的信任和承诺的影响时，指出心理契约违背与承诺存在着显著的负相关关系（Arnott et al.，2007）。心理契约破坏与消极情绪显著负相关。消极情绪在心理契约破坏对组织公民行为的影响中起着部分中介作用（沈世银，2015）。

上述研究结果表明，心理契约破坏对雇员对企业的情感承诺有负向影响；心理契约破坏在负面情绪的中介作用下对雇员与企业之间的关系存在着负向影响。雇员是企业的内部顾客，消费者是企业的外部顾客。本书据此认为心理契约破坏对消费者—企业关系的影响可以借鉴心理契约对雇员—企业关系的影响。因此，本书推测心理契约破坏在负面情绪的中介作用下对消费者对企业的情感承诺也有负向影响。由于心理契约破坏在文中被划分为两个维度，于是本书提出以下假设：

H5：关系心理契约破坏以负面情绪为中介负向影响顾客情感承诺。

H6：交易心理契约破坏以负面情绪为中介负向影响顾客情感承诺。

杨清云（2008）指出，算计性承诺在内涵上与持续性承诺是基本一致的，都属于经济性承诺。郭萍（2009）在研究高校辅导员心理契约破坏及其对组织承诺的影响时指出，心理契约破坏与经济承诺显著负相关。郭萍（2009）的研究中对于经济承诺的定义取自国外学者的组织承诺三因素模型的持续承诺定义。

上述研究结果表明，心理契约破坏对雇员对企业的经济承诺有负向影响；算计承诺属于经济性承诺。雇员是企业的内部顾客，消费者是企业的外部顾客。本书据此认为心理契约破坏对消费者算计承诺的影响可以借鉴心理契约对雇员算计承诺的影响。而且，余伟萍和张琦（2012）的研究结果还表明心理契约破坏在负面情绪的中介作用下对消费者与企业之间的关系存在着负向影响。因此，本书推测心理契约破坏在负面情绪的中介作用下对消费者对企业的算计承诺也有负向影响。由于心理契约破坏在文中被划分为两个维度，于是本书提出以下假设：

H7：关系心理契约破坏以负面情绪为中介负向影响顾客算计承诺。

H8：交易心理契约破坏以负面情绪为中介负向影响顾客算计承诺。

3.4 实证研究

3.4.1 实验材料与变量测量

本研究采用罗海成教授的心理契约量表，并且在问卷中设计了两种心理契约破坏情境，通过对两种情境的操控去测量它们分别属于何种心理契约破坏。

本书设计的心理契约量表中共包括6个问项，其中3个问项（RPCB1~RPCB3）测量消费者关系心理契约维度，3个问项（TPCB1~TPCB3）测量消费者交易心理契约维度。具体量表见附录。

Jorgensen（1996）就产品伤害危机引发的消费者情感分为生气（生气、愤怒）和同情（遗憾、同情）两个维度。余伟萍和张琦（2012）指出，产品伤害危机会引起消费者的负面情绪：愤怒、失望、麻木和遗憾。对于已发生的产品伤害危机事件，消费者具有怀疑态度的成分较少。高忠华（2012）在研究服务失败不公平的影响时，指出当消费者在遭遇不公平的服务接待时，会引发负面情绪，其中包括后悔，产生“要是不光顾这家店就好了”“早知道如此，应该光顾另一家店”之类的想法。汪兴东（2013）提出，在产品伤害危机中，顾客可能会采取不同的归因方式。他重点探讨了产品伤害危机不同归因情境下，顾客的情绪反应的差异。在外部归因情境下，顾客更容易出现愤怒情绪；在情景归因情境下，顾客倾向于产生沮丧情绪；而在内部归因情境下，顾客容易表现出后悔情绪。因此，结合学者们的研究，本书从生气、失望、后悔、沮丧四个维度对消费者的负面情绪进行测量。本书设计的负面情绪量表共包含 4 个问项（NM1～NM4）。

品牌信任的测量亦参考文献成熟量表。本书设计的品牌信任量表共包括 7 个问项（T1～T7）。

品牌承诺的测量参考杨清云（2008）的量表，将品牌承诺分为情感承诺和算计承诺两个维度。本书根据研究行业的具体特点对其量表里面的情境进行了改动。本书设计的品牌承诺量表总共包括 8 个问项，前 4 个问项（AC1～AC4）测量情感承诺维度，后 4 个问项（CC1～CC4）测量算计承诺维度。

3.4.2　预实验数据分析

正式实验开始之前，本书做了预实验。设计了 8 个不同产品或服务的心理契约破坏场景，包括交易型心理契约破坏场景和关系型心理契约破坏场景。其中餐饮业交易型破坏场景的材料如下：

我住的附近有一家 COOK 餐厅，我去该餐厅吃过几次，觉得餐厅的菜肴味道还可以，对这家餐厅很有好感。某天中午我路过该餐厅，发现餐厅门口立了一块告示牌，上面写着“为庆祝本餐厅成立 3 周年，进店消费 5 折优惠”。我觉得 5 折很实惠，当天晚上就去这家餐厅用餐，点菜时却发现我上次吃过的一道 68 元的菜品现在却写着“原价 156，现价 78 元”，原来所谓的 5 折优惠是大幅度提价后的 5 折，价格不仅没降，反而贵了。

数据分析的具体结果如下。

交易心理契约情境下，对交易心理契约破坏维度的均值和关系心理契约破坏维度的均值进行配对样本 T 检验，得到的结果如表 3-1 所示。

表 3-1　交易心理契约情境下心理契约破坏感知均值

变量	均值
交易心理契约破坏	1.7885
关系心理契约破坏	2.5357

检验的结果是 $t=4.698$（$SE=0.15906$），$sig=0.000<0.001$。由此可知，在该场景下，交易心理契约维度的破坏程度和关系心理契约维度的破坏程度差异显著，交易心理契约维度的得分明显较低，由此看出，对交易型心理契约破坏情境的操纵是成功的。

关系心理契约破坏情境下对关系心理契约维度的均值和交易心理契约维度的均值进行配对样本 T 检验，得到的结果如表 3-2 所示。

表 3-2　关系心理契约情境下心理契约破坏感知均值

变量	均值
交易心理契约破坏	1.9773
关系心理契约破坏	1.5377

检验的结果是 $t=2.624$（$SE=0.16753$），$sig=0.016<0.05$，由此可知，在该场景下，关系心理契约维度的破坏程度和交易心理契约维度的破坏程度差异显著，关系心理契约维度的得分明显较低，由此看出，对关系型心理契约破坏情境的操纵是成功的。

3.4.3　描述性统计

本研究抽取了广州地区 300 名本科生和研究生为样本，样本的描述性统计结果如表 3-3 所示。

表 3-3　正式调研数据描述性统计表

变量名称	特征	百分比（%）	有效百分比（%）	累计百分比（%）
性别	男	31.5	31.8	31.8
	女	67.5	68.2	100
年龄	20 岁以下	10.0	10.2	10.2
	21~25 岁	70.8	72.3	82.5
	26~30 岁	13.1	13.4	95.9
	31~40 岁	4.0	4.1	100.0

由表 3-3 可知，男性受访者约占 31.8%，女性受访者约占 68.2%，女性样本数明显高于男性。受访者集中在 21~25 岁之间，约占 72.3%。相比而言，20 岁以下以及31~40岁的受访者比较少。

3.4.3.1　操控检验

关系心理契约情境下对关系心理契约破坏维度的均值（RPCBM）和交易心理契约破坏维度的均值（TPCBM）进行配对样本 T 检验，得到的结果如表 3-4 所示。

表 3-4　关系心理契约情境下的心理契约破坏均值

变量	均值
关系心理契约破坏	1.4186
交易心理契约破坏	1.9504

检验的结果是 $t=13.374$（$SE=0.03977$），$sig=0.000<0.05$，由此可知，在该情境下，关系心理契约维度的破坏程度和交易心理契约维度破坏程度差异显著，关系心理契约维度的得分较低。由此看出，对关系型心理契约破坏情境的操纵是成功的。在接下来的分析中，本书将关系心理契约破坏维度的均值作为自变量。

交易心理契约情境下对交易心理契约破坏的均值（TPCBM）和关系心理契约破坏的均值值（RPCBM）进行配对样本 T 检验，得到的结果如表 3-5 所示。

表 3-5 关系心理契约情境下的心理契约破坏均值

变量	均值
交易心理契约破坏	1.9175
关系心理契约破坏	2.1111

检验的结果是 t = 5.124（SE = 0.03778），sig = 0.000<0.001。由此可知，在该情境下，交易心理契约维度的破坏程度和关系心理契约维度的破坏程度差异显著，交易心理契约维度的分数明显较低，由此看出，对交易型心理契约破坏情境的操纵是成功的。在接下来的回归分析中，本书将交易心理契约破坏维度的均值作为自变量。

在关系心理契约破坏情境下，本书将受访者在经历该情境之前的品牌信任测项 T1 和 T2 取均值，同时也将受访者在经历心理契约破坏情境之后的品牌信任测项 T10 和 T20 取均值。本书对两个均值进行配对样本 T 检验，得到的结果如表 3-6 所示。

表 3-6 关系心理契约破坏情境下品牌信任前后测 T 检验

变量	均值
实验前：品牌信任	4.6165
实验后：品牌信任	1.9709

检验的结果是 t = 43.109（SE = 0.06137），sig = 0.000<0.05，由此可知，发生关系心理契约破坏之后，受访者对品牌的信任显著降低。

在关系心理契约破坏情境下，本书将受访者在经历心理契约破坏情境之前的情感承诺测项 AC2 和 AC3 取均值，同时也将受访者在经历心理契约破坏情境之后的情感承诺测项 AC20 和 AC30 取均值。本书对两个均值进行配对样本 T 检验，得到的结果如表 3-7 所示。

表 3-7　关系心理契约破坏情境下品牌情感承诺前后测 T 检验

变量	均值
实验前：品牌情感承诺	4.0599
实验后：品牌情感承诺	2.0000

检验的结果是 t = 31.245（SE = 0.06593），sig = 0.000<0.05，由此可知，发生关系心理契约破坏之后，受访者对品牌的情感承诺显著降低。

在关系心理契约破坏情境下，本书将受访者在经历心理契约破坏情境之前的算计承诺测项 CC2 和 CC4 取均值，同时也将受访者在经历心理契约破坏情境之后的情感承诺测项 CC20 和 AC40 取均值。本书对两个均值进行配对样本 T 检验，得到的结果如表 3-8 所示。

表 3-8　关系心理契约破坏情境下品牌算计承诺前后测 T 检验

变量	均值
实验前：品牌算计承诺	3.5227
实验后：品牌算计承诺	1.9854

检验的结果是 t = 26.353（SE = 0.05833），sig = 0.000<0.05，由此可知，发生关系心理契约破坏之后，受访者对品牌的算计承诺显著降低。

在交易心理契约破坏情境下，本书将受访者在经历心理契约破坏情境之前的品牌信任测项 T1 和 T2 取均值，同时也将受访者在经历心理契约破坏情境之后的品牌信任测项 T10 和 T20 取均值。本书对两个均值进行配对样本 T 检验，得到的结果如表 3-9 所示。

表 3-9　交易心理契约破坏情境下品牌信任前后测 T 检验

变量	均值
实验前：品牌信任	4.6065
实验后：品牌信任	2.2468

检验的结果是 t = 35.630（SE = 0.06623），sig = 0.000<0.05，由此可知，发生交易心理契约破坏之后，受访者对品牌的信任显著降低。

在交易心理契约破坏情境下，本书将受访者在经历心理契约破坏情境之前的情感承诺测项 AC2 和 AC3 取均值，同时也将受访者在经历心理契约破坏情境之后的情感承诺测项 AC20 和 AC30 取均值。本书对两个均值进行配对样本 T 检验，得到的结果如表 3-10 所示。

表 3-10　交易心理契约破坏情境下品牌情感承诺前后测 T 检验

变量	均值
实验前：品牌情感承诺	4.1339
实验后：品牌情感承诺	2.2258

检验的结果是 t = 28.085（SE = 0.06593），sig = 0.000<0.05，由此可知，发生交易心理契约破坏之后，受访者对品牌的情感承诺显著降低。

在交易心理契约破坏情境下，本书将受访者在经历心理契约破坏情境之前的算计承诺测项 CC2 和 CC4 取均值，同时也将受访者在经历心理契约破坏情境之后的算计承诺测项 CC20 和 AC40 取均值。本书对两个均值进行配对样本 T 检验，得到的结果如表 3-11 所示。

表 3-11　交易心理契约破坏情境下品牌算计承诺前后测 T 检验

变量	均值
实验前：品牌算计承诺	3.6500
实验后：品牌算计承诺	2.1145

检验的结果是 t = 26.541（SE = 0.05785），sig = 0.000<0.05，由此可知，发生关系心理契约破坏之后，受访者对品牌的算计承诺显著降低。

3.4.3.2　心理契约破坏的行业差异

为了使研究结果更具代表性和现实指导意义，本书在设计问卷情境时的初衷是分别站在三个行业的角度进行调查。这三个行业分别是餐饮业、旅游业和零售业，选择这三个行业作为调查内容的原因是人们的生活与这三个行业息息相关。基于上述考虑，本书根据这三个行业的不同特点分别设计了不同的交易型心理契约破坏情境和关系型心理契约破坏情境。行业情境的分布情况如表 3-12 所示。

表 3-12　行业情境分布情况

情境	行业	百分比（%）	有效百分比（%）	累计百分比（%）
关系型心理契约破坏情境	餐饮业	33. 7	33. 7	33. 7
	旅游业	33. 3	33. 3	67. 0
	零售业	33. 0	33. 0	100. 0
交易型心理契约破坏情境	餐饮业	33. 5	33. 5	33. 5
	旅游业	34. 2	34. 2	67. 7
	零售业	32. 3	32. 3	100. 0

在关系型心理契约破坏情境下，本书将三个行业的数据合在一起后将属于关系心理契约破坏维度的 3 个测项（RPCB1～RPCB3）取均值（RPCBM）。同时，将属于交易心理契约破坏维度的 3 个测项（TPCB1～TPCB3）取均值（TPCBM）。然后，本书将行业分别和两个维度的均值进行了单因素方差分析，结果表明行业之间的差异并不显著。因此，本书将三个行业的交易型心理契约破坏情境的数据合在一起进行分析。得到的结果如表 3-13 所示。

表 3-13　关系型心理契约情境下行业间差异

情境	变量	组间显著性
关系型心理契约破坏情境	RPCBM	0. 616
	TPCBM	0. 095

如表 3-14 所示，在交易型心理契约破坏情境下，本书将三个行业的数据合在一起后将属于交易心理契约破坏维度的 3 个测项（TPCB1～TPCB3）取均值（TPCBM）。同时，将属于关系心理契约破坏维度的 3 个测项（RPCB1～RPCB3）取均值（RPCBM）。然后，本书将行业分别和两个维度的均值进行了单因素方差分析，结果表明行业之间的差异并不显著。因此，本书将三个行业的交易型心理契约破坏情境的数据合在一起进行分析。

表 3-14　交易型心理契约情境下行业间差异

情境	变量	组间显著性
交易型心理契约破坏情境	TPCBM	0. 824
	RPCBM	0. 054

3.4.3.3 测量的可靠性分析

本书采用因子分析方法来验证各个变量的可靠性。在进行因子分析之前，本书先进行 KMO 样本测度，目的是检验各个测量项目之间是否存在相关性，只有当相关性比较高的时候才适合进行因子分析。研究中有个原则，如果 KMO 值在 0.9 以上，非常适合进行因子分析；KMO 值处于0.8~0.9的，很适合；KMO 值处于 0.7~0.8 的，适合；KMO 值处于0.6~0.7的，不太适合；KMO 值处于 0.5~0.6 的，很勉强；KMO 值在 0.5 以下的不适合进行因子分析。基于这个原则，本研究对 KMO 值 0.7 以下的不进行因子分析。在对测量项目进行了 KMO 以及 Bartlett 检验之后，发现这些测项适合进行因子分析。

3.4.3.4 心理契约因子分析结果

心理契约由两个维度组成，分别是关系型心理契约和交易型心理契约。关系型心理契约有三个测量项目，交易型心理契约有三个测量项目。本书对这两个变量六个测量项目进行因子分析，使用主成分分析法和最大方差因子旋转方法，经过 KMO 以及 Bartlett 检验，得到的结果如表 3-15 所示。

表 3-15 关系心理契约破坏情境下的心理契约因子分析

情境	变量	测量项目	因子 1 载荷	因子 2 载荷
关系心理契约破坏情境	关系型心理契约	RPCB1		0.840
		RPCB2		0.642
		RPCB3		0.756
	交易型心理契约	TPCB1	0.852	
		TPCB2	0.881	
		TPCB3	0.801	
	解释变异量		40.341%	30.447%
	累计解释变异量		40.341%	70.787%

从表 3-15 中可以知道 KMO 值为 0.815，巴特莱特统计值不显著，很适合

做因子分析。经过主成分提取法和最大方差因子旋转方法，得到表 3-15 中的结果，各因子载荷均在 0.5 以上，表明量表的收敛效度很好，与此同时，任何一个测量项目在其他因子上的载荷都小于 0.5，符合标准，表明区别效度很好，此外，累积解释方差达到 70.787%。

表 3-16　交易心理契约破坏情境下的心理契约因子分析

情境	变量	测量项目	因子 1 载荷	因子 2 载荷
交易心理契约破坏情境	交易型心理契约	TPCB1		0.821
		TPCB2		0.864
		TPCB3		0.691
	关系型心理契约	RPCB1	0.827	
		RPCB2	0.865	
		RPCB3	0.845	
	解释变异量		40.225%	35.552%
	累计解释变异量		40.225%	75.776%

从表 3-16 中可以知道 KMO 值为 0.847，巴特莱特统计值不显著，适合做因子分析。经过主成分提取法和最大方差因子旋转方法，得到表 3-16 中的结果，各因子载荷均在 0.5 以上，表明量表的收敛效度很好，与此同时，任何一个测量项目在其他因子上的载荷都小于 0.5，符合标准，表明区别效度很好，此外，累积解释方差达到 75.776%。

3.4.3.5　品牌承诺因子分析结果

本书中品牌承诺由两个变量组成，分别是情感承诺和算计承诺。情感承诺有四个测量项目，算计承诺有四个测量项目。本书对这两个变量八个测量项目进行因子分析，使用主成分分析法和最大方差因子旋转方法，经过 KMO 以及 Bartlett 检验，得到的结果如表 3-17 所示。

表 3-17 关系心理契约破坏情境下的品牌承诺因子分析

情境	变量	测量项目	因子 1	因子 2
关系心理契约破坏情境	情感承诺	AC1		0.724
		AC2		0.775
		AC3		0.773
		AC4		0.746
	算计承诺	CC1	0.704	
		CC2	0.857	
		CC3	0.879	
		CC4	0.653	
	解释变异量		33.243%	32.148%
	累计解释变异量		33.243%	65.391%

从表 3-17 中可以知道 KMO 值为 0.836，巴特莱特统计值不显著，很适合做因子分析。经过主成分提取法和最大方差因子旋转方法，得到表 3-17 中的结果，各因子载荷均在 0.5 以上，表明量表的收敛效度很好，与此同时，任何一个测量项目在其他因子上的载荷都小于 0.5，符合标准，表明区别效度很好，此外，累积解释方差达到 65.391%。

表 3-18 交易心理契约破坏情境下的品牌承诺因子分析

情境	变量	测量项目	因子 1	因子 2
交易心理契约破坏情境	情感承诺	AC1		0.700
		AC2		0.821
		AC3		0.832
		AC4		0.688
	算计承诺	CC1	0.815	
		CC2	0.889	
		CC3	0.883	
		CC4	0.612	
	解释变异量		35.030%	31.994%
	累计解释变异量		35.030%	67.024%

从表 3-18 中可以知道 KMO 值为 0. 820，巴特莱特统计值不显著，很适合做因子分析。经过主成分提取法和最大方差因子旋转方法，得到表 3-18 中的结果，各因子载荷均在 0. 5 以上，表明量表的收敛效度很好，与此同时，任何一个测量项目在其他因子上的载荷都小于 0. 5，符合标准，表明区别效度很好，此外，累积解释方差达到 67. 024%。所以，品牌承诺的两个变量通过探索性因子分析，符合研究要求。

3. 4. 3. 6　品牌信任项目因子分析

本书中品牌信任有七个测量项目。本书对该变量进行因子分析，采用主成分分析法。经过 KMO 以及 Bartlett 检验，得到的结果如表 3-19 所示。

从表 3-19 中可以知道 KMO 值为 0. 873，巴特莱特统计值不显著，很适合做因子分析。经过主成分提取法得到表 3-19 中的结果，只提取到一个因子，因子载荷均在 0. 5 以上，表明量表的收敛效度很好。此外，累积解释方差达到 61. 488%。

表 3-19　关系心理契约破坏情境下的品牌信任因子分析

情境	变量	测量项目	因子 1
关系心理契约破坏情境	品牌信任	T1	0. 768
		T2	0. 783
		T3	0. 665
		T4	0. 802
		T5	0. 834
		T6	0. 795
		T7	0. 829
	解释变异量		61. 488%
	累计解释变异量		61. 488%

表 3-20 交易心理契约破坏情境下的品牌信任因子分析

情境	变量	测量项目	因子 1
交易心理契约破坏情境	品牌信任	T1	0.785
		T2	0.779
		T3	0.711
		T4	0.842
		T5	0.842
		T6	0.795
		T7	0.842
	解释变异量		64.112%
	累计解释变异量		64.112%

从表 3-20 中可以知道 KMO 值为 0.864，巴特莱特统计值不显著，很适合做因子分析。经过主成分提取法得到表 3-20 中的结果，只提取到一个因子，因子载荷均在 0.5 以上，表明量表的收敛效度很好。此外，累积解释方差达到 64.112%。

3.4.3.7 负面情绪因子分析

本书中负面情绪有四个测量项目。本书对该变量进行因子分析，采用主成分分析法。经过 KMO 以及 Bartlett 检验，得到的结果如表 3-21 所示。

表 3-21 关系心理契约破坏情境下的负面情绪因子分析

情境	变量	测量项目	因子 1
关系心理契约破坏情境	负面情绪	NM1	0.757
		NM2	0.680
		NM3	0.796
		NM4	0.761
	解释变异量		56.218%
	累计解释变异量		56.218%

从表 3-21 中可以知道 KMO 值为 0.751，巴特莱特统计值不显著，很适合做因

子分析。经过主成分提取法得到表 3-21 中的结果，只提取到一个因子，因子载荷均在 0.5 以上，表明量表的收敛效度很好。此外，累积解释方差达到 56.218%。

表 3-22　交易心理契约破坏情境下的负面情绪因子分析

情境	变量	测量项目	因子 1
交易心理契约破坏情境	负面情绪	NM1	0.766
		NM2	0.726
		NM3	0.793
		NM4	0.751
	解释变异量		57.712%
	累计解释变异量		57.712%

从表 3-22 中可以知道 KMO 值为 0.754，巴特莱特统计值不显著，很适合做因子分析。经过主成分提取法得到表中 3-22 的结果，只提取到一个因子，因子载荷均在 0.5 以上，表明量表的收敛效度很好。此外，累积解释方差达到 57.712%。

3.4.3.8　测量项目的信度分析

本书采用 Cronbach's Alpha 系数作为评价信度的标准。Cronbach's Alpha 系数的值不得低于 0.7，如表 3-23 所示。心理契约破坏量表、负面情绪量表、顾客承诺量表、顾客信任量表都通过信度检验。

表 3-23　Cronbach's Alpha 系数

情境	变量	Cronbach's Alpha 系数
关系型心理契约破坏	心理契约破坏	0.826
	负面情绪	0.708
	顾客承诺	0.856
	顾客信任	0.893
交易型心理契约破坏	心理契约破坏	0.881
	负面情绪	0.750
	顾客承诺	0.860
	顾客信任	0.904

3.4.4 假设检验

本书对关系心理契约破坏和负面情绪做相关分析时，得出关系心理契约破坏与消费者的生气、后悔、失望三种负面情绪相关显著。关系心理契约破坏与负面情绪显著正相关。假设 H1 得到验证。

对交易型心理契约破坏和负面情绪做相关分析时，得出交易型心理契约破坏与消费者的生气、后悔、失望三种负面情绪相关显著，这三种负面情绪均在 0.01 水平（双侧）上显著正相关。说明交易心理契约破坏与负面情绪显著正相关。假设 H2 得到验证。

变量相关系数如表 3-24 所示。

表 3-24 变量相关系数

1 交易心理契约破坏	1	2	3	4	5	6	7
2 关系心理契约破坏	0.288**						
3 愤怒	-0.223**	-0.318**					
4 后悔	-0.218**	-0.153**	0.332**				
5 失望	-0.24**	-0.291**	0.402**	0.325**			
6 信任	0.373**	0.339**	-0.34**	-0.264**	-0.291**		
7 情感承诺	0.339**	0.323**	-0.298**	-0.257**	-0.23**	0.72**	
8 算计承诺	0.296**	0.244**	-0.295**	-0.225**	-0.259**	0.604**	0.673**

注：** 代表 $p<0.01$。

3.4.4.1 关系心理契约破坏对品牌信任的影响

如表 3-25 所示，对关系心理契约破坏和品牌信任进行回归分析表明，回归系数 $\beta=-0.797$，$t=-7.177$，$sig=0.000<0.001$，$R=0.395$。说明关系心理契约破坏对品牌信任产生负向影响。以负面情绪为中介变量，对关系心理契约破坏和品牌信任进行逐步回归分析。得到的结果是：关系心理契约破坏对品牌信任的回归系数 $\beta=-0.554$，$t=-5.022$，$sig=0.000<0.001$，$R=0.516$；负面情绪对品牌信任的回归系数 $\beta=-0.508$，$t=-6.452$，$sig=0.000<0.001$。回归结果表明：负面情绪显著负向影响品牌信任；当负面情绪被引入回归方

程后，关系心理契约破坏与品牌信任的回归系数显著降低，但关系心理契约的系数依然显著，负面情绪的部分中介关系心理契约破坏对品牌信任的影响。假设 H3 得到验证。

表 3-25　关系心理契约破坏对品牌信任的影响（回归分析系数）

	负面情绪	品牌信任	
关系心理契约破坏	0.478*** (SE=0.079)	−0.797*** (SE=0.111)	−0.554*** (SE=0.110)
负面情绪			−0.508*** (SE=0.079)

注：*** 代表 $p<0.001$。

3.4.4.2　关系心理契约破坏对品牌情感承诺的影响

如表 3-26 所示，对关系心理契约破坏和情感承诺进行回归分析表明：回归系数 $\beta=-0.559$，$t=-4.268$，$sig=0.000<0.001$，$R=0.248$。说明关系心理契约破坏对品牌情感承诺产生负向影响。以负面情绪为中介变量，对关系心理契约破坏和品牌情感承诺进行逐步回归分析。得到的结果是：关系心理契约破坏对品牌情感承诺的回归系数 $\beta=-0.266$，$t=-2.049$，$sig=0.041<0.05$，$R=0.435$；负面情绪对品牌情感承诺的回归系数 $\beta=-0.613$，$t=-6.634$，$sig=0.000<0.001$。回归结果表明：负面情绪显著负向影响品牌情感承诺；当负面情绪被引入回归方程后，关系心理契约破坏与品牌情感承诺的回归系数显著降低，但关系心理契约的系数依然显著，负面情绪部分中介关系心理契约破坏对品牌情感承诺的影响。假设 H5 得到验证。

表 3-26　关系心理契约破坏对情感承诺的影响（回归分析系数）

	负面情绪	情感承诺	
关系心理契约破坏	0.478*** (SE=0.079)	−0.559*** (SE=0.131)	−0.266* (SE=0.130)
负面情绪			−0.613*** (SE=0.092)

注：*** 表示 $p<0.001$，* 表示 $p<0.05$。

3.4.4.3 关系心理契约破坏对品牌算计承诺的影响

如表 3-27 所示，对关系心理契约破坏和品牌算计承诺进行回归分析表明：回归系数 $\beta=-0.442$，$t=-3.901$，$sig=0.000<0.001$，$R=0.227$。说明关系心理契约破坏对品牌算计承诺产生负向影响。以负面情绪为中介变量，对关系心理契约破坏和品牌算计承诺进行逐步回归分析。得到的结果是：关系心理契约破坏对品牌算计承诺的回归系数 $\beta=-0.265$，$t=-2.270$，$sig=0.024<0.05$，$R=0.339$；负面情绪对品牌算计承诺的回归系数 $\beta=-0.370$，$t=-4.328$，$sig=0.000<0.001$。回归结果表明：负面情绪显著负向影响品牌算计承诺；当负面情绪被引入回归方程后，关系心理契约破坏与品牌算计承诺的回归系数显著降低，但关系心理契约的系数依然显著，负面情绪部分中介关系心理契约破坏对品牌算计承诺的影响。假设 H7 得到验证。

表 3-27 关系心理契约破坏对算计承诺的影响（回归分析系数）

	负面情绪	算计承诺	
关系心理契约破坏	0.478*** (SE=0.079)	-0.442*** (SE=0.113)	-0.265* (SE=0.117)
负面情绪			-0.370*** (SE=0.113)

注：*** 表示 $p<0.001$，* 表示 $p<0.05$。

3.4.4.4 交易心理契约破坏对品牌信任的影响

如表 3-28 所示，对交易心理契约破坏和品牌信任进行回归分析表明：回归系数 $\beta=-0.539$，$t=-5.633$，$sig=0.000<0.001$，$R=0.316$。说明交易心理契约破坏对品牌信任产生负向影响。以负面情绪为中介变量，对交易心理契约破坏和品牌信任进行逐步回归分析。得到的结果是：交易心理契约破坏对品牌信任的回归系数 $\beta=-0.336$，$t=-3.385$，$sig=0.001<0.01$，$R=0.424$；负面情绪对品牌信任的回归系数 $\beta=-0.451$，$t=-5.274$，$sig=0.000<0.001$。回归结果表明：负面情绪显著负向影响品牌信任；当负面情绪被引入回归方程后，交易心理契约破坏与品牌信任的回归系数显著降低，但交易心理契约

的系数依然显著，负面情绪的部分中介交易心理契约破坏对品牌信任的影响。假设 H4 得到验证。

表 3-28　交易心理契约破坏对品牌信任的影响（回归分析系数）

	负面情绪	品牌信任	
交易心理契约破坏	0. 450 *** （SE=0. 063）	-0. 539 *** （SE=0. 096）	-0. 336 ** （SE=0. 099）
负面情绪			-0. 451 *** （SE=0. 086）

注：*** 表示 p<0. 001，** 表示 p<0. 01。

3. 4. 4. 5　交易心理契约破坏对品牌情感承诺的影响

如表 3-29 所示，对交易心理契约破坏和品牌情感承诺进行回归分析表明：回归系数 β=-0. 455，t=-4. 569，sig=0. 000<0. 001，R=0. 261。说明交易心理契约破坏对品牌情感承诺产生负向影响。以负面情绪为中介变量，对交易心理契约破坏和品牌情感承诺进行逐步回归分析。得到的结果是：交易心理契约破坏对品牌情感承诺的回归系数 β=-0. 282，t=-2. 686，sig=0. 008<0. 01，R=0. 352；负面情绪对品牌情感承诺的回归系数 β=-0. 384，t=-4. 252，sig=0. 000<0. 001。回归结果表明：负面情绪显著负向影响品牌情感承诺；当负面情绪被引入回归方程后，交易心理契约破坏与品牌情感承诺的回归系数显著降低，但交易心理契约的系数依然显著，负面情绪的部分中介交易心理契约破坏对品牌情感承诺的影响。假设 H6 得到验证。

表 3-29　交易心理契约破坏对情感承诺的影响（回归分析系数）

	负面情绪	情感承诺	
交易心理契约破坏	0. 450 *** （SE=0. 063）	-0. 455 *** （SE=0. 099）	-0. 282 ** （SE=0. 105）
负面情绪			-0. 384 *** （SE=0. 090）

注：*** 表示 p<0. 001，** 表示 p<0. 01。

3.4.4.6 交易心理契约破坏对品牌算计承诺的影响

如表 3-30 所示，对交易心理契约破坏和品牌算计承诺进行回归分析表明：回归系数 $\beta=-0.320$，$t=-3.703$，$sig=0.000<0.001$，$R=0.214$。说明交易心理契约破坏对品牌算计承诺产生负向影响。以负面情绪为中介变量，对交易心理契约破坏和品牌算计承诺进行逐步回归分析。得到的结果是：交易心理契约破坏对品牌算计承诺的回归系数 $\beta=-0.145$，$t=-1.611$，$sig=0.108$，$R=0.351$；负面情绪对品牌算计承诺的回归系数 $\beta=-0.389$，$t=-5.011$，$sig=0.000<0.001$。回归结果表明：负面情绪显著负向影响品牌算计承诺；当负面情绪被引入回归方程后，交易心理契约破坏与品牌算计承诺的回归系数显著降低，但交易心理契约的系数不再显著，负面情绪的完全中介交易心理契约破坏对品牌算计承诺的影响。假设 H8 得到验证。

表 3-30 交易心理契约破坏对算计承诺的影响（基于负面情绪的中介作用回归分析系数）

	负面情绪	算计承诺	
交易心理契约破坏	0.450*** (SE=0.063)	−0.320*** (SE=0.086)	−0.145 (SE=0.117)
负面情绪			−0.389*** (SE=0.078)

注：*** 表示 $p<0.001$。

3.5 讨论

3.5.1 研究结论

本书从心理契约的视角探究了顾客心理契约破坏感对品牌关系的影响，检验了负面情绪的中介作用，本研究发现：

不同类型心理契约对负面情绪和品牌关系产生不同影响。首先，心理契约破坏会促使顾客产生多种负面情绪，包括愤怒、失望、后悔和沮丧。两种类型的心理契约关系破坏都会导致更深的愤怒和失望，但关系心理契约破坏比交易心理契约破坏对愤怒、失望的影响更深。心理契约破坏影响品牌关系，与交易心理契约破坏相比，关系心理契约破坏对品牌情感承诺、品牌信任的影响更大。

其次，交易心理契约破坏以愤怒和失望为中介影响品牌关系。交易心理契约破坏对品牌关系有显著影响，交易心理契约破坏越深，顾客的情感承诺、算计承诺和品牌信任越低。虽然交易心理契约破坏越深，顾客的愤怒、后悔、失望和沮丧情绪越高，但交易心理契约破坏感只通过愤怒和失望进一步影响品牌关系。根据本研究数据可知，交易心理契约破坏感通过两条路径直接、间接地影响品牌关系。一方面，交易心理契约破坏感直接对品牌关系产生负面影响；另一方面，交易心理契约破坏感会促使顾客产生愤怒和失望，并进一步对品牌关系产生负面影响。根据情绪相关理论可知，愤怒是针对他人的高确定性情绪，容易促使顾客采取进一步行动的情绪；失望是针对他人的低确定性情绪。由此可知，顾客在产生交易心理契约破坏感的基础上以愤怒和失望为中介进一步影响品牌承诺和品牌信任。由于交易心理契约通常建立在短期的利益性互动基础之上，如果顾客产生心理契约破坏感，很容易产生针对他人的情绪（愤怒和失望），并进一步对品牌关系产生负向影响。

最后，关系心理契约破坏以愤怒和后悔为中介影响品牌关系。顾客的关系心理契约破坏感对品牌关系有显著影响，关系心理契约破坏越深，顾客的情感承诺、算计承诺和品牌信任越低。与交易心理契约破坏不一致的是，关系心理契约通过负面情绪即愤怒和后悔间接地影响品牌关系。关系心理契约破坏产生较强的愤怒和后悔情绪，并通过二者影响品牌承诺和品牌信任。愤怒的中介作用在两种心理契约破坏情境下都存在，但交易心理契约情境下对企业的失望转换为顾客对自身的失望。关系心理契约建立在企业—顾客长期的情感性互动基础上，如果顾客感知到关系心理契约破坏，其可能将事件发生的原因一半归咎于自身，例如，“如果自己能尽早发现企业的缺陷，就不会这样了。”

3.5.2　实践启示

交易型心理契约是顾客与企业之间最基本的契约。如果消费者出现交易心理契约破坏会产生负面情绪，严重影响到消费者对品牌的信任和承诺。这样并不利于消费者与品牌之间的进一步互动，消费者有可能会由于不信任该品牌而选择其他品牌。企业在对交易心理契约内容如价格、产品质量、包装等管理时，要严格按照规范的步骤进行，同时要将交易心理契约的内容标准化，从而能够保证顾客消费的产品品质的稳定性。如果发生交易心理契约破坏，企业尽快应对顾客可能产生的愤怒和失望，采取相关行动降低顾客的愤怒和失望，从而进一步降低对品牌关系的伤害。

关系心理契约是顾客与企业之间更深层次的契约。关系型心理契约更多关注广泛的、长期的、情感的交互关系，它除了经济方面的物质回报之外，还有来自较高卷入水平的情感投入。上述结果表明，如果消费者出现关系心理契约破坏会产生更广、更深的负面情绪，严重影响到消费者对品牌的信任和承诺。企业要维护好消费者与品牌之间的关系心理契约，从细节入手，从情感利益诉求入手，与顾客建立良好的互动关系。店内的服务人员要给予热情周到的服务，要让顾客觉得自己被尊重和重视，而不是被当成可有可无的客人。对于顾客提出的问题和要求，服务人员要及时地给予反馈而不是草草了事。在平时的服务当中要注意一些能体现“顾客至上”的小细节，如某些旅行社会定时给自己的顾客邮寄一些小礼品、某些餐厅会给当天生日的顾客赠送长寿面、酒店经理能记住入住客人的名字等。每当发现这些可以巩固客人和企业之间的关系的小细节时要用制度固定下来。这样不仅能使顾客每一次消费都享受到相同的服务，而且能让顾客感觉到企业在努力地改善自身，从而能够巩固顾客与品牌之间的关系。一旦消费者的心理契约遭到破坏，要及时安抚好消费者的负面情绪特别是愤怒和后悔，企业应该勇于承担责任，不能逃避和推卸责任，防止负面情绪进一步影响品牌关系。

本书研究还存在诸多不足之处。首先，本书采用实验法探究不同类型心理契约破坏对消费者负面情绪以及品牌关系的影响，验证了心理契约破坏对品牌关系有负向影响，消费者负面情绪起到中介作用。但是本书采用的样本以大学生为主，对于这个结论能否推广到其他群体有待进一步确认。其次，本书研究的变量不够全面。本书在对负面情绪进行测量时，只引进了生气、后悔、失望、沮丧四种情绪，但是心理契约破坏还可能会引起其他类型的负面情绪，如敌对、厌烦等。我们对负面情绪的测量采用自陈式量表，未来研究可以采用能获得情绪生理指标的仪器进行测量。本书在探究心理契约破坏对品牌关系的影响时，只研究了品牌信任与品牌承诺两个变量，但是心理契约破坏还可能会影响到品牌关系其他构面。此外，未来可以进一步探究不同类型心理契约破坏影响顾客决策行为的心理机制。

3.6　案例分析——碧桂园

2018 年 8 月 3 日，中国最大的房企碧桂园在其总部（广东顺德）举办了一场规模宏大的新闻发布会。主席杨国强和总裁莫斌出席，接待了来自全国各地的 100 多家媒体，200 多名记者。此次发布会本应是一个危机公关，但却是一场失败的危机公关。

（1）事件起始。

2018 年 6~7 月对碧桂园而言可以说是段灰暗的日子。一直占据房地产第一宝座的碧桂园接连发生楼宇倒塌事件。6 月 24 日，碧桂园上海奉贤项目售楼处模架坍塌，造成 1 死 9 伤；7 月 12 日，碧桂园杭州萧山项目地基坑坑壁出现裂痕，路面塌方，殃及旁边居民楼的地基；7 月 26 日深夜，安徽六安碧桂园城市之光建筑工地发生了活动板房坍塌事故，导致 6 死多伤。接二连三的严重事故让公众对碧桂园充满质疑，也使碧桂园陷入了品牌危机。

（2）事件发展。

由于危机发生突然，危害性强，影响面广。碧桂园方称将举办一场发布会来回应近期发生的事件，同时碧桂园也向各方媒体发送了邀请。对于媒体和记者来说，这次的媒体见面会是一个很好的了解事件真相、为公众传达真相的机会。对于消费者来说，也是希望能在发布会上了解碧桂园为何事故频发，其是否承担了相应责任，消费者的利益是否被保障以及今后会有怎样强有力的整改措施。碧桂园本该借此机会诚心道歉，承担责任，剖析自省，以此来缓解危机伤害，为心理契约破裂做补偿，修复品牌关系。但遗憾的是，这次发布会完全没有达到预期效果，反而引来更多的负面舆论，尤其是在社交媒体上普通大众的评论。

据在场媒体报道，对于公众关注的问题，碧桂园并未给出充分的解释，整场活动更像是企业的宣讲会。其实，为了这场隆重的危机公关大会，碧桂园也是花了不少心思，甚至可以说是下了“血本”。据部分媒体不小心透露称，每一名到场记者，机票、餐饮、住宿、交通都有专员接待，包接包送包吃住，住的还是五星级温德姆酒店。发布会当天，便有现场照片流出，是一个碧桂园专门为媒体朋友们准备的礼盒。每个人进门就会收到一盒香奈儿礼盒，盒子里面装的是一瓶男士香水，价值1000元，这并不是全部，据记者反馈，除了香奈儿礼包，每个人还会收到一个牛皮信封，内装2000元。工作之余，碧桂园还给各位媒体朋友准备了周末长隆动物园休闲之旅。可谓是照顾的无微不至、事无巨细，地主之谊尽得很是到位。经网友初步估算，现场共约200位记者，大概的花费为：信封40万元、香奈儿礼盒20万元、住宿10万元、餐饮20万元、机票30万元、长隆门票10万元、租车费10万元，总计140多万元。可以说，碧桂园为了处理危机不吝成本，但效果却并不理想，甚至让广大网友觉得愤怒。

根据网络上媒体发布的内容，当天新闻发布会重点介绍了碧桂园人才管理、企业在9省14县的扶贫工作、SSGF建造体系、6000人的设计院等与多起楼宇倒塌事件无关的琐碎内容。一直到中午11点，碧桂园总裁莫斌登场，对近期频频发生的工地事故进行了回应。莫斌现场鞠躬，代表碧桂园集团向死难者表示哀悼，向死难者家属和受伤者表示慰问，向社会公众表示深深的歉意。但是，整个过程呈现的感觉就是没有直面事实，没有说明对事故死亡人员的具体后续补偿措施。许多事件中公众想迫切了解的事情都没有做具体说明。

（3）事件评论。

在碧桂园发布会相关信息流露出后，许多网友便指责碧桂园根本没有打算解决问题，而打算“贿赂”媒体为其“说好话”。认为碧桂园“不务正业”，花费大量资金款待媒体朋友，本末倒置，没有解决根本问题。作为碧桂园真正的掌舵人，碧桂园老板杨国强本该是本次的发布会的主角，但是在这场发布会中解答问题的是公司总裁，道歉也是公司总裁，处理意见公布也是公司总裁。杨国强则是在发布会上大谈情怀，更多的是在说“我不知该说什么？我不知该怎么办？你们教教我”“自己做过苦力，理解买房人的压力”。以及大谈自己在做慈善、扶贫。对于一个企业来说，讲情怀并非不可，但要看时机、分场合。在危机事件的发布会上，解决问题、承担责任是当务之急。消费者、媒体更关心的是为何碧桂园近期频频发生倒楼事件？碧桂园目前是否采取“高周转”战略？以及对于受害者碧桂园将采取什么举措进行负责和弥补？未来是否会改变策略保障住房和施工人员安全？但这些问题却没有在此次发布会中得到完满的回答。从危机公关 5S 原则来看，位居一二的“承担责任原则”“真诚沟通原则”在本次发布会上都没有得以体现。相反，碧桂园所做的一切让大家感受到，企业一点也不真诚踏实，而是在避重就轻，贿赂媒体。

碧桂园的口号是“给你一个五星级的家”。而消费者的心理契约是付出成本购买房子，得到一个“五星级的家”。倒楼事件可以说将心理契约彻底违背，很大程度上影响了消费者—品牌关系，也影响了碧桂园品牌的声望以及消费者对碧桂园的信任。基本的住房安全尚且不可保障，又何来五星级的家？倒楼事件本就是致命危机，大肆宣传的发布会没有解决问题，心理契约内容依旧没有得到很好地满足，与消费者的关系未能及时修复。因此消费者将碧桂园的品牌口号改成了“碧桂园，给你挖一个五星级的坑”，深刻说明了顾客对品牌的负面情绪及失望。

本章小结

本研究从心理契约的视角探究了顾客心理契约破坏感对品牌关系的影响，检验了负面情绪的中介作用，本研究发现：不同类型心理契约对负面情绪和品牌关系产生不同影响。心理契约破坏会促使顾客产生多种负面情绪，包括愤怒、失望、后悔和沮丧。两种类型的心理契约关系破坏都会导致更深的愤怒和失望，但关系心理契约破坏比交易心理契约破坏对愤怒、失望的影响更深。心理契约破坏影响品牌关系，与交易心理契约破坏相比，关系心理契约破坏对品牌情感承诺、品牌信任的影响更大。

另外，交易心理契约破坏以愤怒和失望为中介影响品牌关系。交易心理契约破坏对品牌关系有显著影响，交易心理契约破坏越深，顾客的情感承诺、算计承诺和品牌信任越低。由于交易心理契约通常建立在短期的利益性互动基础上，如果顾客产生心理契约破坏感，很容易产生针对他人的情绪（愤怒和失望），并进一步对品牌关系产生负向影响。最后，关系心理契约破坏以愤怒和后悔为中介影响品牌关系。顾客的关系心理契约破坏感对品牌关系有显著影响，关系心理契约破坏越深，顾客的品牌情感承诺、品牌算计承诺和品牌信任越低。

参考文献

[1] Rousseau D. M. Psychological and Implied Contracts Inorganizations [J]. Employee Responsibilities & Rights Journal, 1989, 2 (2): 121-139.

[2] Roehling M. V. The Origins and Early Development of the Psychological Contract Construct [J]. Journal of Management History, 1997, 3 (2): 204-217.

[3] Blancero D., Ellram L. Strategic Supplier Partnering: A Psychological Contract Perspective [J]. International Journal of Physical Distribution & Logistics Management, 1997, 27 (9/10): 616-629.

[4] 罗海成，范秀成. 基于心理契约的关系营销机制：服务业实证研究 [J]. 南开管理评论，2005 (6): 48-55.

[5] 王淑红. 基于心理契约基础上的顾客满意管理 [J]. 中南财经政法大学学报，2005 (5): 124-128.

[6] 王静一. 顾客心理契约的研究 [J]. 江苏商论，2007, 277 (11): 35-37.

[7] Rousseau D. M. Psychological and Implied Contracts Inorganizations [J]. Employee Responsibilities and Rights Journal, 1989, 2 (2): 121-139.

[8] Morrison E. W., Robinson S. L. When Employees Feel Betrayed: A Model of How Psychological Contract Violation Develops [J]. Academy of Management Review, 1997, 22 (1):

226-256.

[9] 沈伊默，袁登华. 心理契约破坏研究现状与展望［J］. 心理科学进展，2006（6）：912-917.

[10] 赵鑫，马钦海. 基于心理契约违背的顾客行为［J］. 技术经济，2012，297（9）：104-108.

[11] Westbrook R. A., Oliver R. L. The Dimensionality of Consumption Emotion Patterns and Consumer Satisfaction [J]. Journal of Consumer Research, 1991: 84-91.

[12] Mano H., Oliver R. L. Assessing the Dimensionality and Structure of the Consumption Experience: Evaluation, Feeling, and Satisfaction [J]. Journal of Consumer Research, 1993: 451-466.

[13] Dube L., Belanger M. C., Trudeau E. The Role of Emotions Inhealth Care Satisfaction [J]. Marketing Health Services, 1996, 16 (2): 45.

[14] Richins M. L. Measuring Emotions in the Consumption Experience [J]. Journal of Consumer Research, 1997, 24 (2): 127-146.

[15] Watson D., Clark L. A., Tellegen A. Development and Validation of Brief Measures of Positive and Negative Affect: Thepanas Scales [J]. Journal of Personality and Social Psychology, 1988, 54 (6): 1063.

[16] 史倩. 情绪对大学生睡眠质量的影响及其机制的研究［D］. 哈尔滨工程大学，2013.

[17] Jorgensen B. K.. Components of Consumer Reaction to Company-related mishaps: A Structural Equation Model Approach [J]. Advances in Consumer Research, 1996, 23 (1): 346-351.

[18] 余伟萍，张琦，段桂敏. 产品伤害危机程度对消费者负面情感及抵制意愿的影响研究［J］. 中大管理研究，2012，7（3）：52-67.

[19] 高忠华. 基于文化价值观和服务公平的消费者后悔影响研究［D］. 西南交通大学，2012.

[20] 汪兴东. 产品伤害危机中顾客情绪反应及行为意向形成机制研究［D］. 华中科技大学，2013.

[21] Muniz Jr A. M., O'Guinn T. C. Brand Community [J]. Journal of Consumer Research, 2001, 27 (4): 412-432.

[22] Fournier S. A Consumer-brand Relationship Framework for Strategic Brand Management

[M]. UMI Dissertation Services, 2003.

[23] 周兰. 品牌体验对消费者—品牌关系的影响研究 [D]. 湖南师范大学, 2008.

[24] 李攀. 品牌个性、品牌认知对品牌关系的影响研究 [D]. 浙江理工大学, 2013.

[25] Blackston M. Observations: Building Brand Equity by Managing the Brand's Relationships [J]. Journal of Advertising Research, 1992, 32 (3): 79-83.

[26] Fournier S. Consumers and Their Brands: Developing Relationship Theory Inconsumer Research [J]. Journal of Consumer Research, 1998, 24 (4): 343-353.

[27] 周志民, 卢泰宏. 广义品牌关系结构研究 [J]. 中国工业经济, 2004 (11): 98-105.

[28] 何佳讯. 品牌关系质量本土化模型的建立与验证 [J]. 华东师范大学学报 (哲学社会科学版), 2006 (3): 100-106.

[29] 杨清云. 消费者长期导向观对品牌情感、承诺和忠诚的影响关系 [D]. 华东师范大学, 2008.

[30] 石晶, 崔丽娟. 国外心理契约破坏及结果变量与调节变量: 述评与展望 [J]. 心理科学, 2011, 190 (2): 429-434.

[31] 钟建安, 黄继久, 沈励斌, 等. 负性情绪在心理契约违背与反生产行为中的作用 [J]. 应用心理学, 2014, 20 (2): 122-129.

[32] 沈世银. 心理契约破坏对组织公民行为的影响: 情绪的中介效应研究 [D]. 电子科技大学, 2015.

[33] Robinson S. L., Rousseau D. M. Violating the Psychological Contract: Not the Exception but the Norm [J]. Journal of Organizational Behavior, 1994, 15 (3): 245-259.

[34] Robinson S. L. Trust and Breach of the Psychological Contract [J]. Administrative Science Quarterly, 1996, 41 (4): 574-599.

[35] Deery S. J., Iverson R. D., Walsh J. T. Toward a Better Understanding of Psychological Contract Breach: A Study of Customer Service Employees [J]. Journal of Applied Psychology, 2006, 91 (1): 166.

[36] Restubog S. L. D., Bordia P., Tang R. L. Effects of Psychological Contract Breach on Performance of it Employees: The Mediating Role of Affective Commitment [J]. Journal of Occupational and Organizational Psychology, 2006, 79 (2): 299-306.

[37] Kickul J., Lester S. W. Brokenpromises: Equity Sensitivity as a Moderator Between Psychological Contract Breach and Employee Attitudes and Behavior [J]. Journal of Business

and Psychology, 2001, 16 (2): 191-217.

[38] Arnott D. C., Wilson D., Kingshott R. P., et。al. The Impact of Psychological Contracts on Trust and Commitment Insupplier - distributor Relationships [J]. European Journal of Marketing, 2007, 41 (9/10): 1053-1072.

[39] 罗海成. 营销情境中的心理契约及其测量 [J]. 商业经济与管理, 2005 (6): 37-41, 47.

[40] 张生太, 杨蕊. 心理契约破裂、组织承诺与员工绩效 [J]. 科研管理, 2011, 187 (12): 134-142.

[41] Rousseau D. M., McleanP. J. The Contracts of Individuals and Organizations [J]. Research in Organizational Behavior, 1993, 15 (6): 1-43.

[42] 罗海成. 顾客忠诚的心理契约机制实证研究 [J]. 管理评论, 2006, 64 (1): 57-62.

[43] 王紫薇. 市场营销中的心理契约内容及维度分析 [J]. 商业时代, 2010, 510 (35): 31-32.

[44] 郭萍. 高校辅导员心理契约破坏及其对组织承诺的影响 [D]. 山西大学, 2009.

第4章　心理契约破坏对顾客角色外行为的影响

问题导读

阅读完本章之后，读者能对如下问题有更清晰、透彻的认识：

1. 什么是顾客角色外行为？包含哪些维度？
2. 心理契约破坏的不同维度对顾客角色外行为的影响存在哪些差异？
3. 心理契约破坏如何影响顾客角色外行为？

4.1　问题提出

企业以及营销人员为了更好地推广、传播品牌，有时会出现言过其实的现象，过分夸大品牌的好处或做出一些虚假的宣传，忽略品牌的承诺与履行问题，企业品牌承诺内容与履行内容不一致，从而影响品牌在消费者心目中的形象，同时可能对消费者产生一些负面影响。譬如，“携程在手，说走就走”，必须“看清楚再走”；“给你一个五星级的家”变成了“给你一个五星级的坑”。惠普电脑发布暗影精灵Ⅲ代 Plus 游戏本时，官方宣传中为了强调产品散热效果，特别指出其采用双风扇 5 根热管的散热设计，但当不少消费者拿到手后发现此前被重点宣传的 5 根散热管，竟变成了 3 根，纷纷表示不满。

顾客心理契约是顾客对品牌企业所许诺的责任或义务的感知或期待。当顾客感知到企业未履行承诺时，心理契约破坏就发生了。很多企业为了争夺更多的顾客，常常以最好质量、独特定位、贵宾待遇等吸引顾客，然而企业未兑现其承诺，使得顾客与企业之间形成的基于信任、期望和承诺基础之上的心理契约关系遭到破坏，从而使顾客对品牌产生质疑，对顾客口碑宣传、建言献策以及帮助企业等角色外行为产生负面影响。同时，顾客的口碑宣传等角色外行为不容小觑，也可能对品牌产生较大的影响。星巴克发展为现在市场上实力非常强大的一家企业，它以消费者口头传播的方式来推动目标顾客群的成长，借助口碑的力量塑造品牌和传播企业的文化内涵。可见，充分利用顾客资源对企业至关重要，管理顾客角色外行为是企业提升竞争力的一个重要方面。

因此，本研究将探索顾客心理契约破坏对角色外行为的影响。当企业的一些行为和宣传给顾客带来负面影响如心理契约破坏时，顾客角色外行为会受到怎样的影响？不同类型心理契约破坏（交易型 vs. 关系型）对顾客角色外行为的影响是否存在差异？以及心理契约破坏与顾客角色外行为之间是否存在中介变量？深入研究这些问题能够为品牌企业充分利用顾客资源、提高竞争力提供理论指导。

顾客角色外行为是营销领域研究的热点，也有不少学者研究顾客公民行为、顾客自发行为以及顾客组织公民行为等与顾客角色外行为相似的概念，其中，与顾客角色外行为最为相同的是顾客公民行为，甚至有学者认为两者是一致的（Groth，2005；Gruen & Gentry，1995）。但是本研究认为这两者之间存在差异，顾客角色外行为更符合本研究对顾客心理认知层面的探索，更能够体现当前企业品牌发展的实际水平。同时，企业未能充分认识到顾客角色外行为对品牌的影响，忽视顾客作为企业的“兼职员工”的作用，是造成品牌竞争水平低下的重要原因，对顾客角色外行为的研究能够让企业重新审视自身对待顾客的方式以及重视顾客角色外行为。顾客角色外行为的影响因素有很多，包括顾客个人因素、服务员工因素、服务企业因素以及社会文化因素等，而顾客心理契约的破坏（交易型 vs. 关系型）是品牌企业的不当行为和宣传对顾客产生的负面影响，这种影响可能会让顾客对品牌的认同感降低，进而可能会影响顾客角色外行为。对顾客心理契约破坏的研究能够为品牌企业在营销过程中做好宣传等提供指导，维护顾客与品牌之间的心理契约关系，增强品牌的竞争实力。

综合以上理论思考以及品牌的现状，本研究将在模拟顾客心理契约破坏（交易型 vs. 关系型）的情境下，探讨不同类型的心理契约破坏对顾客角色外行为的影响。本研究试图达到以下两个目的：

（1）探究交易型心理契约破坏和关系型心理契约破坏对顾客角色外行为的影响差异。

（2）探究品牌认同威胁在心理契约破坏影响顾客角色外行为中的中介作用。

在理论层面上，基于对以往文献的研究和整理，发现对顾客角色外行为的研究还处于探索阶段，国内关于顾客角色外行为的研究还比较少，顾客角色外行为也常常与顾客公民行为、顾客自发行为以及顾客组织公民行为等混淆在一起，并没有建立起系统的研究。另外，随着品牌心理契约研究的深入发展，品牌企业为管理好顾客资源需要对顾客的心理契约进行了解和满足，本研究将会对顾客不同类型的心理契约进行梳理，研究成果将是对该理论的丰富和总结。本研究将以心理契约破坏和顾客角色外行为为核心构念，从不同心理契约破坏的角度（交易型 vs. 关系型）探究对顾客角色外行为的影响，建立了不同类型心理契约破坏通过品牌认同威胁对顾客角色外行为的影响模型，丰富了对顾客角色外行为的研究，扩展了顾客心理契约的研究范围。

在实践层面上，现今市场竞争如此激烈，企业管理侧重于顾客管理，就要以顾客为核心，充分挖掘顾客资源的价值。企业如果不能充分管理好与顾客的关系，势必会处于劣势，甚至会面临丧失市场的危机。本研究将有助于品牌企业更好地理解顾客行为，让企业真正了解顾客在企业价值创造过程中的重要作用；同时有助于品牌企业更加重视与顾客的心理契约关系，让企业认识到导致品牌与顾客之间关系弱化也可能是由于顾客心理层面受到伤害。本研究能够为企业管理顾客与品牌的关系提供理论指导，使企业能更好地维护顾客与品牌之间的关系，为顾客提供更好的服务，获得更大的竞争优势。

本研究采用实验法进行研究。分四个阶段进行：第一阶段，模拟心理契约破坏的实验情景，并进行预实验，选取最符合的实验情景，以待开发问卷；第二阶段，在文献研究的基础上明确心理契约破坏、顾客角色外行为、品牌认同威胁的维度以及测量项目，形成量表，开发问卷；第三阶段，通过预测试获得预试数据，对问卷进行修正，形成正式问卷；第四阶段，将进行正式实验，得到相应的数据。统计分析采用 SPSS 软件进行描述性统计分析、信度分析、效度分析、因子分析以及进行相关分析、回归分析等，验证研究假设，获得研究结论。

4.2　文献综述

4.2.1　心理契约破坏的相关综述

心理契约（Psychological Contract）来源于组织行为学领域，是指雇员与组织双方内隐的、不成文的相互期望，是一种无言的契约（Levinson，1962），也是对于相互责任义务的主观感知。而当员工感知到他并没有得到组织曾承诺给予他们的东西时，心理契约破坏就产生了（William H. Turnley，1999）。国内学者齐琳也认为，心理契约破坏（psychological contract breach）是指在雇佣关系中员工对组织未能履行的责任或承诺的认知评价（齐琳和刘泽文，2012）。

在组织行为学中，学术界对心理契约破坏的影响因素研究主要分为三大方面，对员工情感、员工态度以及员工行为的影响。在情绪方面，Conway 和 Briner（2002）研究发现心理契约破坏会让员工产生负面情绪或情感反应（背叛感、惊讶等）。在态度方面，学者们分别对员工组织认同、组织承诺、工作满意度、留职意愿等维度进行过研究。当组织未履行对员工的承诺时，员工会对组织产生怀疑以及不信任的感觉（Robinson，1996），对组织的认同感也会降低（沈伊默和袁登华，2007）。心理契约破坏也会对组织承诺产生负向影响（Lester，Turnley，Bloodgood & Bolino，2002），特别是与组织承诺中的情感承诺有显著的负相关关系（Restubog et al.，2006）。一种解释是心理契约破坏导致员工对组织的信任水平和认同感降低，进而导致员工与组织情感联结的破裂；另一种解释是组织不能兑现在招聘时的承诺，员工因此会产生消极情绪（失望、生气等），从而导致员工减少情感承诺。此外，也有研究发现心理契约破坏也会降低员工的工作满意度（William H. Turnley & Feldman，2000）以及留职意愿（沈伊默和袁登华，2007）、增强员工的离职意愿（Lo & Aryee，2003）。在行为方面，大多数的研究发现心理契约破坏会负向影响组织公民行为以及员工的角色内行为。沈伊默、袁登华（2007）通过对 398 名企业员工的问卷调查发现心理契约破坏感对员工的组织公民行为（利他行为、个人主动性、人际和谐和保护公司资源）产生显著的负向影响。同时，余琛（2007）也通过研究证实不同心理契约履行水平下，员工的组织公民行为存在显著差异。相反，如果组织履行了承诺或责任义务，会促使员工产生组织公民行为（Henderson，Wayne，Bommer，Shore & Tetrick，2008）。同样，心理契约破坏也会导致员工降低角色内行为，以及降低角色内绩效（Chen，Tsui & Zhong，2008）。

在营销学领域，关于心理契约破坏的实证研究不多。罗海成等对心理契约破坏的维度以及心理契约破坏对顾客忠诚的影响进行了探究，逐渐丰富心理契约在营销领域的探索。罗海成主要是对顾客心理契约对顾客态度的影响进行了相关研究，研究发现，心理契约对顾客忠诚的形成过程有显著的影响，以及对顾客信任、承诺有着直接或间接的影响（罗海成和范秀成，2005）。此外，他还通过实证分析表明，交易心理契约和关系心理契约分别对行为忠诚和态度忠诚具有积极影响，并且关系心理契约还通过态度忠诚的中介作用进而构成对行为忠诚的间接影响关系（罗海成，2006b）。Zweig 和 Aggarwal（2005）对心理契约对品牌关系影响也进行了研究，研究发现，在品牌关系中顾客也必然存在对品牌的心理契约，如果顾客的心理契约遭到破坏，将导致消费者终止品牌关系。

4.2.2　顾客角色外行为的相关综述

在营销领域内，顾客角色外行为是当前的一个研究热点，顾客被视为企业的“兼职员工”的观点被大多数学者所接受。顾客在消费过程中，既作为消费者享受服务，又可以对企业的服务或企业本身建言献策或者给予帮助、传播口碑。因而对于服务型企业而言，顾客是“企业的兼职员工”。Groth (2005）研究认为，顾客角色外行为是顾客自主的、自发的、对企业有益的行为，不是完成服务过程所必需的，如顾客口碑推荐、帮助其他顾客行为。与上述含义相似，顾客公民行为、顾客自发行为以及顾客组织公民行为等概念（见表 4-1）与顾客角色外行为相通，反映了相似的内容。

表 4-1　与顾客角色外行为相似的概念

概念	研究者	定义描述
顾客公民行为	Groth	顾客自发和自主决策的，并非完成服务程序所必需，有助于提高服务质量、促进企业的有效运行的行为
	Thomas W. Gruen	顾客自愿做出的对企业有利的，并不是企业要求必须做的行为
顾客自发行为	Massiah 等	顾客在接受企业提供的产品或者服务的过程中对其他顾客表现出帮助、宣传企业品牌等，会有益于企业提升绩效，并且通过顾客的反馈能提升服务质量的行为
	Lence　A. Bettencourt	顾客于特定条件下，自主决策做出的有助于提高企业传递高质量服务的行为
顾客组织公民行为	Liliana L. Bove	将顾客作为企业的临时员工为研究起点，顾客公民行为不是为了完成自己对产品的购买和服务的接受才做出的自愿做有助于组织的行为
	Lengnick-Hall 等	顾客可表现出类似的组织公民行为，如正确地使用设备、发扬友爱精神、减少粗鲁行为等，这些行为无论对服务组织还是顾客都是非常有利的

资料来源：本研究整理。

顾客角色外行为与上述概念是学者们从不同的研究视角提出来的，既有相似之处又不同之处，这也表明对这个领域的研究还处于有争议的阶段，还未得出统一的权威看法。其中，与顾客角色外行为最为相似的是顾客公民行为，Gruen 和 Groth（2005）甚至称顾客公民行为即是顾客角色外行为。然而，吕瑛（2012）在其研究中却认为两者并不可以等同。第一，顾客公民行为更强调公民的意义，是从社会化的角度进行研究的；顾客角色外行为强调的是角色的意义，是从顾客的视角出发的。第二，从服务的互动角度出发，顾客公民行为更多强调道德层面的行为，强调顾客自发的遵守道德而表现出的行为；而顾客角色外行为则更强调心理层面的行为，强调顾客在服务互动中由心理感知而表现出的行为。

4.2.3 顾客角色外行为影响前因的相关研究

以往学者对顾客角色外行为的影响因素进行的研究为数不多，本研究将从顾客公民行为、顾客自发行为或顾客组织公民行为等类似顾客角色外行为的影响前因进行分析，大致可以归纳为以下几类影响因素：顾客个人因素、服务员工因素、服务企业因素以及社会文化因素。

顾客作为服务的重要参与者，其自身的感知、个性以及行为方式对其角色外行为会产生影响。对于同一服务，不同的顾客也会有不同的反应，其角色外行为也会存在不同。顾客个人因素包括顾客满意、顾客信任、顾客参与、顾客承诺等。Bettencourt、张广玲分别进行了研究，表明顾客满意、顾客信任、顾客承诺会直接影响顾客自发行为（Bettencourt，1997）。国内学者范钧以团队游为例进行了实证研究，研究表明，顾客参与以顾客满意为中介对顾客公民行为有正向影响。

服务员工与顾客直接接触，其行为表现会直接影响顾客对服务的满意程度，进而影响顾客的行为。Yi 和 Gong（2008）运用服务利润链理论研究了员工行为对顾客行为的影响，指出员工公民行为即员工自觉做出的在工作规定之外的行为，会通过顾客满意和顾客承诺对顾客公民行为产生正向影响。同时，Bove 等（2009）也认为员工如果对顾客表现仁慈或做出承诺等，会促进顾客产生顾客公民行为。

服务企业因素主要是顾客对企业的服务公平性的感知。Yi 和 Gong（2006）以健身中心顾客为对象进行实证研究，指出顾客对企业的服务公平感知对顾客公民行为有显著影响。Teo 和 Lim（2001）对电脑零售业顾客进行调查，也证实了服务公平性对顾客公民行为有显著影响。

社会文化因素包括个人主观规范以及顾客对企业的认同。个人主观规范越强，越能够产生顾客角色外行为。顾客对企业越是认同，其角色外行为也会增加。Ahearne 等（2005）认为顾客在接受服务企业的服务时会对企业服务人员进行评价，这些评价的结果会让顾客对企业产生认同感，进而对顾客的角色外行为产生影响。Karaosmanoglu 等（2011）通过研究也发现顾客对公司的良好印象会正向影响其角色外行为。

在对品牌认同的研究中，不少学者对其前因变量进行过探索，He 和 Li 通过研究发现服务企业的社会责任对品牌认同会产生影响。企业社会责任是指对员工、社区、环境以及对消费者的责任。心理契约破坏是消费者对企业不履行其承诺、不承担责任的一种感知，如果消费者感知到较低的企业社会责任感，可能会对其品牌认同产生负向影响。同时，企业不履行承诺的现象会使消费者产生不好的体验感，Aaker 曾通过研究发现服务过程中顾客体验是品牌认同的决定性因素。本研究猜测心理契约破坏可能会对品牌认同产生负向影响。

此外，在组织行为学领域，有众多研究证实心理契约破坏对组织认同产生负向影响。沈伊默和袁登华对企业员工调查问卷发现，心理契约破坏对员工工作态度（组织认同、留职意愿）产生影响。在营销领域，心理契约破坏与品牌认同之间的关系可能与组织行为学中的类似。因此，本研究尝试研究品牌认同威胁在心理契约破坏与顾客角色外行为之间的中介作用。大量的研究证实心理契约破坏会对员工的组织公民行为产生负向影响。组织公民行为主要是指对帮助同事和对组织的责任感，有益于组织运作成效的自发性行为总和。此外，范钧、孔静伟（2009）对顾客公民行为进行了研究，提出在动机视角下，顾客公民行为的主要动机来源是顾客对未来回报即对未来服务人员可能履行的责任的预期，这种预期来自顾客的已得利益，或者是一种对于回报的预期。而心理契约所包含的顾客对未来回报的预期，对顾客公民行为起到了激励作用。

顾客的角色外行为与组织公民行为、顾客公民行为类似，都是一种自主的、自发的、对组织或企业有益的行为，但已有研究并没有从心理契约角度对顾客角色外行为进行理论研究或者实证研究。Berry 和 Parasuraman（1991）、Arnould 和 Price（1993）等证实了与企业保持良好关系的顾客不但会继续购买企业的产品和服务，而且会主动为企业做有利的口碑宣传、介绍新顾客，从而使企业获得长期的经济利益。这说明心理契约与顾客的角色外行为之间可能存在关联，企业与顾客保持良好的心理契约关系，可能会增加顾客的角色外行为；相反，心理契约破坏也可能会降低顾客的角色外行为。本研究将对心理契约破坏对顾客角色外行为的影响进行研究。

4.3 研究假设与模型构建

4.3.1 心理契约破坏对顾客角色外行为的直接影响

基于已有文献可知，心理契约破坏是顾客对品牌企业未能履行承诺的主观评价，大多数学者认为心理契约是由两个维度构成的。Rousseau（1990）用典型相关分析（Canonical Correlation Analysis）对 129 名即将赴任的 MBA 毕业生分别就企业给予的报酬、奖励、晋升、组织支持、福利保障等问题与员工自己是否愿意加班、是否对企业忠诚等问题进行调查，通过实证研究将心理契约分为两大类：交易性心理契约（Transactional Psychological Contract）和关系型心理契约（Relational Psychological Contract）。国内相关研究中，罗海成、范秀成（2005）也认为顾客对服务企业的心理契约结构是由两个维度构成，即交易型心理契约和关系型心理契约。

交易型心理契约破坏是品牌企业未能履行有关经济利益的承诺时，顾客的主观评价。如品牌企业以优惠价格等宣传手段吸引顾客前来消费，但是实际上价格并没有真正优惠，而是在原来的价格基础上抬高价格后进行折扣优惠，顾客会因此感到被欺骗而拒绝购买。关系心理契约破坏是品牌企业未能履行有关情感或象征价值等的承诺时，顾客的主观评价。如 2013 年春节期间，欧洲市场发生的“挂牛头卖马肉”事件，顾客在牛肉汉堡中吃到马肉，商家的欺瞒伤害了顾客的信任。顾客的交易型心理契约破坏和关系型心理契约破坏并非互相排斥的，可能会同时发生。在感受到关系型心理契约破坏的同时，其交易型心理契约也遭到了破坏。

当顾客心理契约遭到破坏时，其行为可能会受到影响。顾客角色外行为是顾客自发产生的、能给企业带来好处的一种自愿性行为。品牌企业未能履行其承诺，给顾客造成了伤害，顾客就会减少或者终止其自发产生的对企业有益的行为，例如，减少口碑宣传、不愿再帮助该企业的其他顾客解决问题、不愿就该企业存在的问题提出建议等。国内学者吕瑛以及国外学者 Groth 提出顾客角色外行为可以划分为三个维度，即帮助、建言（提供反馈）、推荐。帮助行为是指自愿帮助他人解决问题的行为，此处指对其他顾客以及对企业的帮助，如帮助其他顾客寻找商品、帮助企业维持良好的环境等；建言行为是一种促使情况改变的沟通行为，顾客为改进服务质量等提出意见建议、评论等；推荐行为指顾客积极的口碑推荐和称赞。

心理契约破坏可能会对顾客的帮助行为、建言行为、推荐行为等产生影响，但是顾客的交易型心理契约破坏和关系型心理契约破坏对顾客角色外行为的影响可能不一致，即对顾客角色外行为的三个维度——帮助、建言、推荐行为的影响可能存在差异。

因此，本研究提出如下假设：

H1：关系型心理契约破坏对顾客角色外行为产生负向影响。

H1a：关系型心理契约破坏对帮助行为产生负向影响。

H1b：关系型心理契约破坏对建言行为产生负向影响。

H1c：关系型心理契约破坏对推荐行为产生负向影响。

H2：交易型心理契约破坏对顾客角色外行为产生负向影响。

H2a：交易型心理契约破坏对帮助行为产生负向影响。

H2b：交易型心理契约破坏对建言行为产生负向影响。

H2c：交易型心理契约破坏对推荐行为产生负向影响。

4.3.2 心理契约破坏对顾客角色外行为的间接影响

心理契约破坏对顾客角色外行为的影响是一个动态的变化过程。当顾客感知心理契约被破坏时，其会产生心理上的认知过程。品牌企业的不当行为是否与自身相关，是否对自身产生影响，品牌企业的不当行为与自我概念是否还是一致的等。例如，顾客在餐厅消费等待上菜时间太长，就有可能产生心理契约破坏，顾客可能认为企业这种服务不好、效率低的形象无法再用来表达自我形象。

在组织行为学领域，有大量研究已经证实心理契约破坏会对员工的组织认同感产生负向影响。也有研究表明，顾客对企业的认同感会对顾客公民行为产生消极影响。因此，从品牌的视角看，本研究认为心理契约破坏可能导致顾客产生品牌认同威胁，从而对顾客角色外行为产生影响。

根据社会认同理论，认同威胁是某一群体的个体在认知、情感上对自我、所属群体身份的不承认，而产生的一种心理上的疏离感、剥夺感和自卑感。Tajfel 和 Turner（1986）关于“对抗忠诚度”进行研究时发现，如果消费者在进行社会比较时，无法非常明确地判定自己属于哪一个群体，消费者就会产生认同威胁。同样，当品牌企业的不当行为使顾客的品牌认同受到威胁时，顾客品牌认同感降低，会倾向于去获得更多的认同感，可能转而去购买竞争品牌的产品；相反，顾客如果一直保持着对品牌企业的高认同，会借助于其他维度的比较来维持品牌的优势，提高对品牌的认同。

当品牌企业的不当行为给顾客造成负面影响时，顾客对品牌的认同感就有可能产生质疑，顾客对品牌企业的认同感可能会降低，即产生了品牌认同威胁，并可能对顾客的行为产生影响，减少对品牌的维护行为，顾客角色外行为——帮助、建言、推荐行为也可能会减少。

因此，本研究提出如下假设：

H3：关系型心理契约破坏以品牌认同威胁为中介对顾客角色外行为产生影响。

H3a：关系型心理契约破坏以品牌认同威胁为中介对帮助行为产生影响。

H3b：关系型心理契约破坏以品牌认同威胁为中介对建言行为产生影响。

H3c：关系型心理契约破坏以品牌认同威胁为中介对推荐行为产生影响。

H4：交易型心理契约破坏以品牌认同威胁为中介对顾客角色外行为产生影响。

H4a：交易型心理契约破坏以品牌认同威胁为中介对帮助行为产生影响。

H4b：交易型心理契约破坏以品牌认同威胁为中介对建言行为产生影响。

H4c：交易型心理契约破坏以品牌认同威胁为中介对推荐行为产生影响。

根据以上对各变量间关系的假设，本研究所构建的理论模型如图 4-1 所示。

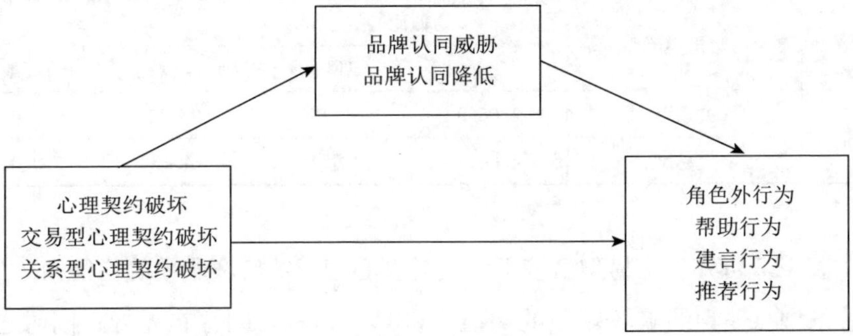

图 4-1　研究模型

4.4 实证研究

4.4.1 问卷设计

本研究的总体假设是，不同类型心理契约破坏（交易型 vs. 关系型）对顾客角色外行为产生负面影响，并以顾客品牌认同威胁为中介。为验证本研究的假设，问卷共由四部分构成：第一部分为实验情境，引起相应的心理契约破坏感；第二部分为心理契约量表；第三部分为品牌认同量表；第四部分为顾客角色外行为量表。

为确定实验情境，本研究将进行预测试。本研究的预测试主要是为了检验实验情境是否符合我们撰写的目的，即特定的实验情境让被试感受到的是交易型心理契约破坏或者关系型心理契约破坏。预测试主要通过问卷形式进行调查。

（1）零售业心理契约破坏情景预测试。

零售业心理契约破坏共发放了 40 份问卷。其中交易型（TPCB）和关系型（RPCB）心理契约破坏情境问卷分别收到了 20 份，剔除填写前后自相矛盾或答案完全一致的 3 份以及 4 份无效问卷，总共收到有效问卷 17 份和 16 份。对收集到的数据进行均值比较和 T 检验，结果如表4-2所示。

表 4-2　模拟情境预测试数据比较

行业	实验情境类型	均值比较		T 检验	
		RPCB	TPCB	t 值	sig（双侧）
零售	关系型	3. 0669	3. 5156	2. 122	0. 051
	交易型	4. 0015	2. 9546	-4. 152	0. 001

由表 4-2 可知，交易型情境下，交易型心理契约破坏题项的均值为 2. 9546，小于关系型心理契约破坏题项的均值 4. 0015，两者之间存在差异；同时进行 T 检验，t=-4. 152，p=0. 001，说明交易型心理契约破坏题项与关系型心理契约破坏题项存在差异显著。关系型情境下，关系型心理契约破坏题项的均值为 3. 0669，小于交易型心理契约破坏题项的均值 3. 5156，两者之间也存在差异；T

检验中，t=2.122，p=0.051，也可认为交易型心理契约破坏题项与关系型心理契约破坏题项存在差异，即关系型情境描述符合实验目的。

（2）餐饮业和旅游业。

对于零售业即超市情景的描述，基本上符合我们的预期，但是根据对被试的访问结果，本研究对情境的描述进行了细微修改。对心理契约破坏量表也进行了修改，删除不合理的双重问题。餐饮业和旅游业心理契约破坏也通过问卷形式发放，其中餐饮业交易型和关系型情境问卷均收到了 22 份。对收集到的数据进行均值比较和 T 检验，结果如表 4-3 所示。

表 4-3　模拟情境预测试数据比较

行业	模拟情境类型	均值比较		T 检验	
		TPCB	RPCB	t 值	sig（双侧）
餐饮	关系型	2.6159	1.9091	3.504	0.006
	交易型	2.0484	2.6330	-3.588	0.002
旅游	关系型	2.4959	1.7802	3.931	0.002
	交易型	1.9353	2.5083	-3.896	0.001

由表 4-3 可知，不管是餐饮业还是旅游业，交易型心理契约破坏题项和关系型心理契约破坏题项的均值之间都存在差异，t 值也都在 3.5 及以上，说明交易型心理契约破坏题项和关系型心理契约破坏题项存在差异，情境描述符合本研究的要求。

4.4.2　量表开发

（1）心理契约破坏量表。

心理契约来源于组织行为学，在营销学领域，相关的研究还较少，没有形成统一的、普遍认可的量表，但是被学者们借鉴最多的是中国学者罗海成（2006）的量表。本研究的心理契约量表也主要参考罗海成设计的心理契约量表，结合研究的实际情况，设计了心理契约破坏量表，分为交易型心理契约维度（TPCB1~3）和关系型心理契约维度（RPCB1~3）。

（2）顾客角色外行为量表。

对顾客角色外行为量表的研究不多，学者们比较认可的是 Groth 关于顾客公民行为量表以及吕瑛的顾客角色外行为量表（吕瑛和卫海英，2012）。前文已经论证了顾客公民行为虽然与顾客角色外行为概念上相似，但是二者之间仍然存在差异。故本研究借鉴吕瑛开发的顾客角色外行为量表，将顾客角色外行为划分为三个维度：帮助、建言和推荐，共包含 10 个题项（HB1~4，VB1~3，RB1~3）。

（3）品牌认同量表。

本研究借鉴季靖开发的品牌认同量表，但由于季靖从身份动机的角度出发进行研究，其开发的量表并不完全适合本研究。故本研究还参考了杜伟强等对自我品牌联系的量表以及周学春、张晓娟关于自我—品牌联结的量表，设计了品牌认同量表，共包含 4 个题项（BRT1~4）。

4.4.3 描述性统计分析

本研究采用 SPSS17.0 进行数据分析，首先对样本进行描述性统计分析，其次进行数据的信度和效度分析，最终检验所提出的假设是否成立。

（1）数据收集。

本研究探讨心理契约破坏对顾客角色外行为的影响，选取广州地区的 600 名消费者作为调查对象。

（2）操控检验。

配对样本 T 检验是根据样本数据对两个配对样本来自配对总体的均值是否存在显著差异进行推断。本研究模拟的心理契约破坏情境是否让调查对象产生了特定类型心理契约破坏的认知，以及调查对象在经历模拟的心理契约破坏情境后是否形成了品牌认同威胁，通过配对样本 T 检验对各变量的均值进行差异比较，从而进行判断。

如表 4-4 所示，交易型或关系型心理契约破坏情景下，交易型和关系型心理契约测量题项之间的均值存在显著差异，说明特定的心理契约破坏情景可以让调查对象产生特定的类型心理契约破坏的认知。

表 4-4　心理契约破坏的配对样本 T 检验

模拟实验情境	组别	成对差分		t	sig（双侧）
		均值	标准差		
关系型	TPCB-RPCB	0.53108	0.65076	14.206	0.000
交易型	TPCB-RPCB	-0.07625	0.60515	-2.160	0.032

表 4-5　品牌认同威胁的 T 检验

模拟实验情境	组别	成对差分		t	sig（双侧）
		均值	标准差		
关系型	BRT-BRT0	-2.71443	0.98384	48.105	0.000
交易型	BRT-BRT0	-2.46535	0.06196	39.787	0.000

表 4-5 的数据表明，不管是交易型心理契约破坏情境下还是关系型心理契约破坏情境下，实验前后测的品牌认同的测量题项之间存在显著差异，说明心理契约破坏确实会形成品牌认同威胁。

4.4.4　心理契约破坏的行业差异

单因素方差分析是用来测试某一个控制变量的不同水平是否给观察变量造成显著差异和变动。本研究对三个行业进行了测量，欲探究行业之间顾客心理契约破坏是否存在差异。

由表 4-6 可知，交易型和关系型心理契约破坏情境下，三个行业之间的显著性水平都大于 0.05，并不存在差异。因此本研究之后会综合三个行业的数据进行分析。

表 4-6　行业之间的单因素方差分析

模拟情境类型	组别	组间平方和	F 值	显著性
关系型	RPCB	0.368	0.184	0.406
	TPCB	1.822	1.453	0.236

续表

模拟情境类型	组别	组间平方和	F 值	显著性
交易型	RPCB	1.465	1.360	0.258
	TPCB	0.673	1.029	0.359

描述性统计分析是对被调查样本的基本资料及研究的各个层面进行频数、百分比、均值、标准差等的基本统计显示，以便详细了解样本结构。本研究所涉及的描述性统计包括两部分：一部分是关于样本的人口统计学变量分析；另一部分是对研究变量的描述统计。

表 4-7　样本人口统计特征量

		百分比（%）
性别	女	67.5
	男	31.5
年龄	16~20 岁	28.5
	21~25 岁	60.1
	26~30 岁	8.5
	30 岁以上	2.9

如表 4-7 所示，调查对象以女性居多，占比为 67.5%；男性占比为 31.5%。调查对象多集中于 20~25 岁，占比为 60.1%；其他年龄段的人较少。

表 4-8　心理契约破坏的描述性统计

		TPCB1	TPCB2	TPCB3	RPCB1	RPCB2	RPCB3
均值	关系型	1.871	1.984	1.882	1.289	1.580	1.285
	交易型	1.696	1.964	1.927	1.943	2.111	1.762

表 4-9　角色外行为的描述性统计

		HB1	HB2	HB3	HB4	VB1	VB2	VB3	RB1	RB2	RB3
均值	关系型	4.121	3.911	3.617	3.408	2.900	2.964	3.096	4.538	4.604	4.890
	交易型	3.696	3.523	3.264	3.173	2.880	2.988	3.019	4.411	4.480	4.889

表 4-10　品牌认同的描述性统计

		BRT1	BRT2	BRT3	BRT4	BRT10	BRT20	BRT30	BRT40
均值	关系型	4. 553	4. 629	4. 977	4. 795	1. 903	2. 058	2. 162	1. 974
	交易型	4. 429	4. 632	4. 990	4. 815	2. 057	2. 296	2. 476	2. 175

从表 4-8 至表 4-10 可知，交易情景下交易心理契约的测量题项均值比关系型低，关系情境下关系心理契约的测量题项均值比交易型低。此外，交易型和关系型心理契约破坏情境下心理契约破坏前后，调查对象对品牌认同测量题项的均值都存在比较大的差异，且破坏后的测量题项均值普遍降低，说明心理契约破坏对品牌认同可能存在负向影响，即可能产生了品牌认同威胁。交易型和关系型心理契约破坏情境下，角色外行为的测量题项的均值集中在 3~5，可见角色外行为可能会受其他变量影响。

4. 4. 5　测量可靠性检验

（1）信度分析。

信度指采用同样的方法对同一对象重复测量时所得结果的一致性程度。本研究采用 Cronbach'α 系数检验问卷信度，因为这种信度分析能够较为准确地反映量表内部结构的良好性和测量题项的一致性。同时，采用普遍认定的 Cronbach'α 在 0. 70~0. 98。从表 4-11 和表 4-12 可知，Cronbach'α 值都大于 0. 70，说明测量的信度符合要求。

（2）效度分析。

效度是指测量工具或手段能够准确测出所需测量的事物的程度，主要由内容效度和建构效度来衡量。内容效度是指测验或量表内容或题项的适当性与代表性。本研究的量表以理论为基础，并参考众多学者的相关研究成果，结合本研究的目标选取适合的问项编制而成，因此可认为本研究问卷具有一定的内容效度。建构效度是指测验能够测量到理论上的构想或特质的程度，即测验的结果是否能证实或解释某一理论的假设、术语或构想，解释的程度如何。

表 4-11　关系型心理契约破坏情境下量表的信度分析结果

题项	因子载荷	维度 Cronbach'α
TPCB1	0. 841	0. 863
TPCB2	0. 893	
TPCB3	0. 826	
RPCB1	0. 844	0. 732
RPCB2	0. 612	
RPCB3	0. 821	
BRT1	0. 489	0. 713
BRT2	0. 746	
BRT3	0. 855	
BRT4	0. 836	
BRT10	0. 761	0. 880
BRT20	0. 864	
BRT30	0. 929	
BRT40	0. 869	
HB1	0. 840	0. 846
HB2	0. 872	
HB3	0. 742	
HB4	0. 769	
VB1	0. 897	0. 911
VB2	0. 923	
VB3	0. 898	
RB1	0. 911	0. 925
RB2	0. 916	
RB3	0. 892	

表 4-12　交易型心理契约破坏情境下量表的信度分析结果

题项	因子载荷	维度 Cronbach' α
TPCB1	0. 811	0. 775
TPCB2	0. 849	
TPCB3	0. 699	
RPCB1	0. 813	0. 846
RPCB2	0. 854	
RPCB3	0. 824	
BRT1	0. 580	0. 784
BRT2	0. 805	
BRT3	0. 876	
BRT4	0. 876	
BRT10	0. 827	0. 881
BRT20	0. 852	
BRT30	0. 902	
BRT40	0. 855	
HB1	0. 832	0. 791
HB2	0. 860	
HB3	0. 665	
HB4	0. 669	
VB1	0. 863	0. 877
VB2	0. 894	
VB3	0. 858	
RB1	0. 897	0. 884
RB2	0. 937	
RB3	0. 835	

1）心理契约破坏量表的结构。

交易型和关系型心理契约破坏的 KMO 值分别为 0. 842 和 0. 824，Bartlett 球形检验都为显著概率，说明该变量非常适合做因子分析。对心理契约破坏的 6 个题项进行探索性因子分析，采取主成分分析法提取因子，并选择最大方差进行旋转。交易型和关系型心理契约破坏分别可以提取 2 个因子，因子载荷如表 4-11 和表 4-12 所示，基本大于 0.8。根据研究理论和模型以及数据分析，分别将这两个因子命名为关系型心理契约破坏和交易型心理契约破坏。

2）顾客角色外行为量表的结构。

交易情境下和关系情境下顾客角色外行为的 KMO 值分别为 0.742 和 0.789，Bartlett 球形检验为显著性概率，说明该变量很适合做因子分析。对顾客角色外行为的 10 个题项进行探索性因子分析，采取主成分分析法提取因子，并选择最大方差进行旋转。交易情境下和关系情境下顾客角色外行为分别都提取了 3 个因子，因子载荷如表 4-11 和表 4-12 所示，基本大于 0.7。根据研究理论和模型以及数据分析，分别将这三个因子命名为推荐行为、帮助行为和建言行为。

3）品牌认同量表的结构。

交易情境下和关系情境下品牌认同威胁的 KMO 值分别为 0.804 和 0.803，Bartlett 球形检验为显著性概率，说明该变量非常适合做因子分析。对品牌认同威胁的 4 个题项进行探索性因子分析，采取主成分分析法提取因子，并选择最大方差进行旋转。交易情景下和关系情境下品牌认同威胁分别提取了 2 个因子，因子载荷如表 4-11 和表 4-12 所示，基本大于 0.7。根据研究理论和模型以及数据分析，分别将这两个因子命名为愉悦感和相符感。

4.4.6 假设检验

基于各变量的信度和效度都已基本达到标准，本研究认为心理契约破坏、品牌认同威胁以及顾客角色外行为变量具备建立结构方程模型的基本前提。故将本研究的理论模型转换为结构方程模型路径图，如图 4-2 所示。

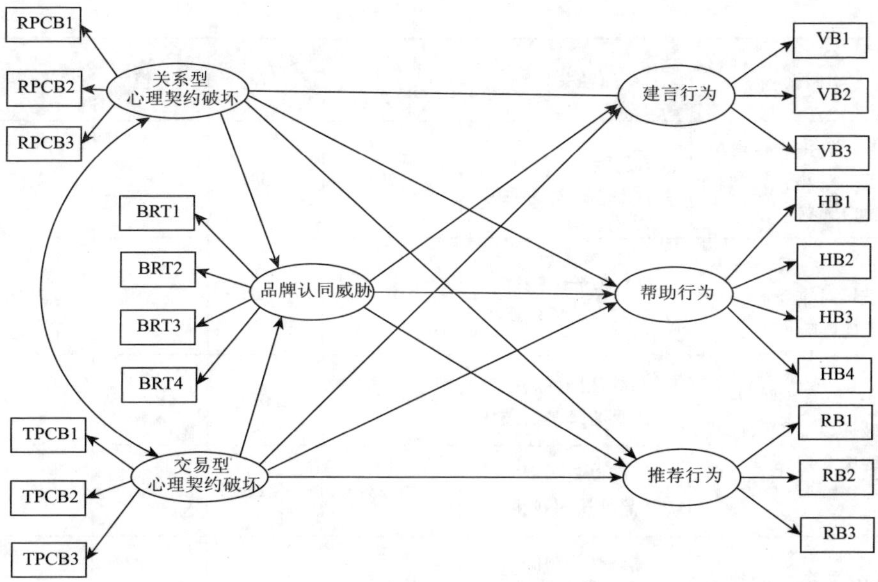

图 4-2　本研究初始结构模型

（1）关系型心理契约破坏情景下的结构方程模型分析。

本研究使用 AMOS17.0 对模型进行验证，关系型心理契约破坏情境下的结构方程模型的拟合指标结果如表 4-13 所示，指标基本达到了建议标准，因此从整体上看，模型得到了较好的拟合。

表 4-13　关系型心理契约破坏情境下的结构方程分析拟合优度检验结果

	χ^2	χ^2/d. f.	RMSEA	AGFI	PNFI	PGFI	NFI	IFI	CFI
初始模型	361. 451	2. 288	0. 065	0. 859	0. 751	0. 673	0. 903	0. 943	0. 943
建议标准	越小越好	<3. 0	<0. 08	>0. 8	>0. 5	>0. 5	>0. 9	>0. 9	>0. 9
评价结果	满足	满足	满足	满足	满足	满足	满足	满足	满足

表 4-14　关系型心理契约破坏情境下的结构模型估计结构

假设	路径关系	标准化路径系数	T 值	P 值	结果
H1a：关系型心理契约破坏对帮助行为产生负向影响	帮助行为←关系型心理契约破坏	0. 122	0. 981	0. 327	不支持

续表

假设	路径关系	标准化路径系数	T 值	P 值	结果
H1b：关系型心理契约破坏对建言行为产生负向影响	建言行为←关系型心理契约破坏	0.261	2.087	*	支持
H1c：关系型心理契约破坏对推荐行为产生负向影响	推荐行为←关系型心理契约破坏	0.069	0.647	0.518	不支持
H3a：关系型心理契约破坏以品牌认同威胁为中介对帮助行为产生影响	品牌认同威胁←关系型心理契约破坏	0.226	2.053	*	支持
	帮助行为←品牌认同威胁	−0.239	−3.059	**	
H3b：关系型心理契约破坏以品牌认同威胁为中介对建言行为产生影响	品牌认同威胁←关系型心理契约破坏	0.226	2.053	*	支持
	建言行为←品牌认同威胁	−0.222	−2.912	**	
H3c：关系型心理契约破坏以品牌认同威胁为中介对推荐行为产生影响	品牌认同威胁←关系型心理契约破坏	0.226	2.053	*	支持
	推荐行为←品牌认同威胁	−0.578	−7.423	***	

注：* 为 $p<0.05$，** 为 $p<0.01$，*** 为 $p<0.001$。

由表 4-14 可知，对初始模型进行分析发现，关系型心理契约破坏对顾客角色外行为的帮助行为和推荐行为这两条路径的假设没得到支持，其余路径均得到了支持。在关系型心理契约破坏情境下，关系型心理契约破坏以品牌认同威胁为中介对顾客角色外行为产生显著影响，以及关系型心理契约破坏对顾客角色外行为中的建言行为的直接影响显著。

以上结果只是针对初始结构模型的初步分析，之后将对模型进行修正，以得到更加科学合理的结果。根据初始模型的检验结果以及修正指数 MI，删除了关系型心理契约破坏对帮助行为和推荐行为的路径，以及交易型心理契约破坏对建言行为的路径。改进后的结构方程模型如图 4-3 所示。

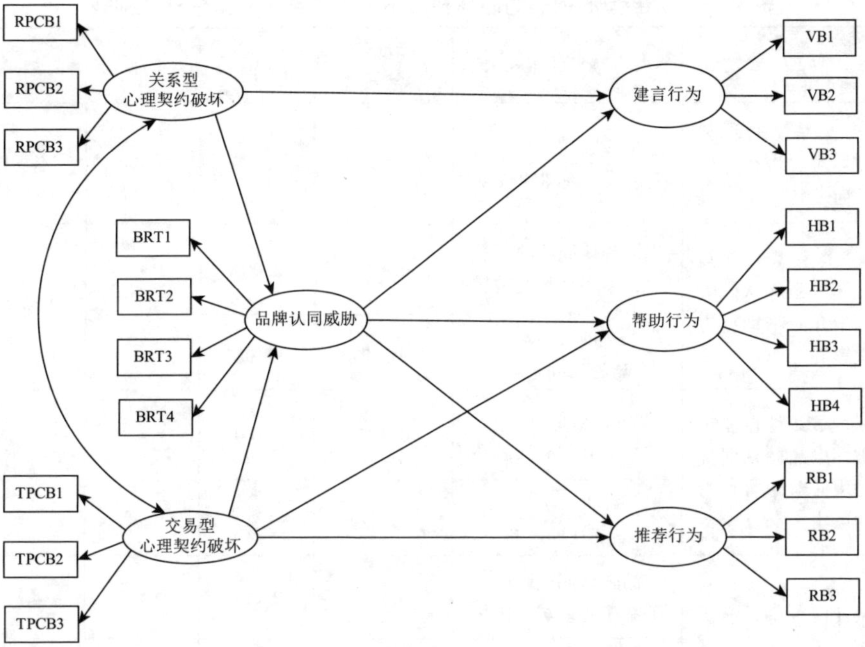

图 4-3　本研究的改进结构模型图

对原有模型改进之后，运用 AMOS17.0 软件，进行再次的结构方程估计，拟合指标结果如表 4-15 所示，改进后的结构方程模型结果见表 4-16，最终获得的路径系数如图 4-4 所示。

从表 4-15 中可知，χ^2有所降低（354.268<361.451），χ^2/d.f. 也达到了更高的配适度要求（2.214<2.228<3.0），表明模型具有合理的拟合度。其他指标也得到了更好地改善，故从整体来看，模型具有更好的拟合性。

表 4-15　关系型心理契约破坏情境下的改进结构方程分析拟合优度检验结果

	χ^2	χ^2/d.f.	RMSEA	AGFI	PNFI	PGFI	NFI	IFI	CFI
改进模型	354.268	2.214	0.063	0.864	0.762	0.683	0.905	0.946	0.945
建议标准	越小越好	<3.0	<0.08	>0.8	>0.5	>0.5	>0.9	>0.9	>0.9
评价结果	满足	满足	满足	满足	满足	满足	满足	满足	满足

表 4-16 关系型心理契约破坏情境下的改进结构模型估计结构表

假设	路径关系	标准化路径系数	T 值	P 值	结果
H1b：关系型心理契约破坏对建言行为产生负向影响	建言行为←关系型心理契约破坏	0.092	1.329	0.184	不支持
H3a：关系型心理契约破坏以品牌认同威胁为中介对帮助行为产生影响	品牌认同威胁←关系型心理契约破坏	0.175	2.001	*	支持
	帮助行为←品牌认同威胁	−0.227	−2.983	**	
H3b：关系型心理契约破坏以品牌认同威胁为中介对建言行为产生影响	品牌认同威胁←关系型心理契约破坏	0.175	2.001	*	支持
	建言行为←品牌认同威胁	−0.229	−3.173	**	
H3c：关系型心理契约破坏以品牌认同威胁为中介对推荐行为产生影响	品牌认同威胁←关系型心理契约破坏	0.175	2.001	*	支持
	推荐行为←品牌认同威胁	−0.573	−7.487	***	

注：* 为 $p<0.05$，** 为 $p<0.01$，*** 为 $p<0.001$。

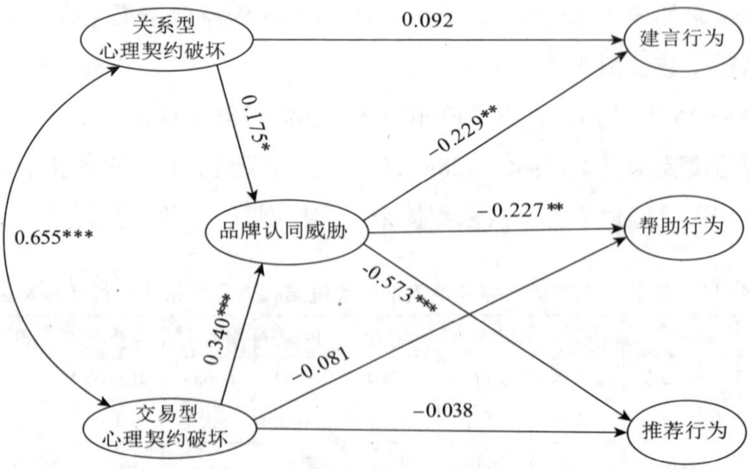

图 4-4 关系型心理契约破坏情境下的结构方程模型路径系数

注：* 为 $p<0.05$，** 为 $p<0.01$，*** 为 $p<0.001$。

修正模型的假设检验结果进一步验证了关系型心理契约破坏以品牌认同威胁为中介对顾客角色外行为产生影响，但是关系型心理契约破坏对顾客角色外行为中的建言行为的直接影响不显著。

（2）交易型心理契约破坏情境下的结构方程模型分析。

在初始结构模型中运用 AMOS17.0 软件，对交易型心理契约破坏情境下的结构方程进行估计。拟合指标结果如表 4-17 所示，指标基本达到了建议标准，因此从整体上看，模型得到了较好的拟合。

表 4-17　交易型心理契约破坏情境下的结构方程分析拟合优度检验结果

	χ^2	χ^2/d.f.	RMSEA	AGFI	PNFI	PGFI	NFI	IFI	CFI
初始模型	379.565	2.402	0.069	0.847	0.738	0.666	0.887	0.916	0.930
建议标准	越小越好	<3.0	<0.08	>0.8	>0.5	>0.5	>0.9	>0.9	>0.9
评价结果	满足	满足	满足	满足	满足	满足	尚可	满足	满足

表 4-18　交易型心理契约破坏情境下的结构模型估计结构表

假设	路径关系	标准化路径系数	T 值	P 值	结果
H1a：交易型心理契约破坏对帮助行为产生负向影响	帮助行为←交易型心理契约破坏	0.065	0.506	0.613	不支持
H1b：交易型心理契约破坏对建言行为产生负向影响	建言行为←交易型心理契约破坏	0.118	0.919	0.358	不支持
H1c：交易型心理契约破坏对推荐行为产生负向影响	推荐行为←交易型心理契约破坏	-0.030	-0.303	0.762	不支持
H3a：交易型心理契约破坏以品牌认同威胁为中介对帮助行为产生影响	品牌认同威胁←交易型心理契约破坏	0.178	1.658	0.097	不支持
	帮助行为←品牌认同威胁	0.018	0.233	0.816	

续表

假设	路径关系	标准化路径系数	T值	P值	结果
H3b：交易型心理契约破坏以品牌认同威胁为中介对建言行为产生影响	品牌认同威胁←交易型心理契约破坏	0.178	1.658	0.097	不支持
	建言行为←品牌认同威胁	0.123	1.536	0.125	
H3c：交易型心理契约破坏以品牌认同威胁为中介对推荐行为产生影响	品牌认同威胁←交易型心理契约破坏	0.178	1.658	0.097	不支持
	推荐行为←品牌认同威胁	-0.331	-4.786	***	

注：*** 为 $p<0.001$.

由表4-18可知，交易型心理契约破坏情境下，各个路径均得不到验证。因此，根据前文中改进的结构方程模型，运用AMOS17.0软件，对交易型心理契约破坏情境下的结构方程进行估计。

结构方程模型的拟合指标结果如表4-19所示，χ^2有所降低（282.350<379.565），χ^2/d.f.也达到了更高的配适度要求（1.810<2.402<3.0），表明模型具有合理的拟合度。其他指标也得到了更好地改善，故从整体来看，模型具有更好的拟合性。

表4-19　交易型心理契约破坏情境下的改进结构方程分析拟合优度检验结果

	χ^2	χ^2/d.f.	RMSEA	AGFI	PNFI	PGFI	NFI	IFI	CFI
改进模型	282.350	1.810	0.053	0.881	0.752	0.677	0.916	0.961	0.960
建议标准	越小越好	<3.0	<0.08	>0.8	>0.5	>0.5	>0.9	>0.9	>0.9
评价结果	满足	满足	满足	满足	满足	满足	满足	满足	满足

改进后的结构方程模型结果结表4-20所示，最终获得的路径系数如图4-5所示。

表 4-20　交易型心理契约破坏情境下的改进结构模型估计结构

假设	路径关系	标准化路径系数	T 值	P 值	结果
H2a：交易型心理契约破坏对帮助行为产生负向影响	帮助行为←交易型心理契约破坏	-0. 202	-2. 396	*	支持
H2c：交易型心理契约破坏对推荐行为产生负向影响	推荐行为←交易型心理契约破坏	-0. 337	-4. 863	***	支持
H4a：交易型心理契约破坏以品牌认同威胁为中介对帮助行为产生影响	品牌认同威胁←交易型心理契约破坏	0. 155	1. 345	0. 179	不支持
	帮助行为←品牌认同威胁	-0. 024	-0. 310	0. 756	
H4b：交易型心理契约破坏以品牌认同威胁为中介对建言行为产生影响	品牌认同威胁←交易型心理契约破坏	0. 155	1. 345	0. 179	不支持
	建言行为←品牌认同威胁	0. 110	1. 384	0. 166	
H4c：交易型心理契约破坏以品牌认同威胁为中介对推荐行为产生影响	品牌认同威胁←交易型心理契约破坏	0. 155	1. 345	0. 179	不支持
	推荐行为←品牌认同威胁	-0. 380	-5. 516	***	

注：* 为 p<0. 05，*** 为 p<0. 001.

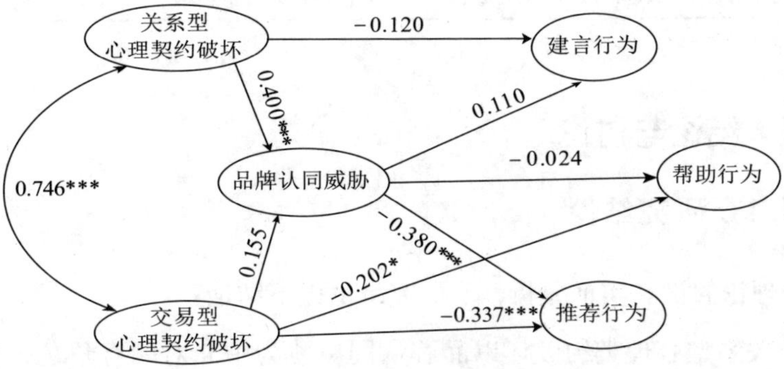

图 4-5　交易型心理契约破坏情境下的结构方程模型路径系数

注：* 为 p<0. 05，** 为 p<0. 01，*** 为 p<0. 001.

对交易型心理契约破坏情境下的改进结构方程模型进行分析发现，交易型心理契约破坏对品牌认同威胁这一路径的假设没得到支持，其余路径均得到了支持。在交易型心理契约破坏情境下，交易型心理契约破坏对顾客角色外行为中的帮助行为和推荐行为产生了显著影响，但是交易型心理契约破坏以品牌认同威胁为中介对顾客角色外行为的影响不显著。通过结构方程模型分析验证，各假设检验结果见表4-21。

表4-21　假设检验结果

研究假设	假设是否成立
H1a：关系型心理契约破坏对帮助行为产生负向影响	不成立
H1b：关系型心理契约破坏对建言行为产生负向影响	不成立
H1c：关系型心理契约破坏对推荐行为产生负向影响	不成立
H2a：交易型心理契约破坏对帮助行为产生负向影响	成立
H2b：交易型心理契约破坏对建言行为产生负向影响	成立
H2c：交易型心理契约破坏对推荐行为产生负向影响	成立
H3a：关系型心理契约破坏以品牌认同威胁为中介对帮助行为产生影响	成立
H3b：关系型心理契约破坏以品牌认同威胁为中介对建言行为产生影响	不成立
H3c：关系型心理契约破坏以品牌认同威胁为中介对推荐行为产生影响	成立
H4a：交易型心理契约破坏以品牌认同威胁为中介对帮助行为产生影响	不成立
H4b：交易型心理契约破坏以品牌认同威胁为中介对建言行为产生影响	不成立
H4c：交易型心理契约破坏以品牌认同威胁为中介对推荐行为产生影响	不成立

4.5　结论与讨论

4.5.1　研究结论

通过理论假设和实证分析，本研究得出以下结论：

（1）关系型心理契约破坏以品牌认同威胁为中介对顾客角色外行为产生影响，但是对顾客角色外行为的直接影响不显著。关系型心理契约破坏使顾客降低对品牌的认同，影响其品牌认同感，基于该品牌对顾客造成的伤害，顾客不愿意产生顾客角色外行为（帮助行为、建言行为和推荐行为），但是对顾客角色外行为的直接影响却不显著。可能存在的原因是：关系型心理契约破坏是顾客对品牌企业未能履行有关情感或象征价值等的承诺的一种认知，更多地关注广泛的、长期的、社会情感联系，除了经济方面的物质回报外，还追求社会情感方面的需求满足，包括对个人的支持、家庭的关注等无形因素，能产生较强的参与意识和归属感，体现为隐含和主观的理解。关系型心理契约破坏作为一种认知，遵循"认知—情感—行为"的心理过程。这种认知会影响其情感，影响其对品牌的认同感，进而指导其行为。

（2）交易型心理契约破坏对顾客角色外行为中的帮助行为和推荐行为产生显著的直接影响，但是交易型心理契约破坏以品牌认同威胁为中介对顾客角色外行为的影响不显著。交易型心理契约破坏是品牌企业未能履行有关经济利益的承诺时，顾客直接建设他们的角色外行为。它是建立在短期回报和利益基础之上，主要关注具体的、短期的和经济的交互关系。而根据社会认同理论，认同威胁是在社会比较的情况下，某一群体的个体在认知、情感上对自我、所属群体身份的不承认，而产生的一种心理上的疏离感、剥夺感和自卑感。顾客品牌认同感的降低是对品牌企业产生认知上的怀疑以及情感上的疏离。因此，关注经济利益的交易型心理契约破坏可能不会通过影响品牌认同来影响顾客角色外行为，而是对顾客角色外行为产生直接的影响。

同时，交易型心理契约破坏对顾客建言行为的影响不显著，可能存在的原因是：建言行为（反馈问题、提出改进建议、指出不当）的均值与帮助行为和推荐行为存在较大差异，在直接经济利益受到影响的情况下，顾客不愿意提供帮助和进行推荐，但是顾客仍然会建言。可能存在某些调节变量对顾客的建言行为产生影响，但是基于本研究的局限，有待进一步的研究调查。

4.5.2　研究局限

对不同类型心理契约破坏对顾客角色外行为影响的研究和探索，虽然对现实和理论都有意义，但是由于受到笔者理论知识、研究能力和资源的限制，仍然存在明显的不足之处，有待后续研究进一步完善和改进。①样本的局限性。对消费者行为研究来说，样本量越大、覆盖面越广，研究结果越具有代表性。本研究由于财力和社会关系的限制，只选取了暨南大学学生为样本进行研究，对研究的推广性有一定的影响。虽然大学生是具有代表性的消费群体，但是却忽略了对其他消费群体的研究，研究不全面。②研究变量选取考虑不全面。在心理契约破坏对顾客角色外行为的研究中只选取了品牌认同威胁这一变量为中介变量，可能存在其他中介作用的变量未考虑全面的问题。此外，还可能存在某些调节变量会对顾客角色外行为产生影响。

基于本研究存在的局限和笔者对心理契约破坏、顾客角色外行为、品牌认同威胁知识的有限了解，本研究还存在一些有待研究的方面：①本研究注重从品牌角度探究心理契约破坏与顾客角色外行为之间的影响关系，但是中介变量可能不止品牌认同威胁一个，还可能存在着其他中介因素，如满意度、信任、承诺等。已有研究发现员工的心理契约破坏会对工作满意度、组织承诺、组织信任等产生影响，同时，顾客公民行为也受关系质量的影响，关系质量就包含满意、承诺、信任三个维度。这些因素作为中介变量的研究有待进行。②心理契约破坏对顾客角色外行为的帮助行为、建言行为等可能受其他调节变量的影响，但是本研究并没有考虑这一层面，因而有待进一步的研究。

4.6 品牌危机案例分析——海底捞

提起海底捞，相信大多数人都不陌生。海底捞作为一家火锅店，虽然其火锅也受到好评，但其主要闻名于其无微不至的服务。除了大家熟悉的“吃火锅配件”——眼镜布、手机袋、围裙、发圈，以及等待用餐时的擦鞋、美甲、游乐园等服务外，海底捞甚至可以帮忙哄孩子、代打游戏，在顾客不知情的情况下主动准备惊喜、给独自一人吃火锅的顾客送上玩偶陪同等。因此，海底捞甚至一度成为网红火锅店，许多年轻人会专门前往“打卡”，体验火锅界最周到的服务。然而，2017 年海底捞被曝光厨房有老鼠，使海底捞陷入了品牌危机。

（1）事件起始。

2017 年 8 月 25 日，《法制晚报》发布一则关于海底捞的重磅新闻——《记者历时 4 个月暗访海底捞：老鼠爬进食品柜火锅漏勺掏下水道》，一瞬间将海底捞推上话题中心。根据《法制晚报》报道，记者在海底捞劲松店暗访中的第一天就发现了老鼠，之后又在配料房、上菜房、水果房、洗碗间陆续发现老鼠，有时它们还会爬到装着食物的柜子里，不免让人一阵恶寒。之后记者还发现，海底捞员工还会把用来清扫地面、墙壁和下水道的扫帚和簸箕拿来清理洗碗机和储物柜。种种事项，让人不寒而栗。一直在消费者心目中具有良好口碑的海底捞竟然出现严重的卫生问题。可以说，这完全破坏了消费者原有的心理契约。一系列的疑问也出现在了消费者脑海中：一向以卫生干净、服务态度好而闻名的海底捞也出事了，火锅到底还能不能吃？海底捞会如何回应以及解释？这究竟是个例还是海底捞幕后就是如此不堪？以后还能去海底捞吗？

（2）事件发展。

此事自发布后迅速在各官方媒体、社交媒体及消费者间传播开来。凤凰网等十几家媒体相继转载新闻，网络大 V 也纷纷针对“海底捞事件”发表言论。与此同时，随着微信朋友圈刷屏式转发以及网络媒体的大肆报道，海底捞公司的卫生问题引爆全民关注。短短半天时间，海底捞走下神坛，沦为众矢之的。

但海底捞在事件发生后立即采取了措施。事件发生 4 小时后，海底捞在其官方微博上发布致歉信——《关于海底捞火锅北京劲松店、太阳宫店事件的致歉信》，获得近 2 万人点赞、2 万多人评论以及 7000 多人转载。因海底捞公司反应迅速且态度诚恳，致歉信在发布之后，消费者怒火得以暂时性缓解，为海底捞公司赢得进一步有序应对的时机。

8 月 25 日 17∶16，海底捞公司发布处理通报——《海底捞北京劲松店、北京太阳宫店事件处理通报》，态度诚恳，承担责任。处理通报迅速被网友解读为“这锅我背！这错我改！员工我养！”，引发网络舆论风向大反转。8月25日晚上至26日上午，全民关注点聚焦在海底捞“公关满分”，原谅之声盖过批评之声，危机呈翻盘之势。但8月26日下午，另一种声音出现，宣称整个社会被拉低了审美水准和价值准则。至此开始，舆论矛头再次指向了海底捞。8月27日，政府部门立案侦查开展餐饮检查，海底捞公司发布第三份公告——《关于积极落实整改，主动接受社会监督的声明》，声明愿意接受社会监督。28日，海底捞官网公告、官方微博置顶并且持续提供良好服务，“海底捞事件”最终尘埃落定，危机消解成实锤。海底捞的三小时危机公关也被顶上热搜，被公众称为“教科书级别”的危机公关。

（3）事件评论。

可以看到，同样出现了品牌危机，也同样对危机采取了措施，但碧桂园和海底捞却达到了完全不一样的结果。可以说海底捞的危机公关完全遵循了5S原则。

首先是速度第一原则，在“海底捞事件”中，海底捞公司在危机发生的4小时后就在其官方微博上发布致歉信，向消费者和媒体传达企业态度，掌握了舆论的主动权，降低甚至杜绝了谣言的传播与泛滥。在致歉信发布后的2小时，海底捞公司又在其官方微博上针对此次事件发布了处理通报，对海底捞各门店的餐具清洗等卫生问题采取了具体的解决措施。解决方案发布的速度之快让公众迅速转变了对该事件的态度及看法。

其次是承担责任原则，在致歉信中，海底捞公司开篇就宣称“经公司调查，认为媒体报道中披露的问题属实”，勇于直面公司存在的问题以及应承担的责任。同时表明“该类事件的处理结果也会公告于众”，并且告知广大消费者和媒体“我们愿意承担相应的经济责任和法律责任”。并且在处理通报的整改措施中，每一项整改措施都对应一位相关负责人，如“北京劲松店、北京太阳宫店主动停业整改、全面彻查；并聘请第三方公司，对下水道、屋顶等各个卫生死角排查除鼠；责任人：公司副总经理谢英”。此举使每一项整改措施都落到实处，让消费者更加信服。此外，海底捞公司也表明“涉事停业的两家门店的干部和职工无须恐慌，只需按照制度要求进行整改并承担相应的责任，主要责任由公司董事会承担”。在整场公关活动中，海底捞公司都一针见血地就事论事，针对问题解决问题，不将责任推给媒体、员工，以主人翁的角色去承担责任，完全展现了充满人文情怀和责任感的企业形象。

再次，在处理过程中，海底捞以一种低姿态、真诚的态度向公众说明情况，让消费者感受到了其真诚。在致歉信中不断使用“感谢媒体和公众”“我们愿意承担”“监督”等词句来表达自己的诚意。针对公众的质疑声与讨伐声，海底捞公司在声明中也明确表示“我公司将本着真诚的态度”“本着不回避责任、坦诚面对的态度”。做到了真诚沟通。

最后，整个过程中的公告致歉信等信息均是由海底捞官方权威发布，并且还指出将“聘请第三方公司，对下水道、屋顶等各个卫生死角排查除鼠”，可以说尽力做到了让消费者信任。在整个过程中，海底捞公司口径一致，态度诚恳，承认错误，接受监督，并做出整改。整个过程环环相扣，沟通及时有效。正因如此，海底捞与消费者之间的心理契约虽然没有按预期履行，却更多是停留在心理契约破裂上，而没有达到不可挽回的心理契约违背。由于海底捞恰当的处理，消费者不会感受到强烈的背叛，故品牌关系也容易得以修复，品牌危机的伤害也被降到了最低。

本章小结

关系型心理契约破坏以品牌认同威胁为中介对顾客角色外行为产生影响，但是对顾客角色外行为的直接影响不显著。关系型心理契约破坏使顾客降低对品牌的认同，影响其品牌认同感，基于该品牌对顾客造成的伤害，顾客不愿意产生顾客角色外行为（帮助行为、建言行为和推荐行为）。

交易型心理契约破坏对顾客角色外行为中的帮助行为和推荐行为产生

显著的直接影响，但是交易型心理契约破坏以品牌认同威胁为中介对顾客角色外行为的影响不显著。关注经济利益的交易型心理契约破坏可能不会通过影响品牌认同来影响顾客角色外行为，而是对顾客角色外行为产生直接的影响。

参考文献

[1] Ahearne, M., Bhattacharya, C. B., Gruen, T. Antecedents and Consequences of Customer-Company Identification: Expanding the Role of Relationship Marketing [J]. Journal of Applied Psychology, 2005, 90 (3): 574-585.

[2] Arnott, D. C., Wilson, D., Kingshott, R. P., Pecotich, A. The Impact of Psychological Contracts on Trust and Commitment Insupplier-distributor Relationships [J]. European Journal of Marketing, 2007, 41 (9/10): 1053-1072.

[3] Arnould, E. J., Price, L. L. River Magic: Extraordinary Experience and the Extended Service Encounter [J]. Journal of Consumer Research, 2007, 24-45.

[4] Berry, Parasuraman. Marketing Services [M]. Competing Through Quality, Free Press.

[5] Bettencourt, L. A. Customer Voluntary Performance: Customers as Partners in Service Delivery [J]. Journal of Retailing, 1997, 73 (3): 383-406.

[6] Blackston, M. Observations: Building Brand Equity by Managing the Brand's Relationships [J]. Journal of Advertising Research, 1992, 32 (3), 79-83.

[7] Blancero, D., Ellram, L. Strategic Supplier Partnering: A Psychological Contract Perspective [J]. International Journal of Physical Distribution & Logistics Management, 1997, 27 (9/10): 616-629.

[8] Bove, L. L., Pervan, S. J., Beatty, S. E., Shiu, E. Service Worker Role in Encouraging Customer Organizational Citizenship Behaviors [J]. Journal of Business Research, 2009, 62 (7): 698-705.

[9] Chen, Z. X., Tsui, A. S., Zhong, L. Reactions to Psychological Contract Breach: A Dual Perspective [J]. Journal of Organizational Behavior, 2008, 29 (5): 527-548.

[10] Conway, N., Briner, R. B. A Daily Diary Study of Affective Responses to Psychological Contract Breach and Exceeded Promises [J]. Journal of Organizational Behavior, 2002,

23 (3): 287-302.

[11] Deery, S. J., Iverson, R. D., Walsh, J. T. Toward a Better Understanding of Psychological Contract Breach: A Study of Customer Service Employees [J]. Journal of Applied Psychology, 2006, 91 (1): 166.

[12] Dube, L., Belanger, M. C., Trudeau, E. The Role of Emotions in Health Care Satisfaction [J]. Marketing Health Services, 1996, 16 (2): 45.

[13] Fielder, K. Social Communication [M]. New York: Psycholo-gical Press.

[14] Fournier, S. Consumers and Their Brands: Developing Relationship Theory in Consumer Research [J]. Journal of Consumer Research, 1998, 24 (4): 343-373.

[15] Fournier, S. A Consumer-brand Relationship Framework for Strat-egic Brand Management [M]. UMI Dissertation Services.

[16] Fujita, K., Eyal, T., Chaiken, S., Trope, Y., Liberman, N. Influencing Attitudes toward Near and Distant Objects [J]. Journal of Experimental Social Psychology, 2008, 44 (3): 562-572.

[17] Groth, M. Customers as Good Soldiers: Examining Citizenship Behaviors in Internet Service Deliveries [J]. Journal of Management, 2005, 31 (1): 7-27.

[18] Gruen, T. W., Gentry, J. W. The Outcome Set of Relat-ionship Marketing in Consumer Markets [J]. International Business Review, 1995, 4 (4): 447.

[19] Henderson, D. J., Wayne, S. J., Bommer, W. H., Shore, L. M., Tetrick, L. E. Leader - Member Exchange, Differentiation, and Psychological Contract Fulfillment: A Multilevel Examination [J]. Journal of Applied Psychology, 2008, 93 (6): 1208-1219.

[20] Jorgensen, B. K. Components of Consumer Reactionto Company - Related Mishaps: A Structural Equation Model Approach [J]. Advances inConsumer Research, 1996, 23 (1).

[21] Karaosmanoglu, E., Baş, A. B. E., Zhang, J. The Role of Other Customer Effect Incorporate Marketing Its Impact on Corporate Image and Consumer-company Identification [J]. European Journal of Marketing, 2011, 45 (9/10): 1416-1445.

[22] Keller, K. L. Strategic Brand Management [M]. New Jersey: Pearson Education.

[23] Keller, K. L., Parameswaran, M., Jacob, I. Strategic Brand Management: Building,

Measuring, and Managing Brand Equity [M]. Pearson Education India.

[24] Kickul, J., Lester, S. W. Brokenpromises: Equity Sensitivity as a Moderator between Psychological Contract Breach and Employee Attitudes and Behavior [J]. Journal of Business and Psychology, 2001, 16 (2): 191-217.

[25] Lester, S. W., Turnley, W. H., Bloodgood, J. M., Bolino, M. C. Not Seeing Eye to Eye: Differences Insupervisor and Subordinate Perceptions of and Attributions for Psychological Contract Breach [J]. Journal of Organizational Behavior, 2002, 23 (1): 39-56.

[26] Levinson, H., Price, C. R., Munden, K. J., Mandl, H. J., Solley, C. M. Men, Management, and Mental Health [M]. US: Harvard University.

[27] Liberman, N., Sagristano, M. D., Trope, Y. The Effect of Temporal Distance on Level of Mental Construal [J]. Journal of Experimental Social Psychology, 2002, 38 (6): 523.

[28] Liberman, N., Trope, Y. The Role of Feasibility and Desirability Considerations in Near and Distant Future Decisions: A Test of Temporal Construal Theory [J]. Journal of Personality & Social Psychology, 1998, 75 (1): 5-18.

[29] Liberman, N., Trope, Y. The Psychology of Transcending the Here and Now [J]. Science (New York, N. Y.), 2008, 322 (5905): 1201-1205.

[30] Liberman, N., Trope, Y., McCrea, S. M., Sherman, S. J. The Effect of Level of Construal on the Temporal Distance of Activity Enactment [J]. Journal of Experimental Social Psychology, 2007, 43 (1): 143-149.

[31] Lo, S., Aryee, S. Psychological Contract Breach in a Chinese Context: An Integrative Approach [J]. Journal of Management Studies, 2003, 40 (4): 1005-1020.

[32] Mano, H., Oliver, R. L. Assessing the Dimensionality and Structure of the Consumption Experience: Evaluation, Feeling, and Satisfaction [J]. Journal of Consumer Research, 1993: 451-466.

[33] Morrison, E. W., Robinson, S. L. When Employees Feel Betrayed: A Model of How Psychological Contract Violation Develops [J]. Academy of Management Review, 1997: 226-256.

[34] Morrison, E. W., Robinson, S. L. When Employees Feel Betrayed: A Model of How Psychological Contract Violation Develops [J]. Academy of management Review, 1997,

22 (1): 226-256.

[35] Muniz Jr, A. M., O' Guinn, T. C. Brand Community [J]. Journal of Consumer Research, 2001, 27 (4): 412-432.

[36] Restubog, S. L. D., Bordia, P., Tang, R. L. Effects of Psychological Contract Breach on Performance of IT Employees: The Mediating Role of Affective Commitment [J]. Journal of Occupational and Organizational Psychology, 2006, 79 (2): 299-306.

[37] Richins, M. L. Measuring Emotions in the Consumption Experience [J]. Journal of Consumer Research, 1997, 24 (2): 127-146.

[38] Robinson, S. L. Trust and Breach of the Psychological Contract [J]. Administrative Science Quarterly, 1996: 574-599.

[39] Robinson, S. L., Rousseau, D. M. Violating the Psychological contract: Not the Exception But the Norm [J]. Journal of Organizational Behavior, 1994, 15 (3): 245-259.

[40] Roehling, M. V. The Origins and Early Development of the Psychol-ogical Contract Construct [J]. Journal of Management History, 1997, 3 (2): 20 4-217.

[41] Roehling, M. V. The Origins and Early Development of the Psychological Contract Construct [J]. Journal of Management History (Archive), 1997, 3 (2): 204-217.

[42] Rousseau, D. M. Psychological and Implied Contracts Inorg Anizations [J]. Employee Responsibilities and Rights Journal, 1989, 2 (2): 121-139.

[43] Rousseau, D. M. New Hire Perceptions of Their Own and Their Employer' s Obligations: A Study of Psychological Contracts [J]. Journal of Organizational Behavior, 1990, 11 (5): 389-400.

[44] Tajfel, H., Turner, J. C. The Social Identity Theory of Intergroup Behavior [J]. Psychology of Intergroup Relations. Eds. S. Worchel and WG Austin. Chicago: Nelson.

[45] Teo, T. S., Lim, V. K. The Effects of Perceived Justice on Satisfaction and Behavioral Intentions: The Case of Computer Purchase [J]. International Journal of Retail & Distribution Management, 2001, 29 (2): 109-125.

[46] Todorov, A., Goren, A., Trope, Y. Probability as a Psychological Distance: Construal and Preferences [J]. Journal of Experimental Social Psychology, 2007, 43 (3): 473-482.

[47] Trope, Y., Liberman, N., Wakslak, C. Construal Levels and Psychological Distance: Effects on Representation, Prediction, Evaluation, and Behavior [J]. Journal of Consumer Psychology (Lawrence Erlbaum Associates), 2007, 17 (2): 83-95.

[48] Turnley, W. H. A Discrepancy Model of Psychological Contract Violations [J]. Human Resource Management Review, 1999, 9 (3): 367.

[49] Turnley, W. H., Feldman, D. C. Research Re-examining the Effects of Psychological Note Contract Violations: Unmet Expectations and Job Dissatisfactionas Mediators [J]. Journal of Organizational Behavior, 2000, 21 (1): 25-42.

[50] Watson, D., Clark, L. A., Tellegen, A. Development and Validation of Brief Measures of Positive and Negative Affect: The PANAS scales [J]. Journal of Personality and Social Psychology, 1988, 54 (6): 1063.

[51] Westbrook, R. A., Oliver, R. L. The Dimensionality of Consumption Emotion Patterns and Consumer Satisfaction [J]. Journal of Consumer Research, 1991: 84-91.

[52] Yi, Y., Gong, T. The Antecedents and Consequences of Service Customer Citizenship and Badness Behavior [J]. Seoul Journal of Business, 2006, 12 (2): 145-176.

[53] Yi, Y., Gong, T. The Effects of Customer Justice Perception and Affect On Customer Citizenship Behavior and Customer Disfunctional Behavior [J]. Industrial Marketing Management, 2008, 37 (7): 767-783.

[54] Zweig, D., Aggarwal, P. Breaking Promises: The Role of Psychological Contract Breach in Mediating the Relationship Between Marketing Practices and Brand Evaluations [J]. Journal of Consumer Research, 2005 (32): 342-343.

[55] 戴维·阿克. 创建强势品牌 [M]. 北京: 机械工业出版社, 2012a.

[56] 戴维·阿克. 管理品牌资产 [M]. 北京: 机械工业出版社, 2012b.

[57] 戴维·阿克. 品牌领导 [M]. 北京: 机械工业出版社, 2012c.

[58] 范钧, 孔静伟. 国外顾客公民行为研究 [J]. 外国经济与管理, 2009 (9): 47-52.

[59] 范秀成, 郑秋莹, 姚唐, 穆琳. 顾客满意带来什么忠诚? [J]. 管理世界, 2009 (2): 83-91.

[60] 高忠华. 基于文化价值观和服务公平的消费者后悔影响研究 [D]. 西南交通大学, 2012.

[61] 郭萍. 高校辅导员心理契约破坏及其对组织承诺的影响 [D]. 山西大学, 2009.
[62] 何佳讯. 品牌关系质量本土化模型的建立与验证 [J]. 华东师范大学学报 (哲学社会科学版), 2006 (3): 100-106.
[63] 李攀. 品牌个性、品牌认知对品牌关系的影响研究 [D]. 浙江理工大学, 2013.
[64] 李雁晨, 周庭瑞, 周琇. 解释水平理论: 从时间距离到心理距离 [J]. 心理科学进展, 2009, 17 (4): 667-677.
[65] 罗海成. 营销情境中的心理契约及其测量 [J]. 商业经济与管理, 2005 (6): 37-41, 47.
[66] 罗海成. 顾客忠诚的心理契约机制实证研究 [J]. 管理评论, 2006a (1): 57-62, 64.
[67] 罗海成. 顾客忠诚的心理契约机制实证研究 [J]. 管理评论, 2006b, 18 (1): 57-62.
[68] 罗海成. 营销情境中的心理契约概念及其测度研究 [J]. 数理统计与管理, 2012c (5): 574-580.
[69] 罗海成, 范秀成. 基于心理契约的关系营销机制: 服务业实证研究 [J]. 南开管理评论, 2005 (6): 48-55.
[70] 吕瑛. 顾客参与、授权及顾客认同对角色外行为的影响研究 [D]. 暨南大学, 2012.
[71] 吕瑛, 卫海英. 顾客角色外行为测量探讨: 量表构建与开发 [J]. 北京工商大学学报 (社会科学版), 2012 (2): 49-54.
[72] 齐琳, 刘泽文. 心理契约破坏对员工态度与行为的影响 [J]. 心理科学进展, 2012 (8): 1296-1304.
[73] 沈世银. 心理契约破坏对组织公民行为的影响: 情绪的中介效应研究 [D]. 电子科技大学, 2015.
[74] 沈伊默, 袁登华. 心理契约破坏研究现状与展望 [J]. 心理科学进展, 2006 (6): 912-917.
[75] 沈伊默, 袁登华. 心理契约破坏感对员工工作态度和行为的影响 [J]. 心理学报, 2007 (1): 155-162.
[76] 石晶, 崔丽娟. 国外心理契约破坏及结果变量与调节变量: 述评与展望 [J]. 心理科学, 2011, 190 (2): 429-434.

[77] 史倩. 情绪对大学生睡眠质量的影响及其机制的研究 [D]. 哈尔滨工程大学, 2013.

[78] 田阳, 王海忠, 王静一. 虚拟品牌社群与品牌依恋之间关系的实证研究 [J]. 经济管理, 2010, 11 (20).

[79] 汪兴东. 产品伤害危机中顾客情绪反应及行为意向形成机制研究 [D]. 华中科技大学, 2013.

[80] 王紫薇. 市场营销中的心理契约内容及维度分析 [J]. 商业时代, 2010, 510 (35): 31-32.

[81] 阳林. 服务企业与顾客心理契约结构研究——一项基于银行业的实证研究 [J]. 南开管理评论, 2010 (1): 59-68, 89.

[82] 杨清云. 消费者长期导向观对品牌情感、承诺和忠诚的影响关系 [D]. 华东师范大学, 2008.

[83] 于春玲, 王海忠, 赵平, 林冉. 品牌忠诚驱动因素的区域差异分析 [J]. 中国工业经济, 2006 (12): 115-121.

[84] 余琛. 心理契约履行和组织公民行为之间的关系研究 [J]. 心理科学, 2007 (2): 458-461.

[85] 余伟萍, 张琦, 段桂敏. 产品伤害危机程度对消费者负面情感及抵制意愿的影响研究 [J]. 中大管理研究, 2012, 7 (3): 52-67.

[86] 张生太, 杨蕊. 心理契约破裂、组织承诺与员工绩效 [J]. 科研管理, 2011, 187 (12): 134-142.

[87] 钟建安, 黄继久, 沈励斌, 陈景山. 负性情绪在心理契约违背与反生产行为中的作用 [J]. 应用心理学, 2014, 20 (2): 122-129.

[88] 周志民, 卢泰宏. 广义品牌关系结构研究 [J]. 中国工业经济, 2004 (11): 98-105.

第 5 章　心理契约破坏对顾客退出决策的影响

问题导读

阅读完本章之后，读者能对如下问题有更清晰、透彻的认识：

1. 心理契约破坏对顾客退出决策有何影响？
2. 不同类型的心理契约破坏对顾客退出决策影响是否存在差异？
3. 自我建构是什么？
4. 不同自我建构水平下，心理契约破坏对顾客退出决策的影响是否存在差异？
5. 解释水平是什么？
6. 不同解释水平下，心理契约破坏对顾客退出决策的影响是否存在差异？

5.1　问题提出

目前，品牌与消费者之间的关系变得越来越重要了。消费者会根据品牌企业的广告和营销传播，根据与品牌企业的互动活动等方式对品牌形成一系列期望。品牌企业信守承诺满足消费者期望，将促进品牌企业与消费者之间的良性互动，然而实际情况却是企业常常以最好质量、独特定位、贵宾待遇等吸引消费者，企业却并未兑现其承诺。当企业未能履行其许下的承诺，消费者可能会因为该承诺违背事情而对企业产生负面的感知和评价，也就会产生心理契约破坏感。如消费者在快餐店购买“牛肉汉堡”，而其感知到消费的产品却是“马肉汉堡”或“鸡肉汉堡”；又如我国一次又一次的国产品牌奶粉安全事件，这些都会让消费者对企业的价值期待落空。心理契约破坏分为交易型心理契约破坏和关系型心理契约破坏，交易型心理契约破坏是消费者对企业未能实现其经济利益相关的承诺时的主观感受与评价。如很多商家表面上进行深度的折扣促销，实际却通过改变基础价来提高价格，消费者知晓后觉得愤怒并采取退出中止消费的决策。关系型心理契约破坏是消费者对企业未能履行其情感或象征价值相关的承诺时的主观感受与评价。如某银行向其客户承诺保密个人信息资料，之后却将客户资料卖给第三方。

上文研究表明，心理契约破坏会对品牌关系、消费者角色外行为等产生消极影响。心理契约破坏是否会使消费者做出退出消费的行为？不同类型的心理契约破坏是否会对消费者退出行为产生不同的影响？这是本研究首先要探讨的问题。有研究指出，消费者的个体心理特征是信息加工的过滤器，不同消费者的心理特征在评估外部信息特别是负面信息时其内部的标准以及过程可能都存在差异，个体间差异会导致他们对同一事物有着不同的认知。组织行为的研究表明，个体差异在心理契约破坏对员工工作态度和行为产生影响的过程中起着中介作用或缓冲调节作用，它对员工与组织之间关系的发展会产生潜在的影响。营销学领域，消费者的个体特征是否作为心理契约破坏影响消费者退出行为这一过程的调节机制存在？消费者的个体差异是否会造成心理契约破坏的效应或程度不同？本研究选取了自我建构与解释水平两个变量对上述问题进行探讨。

自我建构来源于心理学领域，是指个体如何思考自我及其与他人的关系，自我建构可分为两种类型：在美国及西欧个人主义文化背景下，个体自我建构以“独立型自我”取向为主导，个体强调自我与他人的差异；而在亚洲、非洲、拉美及南欧地区的集体主义文化背景下，个体自我建构以“依存型自我”取向为主导，个体强调自我与他人的联系。同一文化内的个体也存在自我建构的差异，每个人可能同时拥有两种自我建构，环境背景的不同以及二者的强弱程度决定了最终凸显的自我特征。前期研究发现，自我建构影响个体对自身、他人以及事物的认知方式。那么不同类型心理契约破坏对消费者退出行为的影响是否会因不同自我建构的消费者而异呢？

解释水平理论是近年发展起来的社会认知理论，其主要观点为，人们对事物的反应取决于其心理表征，人们对认知客体的心理表征具有不同的抽象程度。该理论认为人们解释事物的方式是分层次的，在理论上可以分为高水平解释和低水平解释，抽象的、简单的、去背景化的解释方式构成了高水平解释；复杂的、具体的、背景化的解释方式则构成了低水平解释。研究发现个体的解释水平不同，其选择和偏好就会不同，进而就会做出不同的判断和决策。那么不同类型心理契约破坏对消费者退出行为的影响是否会因解释水平高低不同的消费者而异？本研究将尝试对这些问题进行探究。

本研究在相关理论和文献综述的基础上形成了两个大方向研究内容，并通过假设发展和实证研究对其进行检验。本研究首先关注心理契约破坏对消费者退出行为的影响，探究不同类型的心理契约破坏（关系型心理契约破坏 vs. 交易型心理契约破坏）对消费者退出行为的影响是否存在差异。其次重点关注心理契约破坏影响消费者退出行为的调节机制，研究消费者个体特征在心理契约破坏影响消费者退出行为这一过程中的调节作用，分别探究自我建构（独立型自我建构 vs. 依存型自我建构）和解释水平（高水平解释 vs. 低水平解释）对心理契约破坏的效应或程度的影响。

5.2　文献综述

5.2.1　心理契约

据上文可知，顾客心理契约是顾客在与品牌互动过程中形成的对彼此责任和义务的承诺或期望。顾客心理契约是在与企业互动的过程中形成的，它不仅是一种期望，还包含了一层含义，就是顾客认为企业应该或者有义务去满足他的这种期望，而如果一旦这种心理契约被破坏，就极有可能产生对企业的消极情绪，甚至是愤怒情绪，直接降低顾客的满意度，最后会导致品牌关系断裂，顾客选择退出该品牌关系。心理契约破坏可以分为交易型心理契约破坏和关系型心理契约破坏两个维度。交易型心理契约破坏是消费者对企业未能实现其经济利益相关的承诺时的主观感受与评价；关系型心理契约破坏是消费者对企业未能履行其情感或象征价值相关的承诺时的主观感受与评价。

上文的研究结果表明，心理契约破坏显著负向地影响消费者情绪体验、品牌关系和消费者角色外行为，且心理契约破坏类型不一样，其负面影响也存在差异。心理契约破坏会促使顾客产生多种负面情绪，包括愤怒、失望、后悔和沮丧。两种类型的心理契约关系破坏都会导致更深的愤怒和失望，但关系型心理契约破坏比交易型心理契约破坏对愤怒、失望的影响更深。心理契约破坏影响品牌关系，与交易型心理契约破坏相比，关系型心理契约破坏对品牌情感承诺、品牌信任的影响更大。关系型心理契约破坏以品牌认同威胁为中介对顾客角色外行为产生影响，但是对顾客角色外行为的直接影响不显著。关系型心理契约破坏使顾客降低对品牌的认同，影响他的品牌认同感，基于该品牌对顾客造成的伤害，顾客不愿意产生顾客角色外行为（帮助行为、建言行为和推荐行为）。

5.2.2 自我建构

自我建构（Self-construal）这一概念，最早由 Markus 和 Kitayama 于 1991 年在《心理评论》（*Psychological Review*）中提出，指的是个体如何思考自我及其与他人的关系。他们认为个体主义文化中的人们强调个体独立性，倾向于把自我看成是稳定的、自主的、与他人和环境不同的独立实体；而集体主义文化中的人们强调自我的社会连接性，倾向于将自我看成是动态的、不断受社会背景和关系所定义的实体。基于此，他们区分了两种不同的自我建构类型：在西方文化中具有典型性的独立型自我建构（independent self-construal）和在东方文化中具有典型性的依存型自我建构（interdependent self-construal），并从定义、结构、重要特征、任务、他人角色以及自尊基础六个方面对两者进行了比较。

独立型自我建构被界定为与社会情境相分离的自我，它的结构有界、独立且稳定，它强调个体要独树一帜并表达自我，要努力实现内在自我并促进个人目标的实现，要直截了当地说出自己的想法。当想到自己时，独立自我个体关注的是他们自身内在及隐私的东西（能力、思想、情感），这些个体将他人作为社会比较的参照和自我评价的参考，他们从表达自我的能力和有效的内在特质中获得自尊。总而言之，独立型自我建构一个本质的方面，就是将每个个体都视为独立自主的个人，认为每个人的内在特质构造都是独一无二且自成一体的。依存型自我建构被界定为与社会情境相关联的自我，它的结构灵活、可变，它强调个体要善于从属与适应，要举止得体及摆正自己的位置，要努力促进集体目标的实现，要间接委婉并且察言观色。当想到自己时，依存自我个体关注的是他们自身外在及公开的内容（地位、角色、关系），这些个体以特定情境中与他人的关系来界定自我，他们的自尊来源于不同情境下调整与克制自我的能力以及和谐社会关系的保持。与独立自我个体不同，依存自我个体依赖于他人，与他人紧密相连，常用情境因素以及与他人的关系来规范自身的行为。

Kacen 和 Lee 在研究文化及个人取向对冲动性购买行为影响时发现，文化对于冲动性购买起主要作用，而自我建构的影响受文化制约，个人主义文化与冲动性购买显著正相关，但集体主义文化的作用不明显。因此他们认为个人主义文化背景下独立自我消费者更容易产生冲动性购买行为。Polyorat 和 Alden 通过比较具有不同自我建构的消费者对比较广告的态度差异，结果发现不同自我建构类型会导致消费者对比较广告的态度不同，独立自我消费者比依存自我消费者更容易接受比较性广告并产生购买意愿。但这一结果也受到认知需求的调节，在低认知需求状态下，比较广告只对独立自我消费者产生正面影响，使他们产生积极的品牌态度和较强的购买意愿；而在高认知需求状态下，不管消费者是哪种自我建构类型，比较广告都会导致更积极的品牌态度和更强的购买意愿。从国内来看，自我建构在营销领域的实证研究尚少。田阳和黄韫慧等关注了品牌丑闻负面溢出效应中的跨文化差异问题，研究发现，面对关联品牌的负面信息时，依存自我消费者（东方消费者）的感知相似性大于独立自我消费者（西方消费者），导致依存自我消费者的负面溢出效应大于独立自我消费者。熊素红和景奉杰探究在不同群体购买环境中自我建构对冲动性购买行为的影响，研究发现，当购买者预期到同伴的规范性评估倾向于反对冲动性购买时，独立自我消费者的冲动购买水平显著高于依存自我消费者；当购买者预期到同伴的规范性评估倾向于赞成冲动性购买时，两类自我建构者的冲动购买水平无显著差异。

5.2.3 解释水平

人们对事件的态度取决于人们对事件的表征。人们对事物的心理表征具有不同的抽象水平即解释水平。人们倾向于使用反映事件内涵的、核心的、去背景化的特征表征远期事件，称为高水平解释；更多使用偶然的、外围的、背景化的特征表征近期事件，称为低水平解释（Nira Liberman & Trope，1998；Trope，Liberman & Wakslak，2007）。时间距离是影响解释水平的因素之一。人们对远期活动一般强调活动的目标，而对近期活动一般强调达到目标的手段。人们在评价远期将来事件时，赋予目标合意性更高的权重。与合意性相关的价值随时间强化，与可行性相关的价值随时间降低。事物的合意性代表高水平解释，是指某一行为的结果状态。可行性是指达到结果状态的过程或手段。合意性指事件为什么发生，而可行性反映了行为发生的过程。高合意性—低可行性的选择，随时间的延迟其吸引力增加；低合意性—高可行性的选择，随时间的延迟其吸引力下降（Fujita，Eyal，Chaiken，Trope & Liberman，2008）。与产品使用目的相关的属性比与产品使用目的无关的属性更为中心，构成了对产品的高水平解释；随着时间距离的增大，人们更多地根据主要功能来评价产品（Nira Liberman，Sagristano，Trope，2002）。当态度客体在时间距离上相对更远时，强调主要特征的论点、强调一般类别的论点比强调具体细节的论点更有说服力；当态度客体在空间距离上更为遥远时，人们更少对偏离一般趋势的特殊事件进行外推，而是更多地根据一般趋势进行推理（Fujita et al.，2008；Nira Liberman & Trope，1998；Todorov，Goren，Trope，2007）。

时间距离影响解释水平，同时解释水平也影响人们感知的心理距离（N. Liberman，Trope，McCrea & Sherman，2007）。对行为的高水平解释促使人们感知更远的时间距离。当人们思考行为的“为什么”时或当人们思考行为对于个体自我概念的意义时，人们将预期此行为会发生在更远的将来。Fiedler（2007）认为消费者所拥有的产品信息越多，则信息距离越小，消费者会在低水平解释基础上评价产品（Fielder，2007）。

行为目的状态的合意性是高水平的表征，而达到这个目的的可行性是低水平的表征。Liberman 等设计了 5 个研究来考察时间距离对解释水平的影响。研究发现，远期将来行为更易受高水平表征即事件合意性的影响，近期行为更易受低水平表征即事件可行性的影响。研究一考察远期将来活动是否是在高水平上进行解释或理解的（Nira Liberman & Trope，1998）。研究分为两个部分，第一部分是开放式的问卷，要求被试假设在明天或明年参加 7 个活动（读一本科幻小说、住进一间新房、与家人共度周末、在家里举行聚会、给家人写信、看电视、参加一场考试），并描述这 7 个活动。第二部分是 Vallacher 和 Wegner（1989）的个人代理问卷，这个问卷用来评估个体在行为识别方面的个体差异。这个问卷共呈现了 25 项活动，每项活动包括两个描述：行为的过程和行为的原因。如关门这个行为的两个描述：把钥匙放进锁里，使房子安全。在每个活动后加上一个时间表示：明天或明年的某个时候，要求参与者在两个描述中选择一个。研究一发现远期将来活动比近期将来活动的表征水平更高。Liberman 等认为，合意性思考反映了目标的价值，从而对远期将来决策影响更大。而可行性思考反映了达到目标的难度，对近期将来决策的影响更大。研究二考察了可行性和合意性思考对近期将来决策和远期将来决策的影响。要求参与者假设他们经历三个不同的决策情景（讲座、Word 软件、演出门票），然后表示自己的决策行为。每个情景的合意性（讲座是否有趣）和可行性（讲座的时间是否方便）都不同。研究三直接考察参与者在近期将来和远期将来决策中赋予合意性和可行性的权重差异。采用时间（明年 vs. 明天）和判断思考（可行性 vs. 合意性）混合设计，前者为被试间，后者为被试内因素。研究场景：假设明天有一场讲座，你的教授建议你去听这场讲座，而你还在犹豫是否去听。假如这个事情就要在明天发生，这个讲座是否有趣（时间是否方便）对于你的决定是否重要？（1. 一点都不重要，10. 非常重要）。研究二和研究三的结果表明，合意性考虑在远期将来决策中更重要，而可行性考虑在近期将来决策中更重要。研究四以学生作业为试验任务，进行真实实验，结果支持前面的假设。研究五考察解释水平理论对时间计划的意义。作者将时间约束归入活动的可行性考虑。研究四和研究五的结果表明，由于忽视远期将来的时间约束，参与者在远期将来中计划的活动量比近期将来多。存在时间竞争的活动之间在近期将来会存在负相关。远期将来计划更关注活动的合意性。

解释水平理论起源于时间解释理论（temporal construal），它认为时间距离是影响解释水平高低的主要因素，时间距离会影响人们解释未来事件的方式，继而影响人们的判断和决策。随着对解释水平不断地研究，有学者发现当事物或事件发生的空间距离较远时，人们会进行高水平解释，反之则进行低水平解释，空间距离对人们的推理和判断具有与时间距离类似的机制。除了空间距离，还有社会距离、假设性距离都与时间距离存在着相同的效应，均会影响人们对事件的解释水平。在这基础上，Liberman 和 Bar-Anan 等提出时间距离、空间距离、社会距离、假设性都是心理距离的表现，时间间隔变长、空间距离变远、人际关系疏远等都将增大个体与对象之间感知的心理距离，他们认为心理距离这一更为抽象的概念能够对影响解释水平的这些因素进行统一，心理距离与解释水平的系统联系可以存在于纯粹的概念层次上。个体的解释水平会随着心理距离的变化而变化，当感知的心理距离较远时，事物及其背景的具体信息变得不清楚并且难以得到，人们就倾向于用抽象的表征来解释；当感知的心理距离较近时，事物及其背景的具体信息才变得清晰可靠并且容易得到，人们就倾向于用具体的表征来解释。

解释水平理论作为一门纯粹的社会认知理论，它能为各学科的研究提供理论框架。个体的解释水平不同，其选择和偏好就会不同，进而就会做出不同的判断和决策，因此解释水平理论在营销学领域中被广泛地应用于研究消费者行为。Zhao 和 Xie 研究发现，消费者与建议者的社会距离跟他购买商品的时间距离互相匹配，假如是亲密同伴提供建议，其提供的建议对消费者个体近期的消费行为影响很大；而如果是陌生他人提供建议，那么他提供的建议对消费者个体远期的消费行为影响很大。Freitas 和 Langsam 指出，高水平解释的被试者更偏爱与自我概念有关的产品广告，而低水平解释的被试者更偏爱与产品质量有关的广告。总之，解释水平理论认为，人们对事物的表征有不同的解释水平。心理距离影响解释水平。人们倾向于使用核心的、去背景化的特征解释距离遥远的事物；用外围的、背景化的特征解释距离较近的事物。解释水平也影响人们感知的心理距离。事物目标的合意性对远距离活动影响更大；事物行动的可行性对近距离活动影响更大（Nira Liberman & Trope，2008；李雁晨、周庭瑞、周琇，2009）。

5.3　研究假设

心理契约破坏分为交易型心理契约破坏和关系型心理契约破坏，这两种类型并非相互排斥，消费者可能同时感知交易型和关系型心理契约破坏，也可能单独感知到交易型或关系型心理契约破坏。通常情况下，心理契约破坏感程度越高，消费者退出中止消费的概率也越高。由于交易型心理契约破坏与关系型心理契约破坏所针对的需求利益不一致，二者对消费者决策的影响也应存在差异。已有研究发现，交易型心理契约与行为忠诚相关，而关系型心理契约与态度忠诚相关。交易型心理契约破坏导致消费者对与企业关系中的经济成分产生失望，可能会直接导致消费者做出退出消费的行为，关系型心理契约破坏导致消费者对与企业关系中的情感归属和象征价值产生失望，可能会导致消费者对企业的态度忠诚降低，短时间内可能不会产生退出中止消费行为。由此提出如下假设：

H1：与关系型心理契约破坏相比，交易型心理契约破坏更倾向于导致消费者退出行为的发生。

已有研究指出，依存自我消费者在进行购买决策时更关注产品的象征性，店铺名声对他们的产品评价会产生正向影响；而独立自我消费者更倾向于考虑产品本身的特性和质量。因此我们可以认为独立自我消费者对交易型心理契约破坏更敏感，依存自我消费者对关系型心理契约破坏更敏感，不同类型心理契约破坏的影响会因不同自我建构的消费者而异。依存自我个体更强调自我的社会连接性，关系型心理契约破坏对其造成的负面影响可能比对独立自我消费者的负面影响更显著。相反，独立自我个体更强调自我的独立性，更关注事件本身对自我造成的影响，交易型心理契约破坏对其造成的负面影响比对依存自我消费者的负面影响更显著。由此提出如下假设：

H2a：关系型心理契约破坏对依存自我消费者退出行为的影响高于独立自我消费者。

H2b：交易型心理契约破坏对独立自我消费者退出行为的影响高于依存自我消费者。

有研究认为，当价格促销方式与远时间距离即个体的高解释水平相匹配、赠品促销方式与近时间距离即个体的低解释水平相匹配时，消费者选择该产品的可能性更高。其中价格促销方式提供更多的实用型利益，赠品促销方式提供更多体验性和情感性的享乐型利益（刘红艳等，2013）。因此我们可以认为高水平解释者对交易型心理契约破坏更敏感，低水平解释者对关系型心理契约破坏更敏感。还有研究指出，自我建构理论与解释水平理论之间是存在联系的，个体的自我建构水平会影响解释水平的高低，由于独立型自我建构更强调自我，更少关注具体的社会情境，因而表征更为抽象，解释水平更高；而依存型自我建构则相反，它更强调人与人之间的关系，更注重具体的社会情境，因此表征更为具体，解释水平更低。即独立型自我建构会启动个体的高解释水平，而依存型自我建构会启动个体的低解释水平。将自我建构的假设推及至解释水平，提出如下假设：

H3a：与高解释水平消费者相比，关系型心理契约破坏对低解释水平消费者的退出行为影响更大。

H3b：与低解释水平消费者相比，交易型心理契约破坏对高解释水平消费者的退出行为影响更大。

5.4　实证研究

5.4.1　实验设计与实验材料

本研究采用 2 心理契约破坏（交易型 vs. 关系型）×2 自我建构（独立型 vs. 依存型）×2 解释水平（高 vs. 低）被试间设计，考察不同心理契约破坏对消费者决策（退出决策）的影响，比较不同类型心理契约破坏对消费者决策有何差异性影响，探究消费者的自我建构与解释水平的调节作用。因心理契约破坏的概念比较抽象，首先通过场景模拟实验对其进行操控，通过设定相关的场景让被试感觉身临其境。

本书参照不同类型心理契约破坏的概念、上文研究的成果以及现实生活中对同学进行的访谈设计了实验情境，包括餐饮业、旅游业两个行业中交易型心理契约破坏的情境和关系型心理契约破坏的情境共四种。旅行业交易型心理契约破坏场景如下：

“我住的附近有一家 FLY 旅行社，我在该旅行社购买过旅游产品，觉得服务质量不错，对这家旅行社很有好感。某天中午我路过该旅行社门店，发现店门口立了一块告示牌，上面写着‘为庆祝本旅行社成立 3 周年，5 折优惠’。我觉得打 5 折非常实惠，恰逢近期准备出游，于是进店详细咨询旅行线路后便按照打了 5 折后的价格 5400 元付款购买了。之后我回到家里浏览旅行社网站时却发现刚刚购买的那个旅游线路的网上订购价才 4800 元。原来该旅行社所谓的 5 折优惠是大幅度提价后的 5 折，价格不仅没降，反而贵了。”

关系型心理契约破坏场景如下：“我住的附近有一家 FLY 旅行社，我在该旅行社购买过旅游产品，觉得服务质量不错，对这家旅行社很有好感。某天中午我路过该旅行社门店，觉得最近时间比较充裕，想出门旅游一次，于是进入门店咨询。我向工作人员咨询旅游项目时，工作人员态度很冷淡并且说：‘宣传单在那边，你自己先看看啊！’我看完宣传单后发现自己有几个不明白的地方，继续向工作人员咨询，她们却没有理我。最后我什么都没有了解到就离开了。”

参考罗海成针对消费者营销情境设计的测量交易型心理契约与关系型心理契约的量表，在其基础上确定了符合本文情境的新量表，测量交易型心理契约与关系型心理契约的测项各3个。其中关系型心理契约的测量题项如下：我觉得该餐厅的服务员是真的尊重我而不是在敷衍我；我觉得该餐厅真心为我提供可靠放心的优质服务；我在该餐厅体会到了顾客是上帝的感觉。

在交易型心理契约破坏的情境中，两个行业背景下被试选择交易型测项的均值都要小于选择关系型测项的均值，且P值小于0.05（如餐饮业 $M_{TPCB}=2.00$，$M_{RPCB}=2.51$，$P=0.006$）；在关系型心理契约破坏的情境中，两个行业背景下被试选择关系型测项的均值都要小于选择交易型测项的均值，且P值小于0.05（如餐饮业 $M_{TPCB}=1.88$，$M_{RPCB}=1.35$，$P=0.003$）。这个结果表明在交易型心理契约破坏的情境下，消费者显著地感知到交易型心理契约破坏的程度比关系型心理契约破坏的程度要高；在关系型心理契约破坏的情境下，消费者显著地感知到关系型心理契约破坏的程度比交易型心理契约破坏的程度要高。于是我们可以初步认为本文对情境的操控是成功的，此情境可用于正式测试。

自我建构的测量采用Singelis编制的SCS量表，该量表由24个测项组成，其中12个测项测量的是独立型自我建构，另外12个测项测量的是依存型自我建构，采用6级李克特量表进行计分（1=完全不同意；6=完全同意）。大量实证研究表明，该量表的信度较好。本研究中独立自我分量表和依存自我分量表内部一致性系数分别是0.69和0.73，总量表的拟合度为0.853，具有很好的信度。本文对自我建构的处理借鉴熊素红（2009）研究中的方法，通过SCS量表分别测量出被试独立型自我建构测项的得分均值和依存型自我建构测项的得分均值，通过依存自我测项的得分均值减去独立自我测项的得分均值获得差值，再对差值进行排序，将小于中位数的样本标记为独立型自我建构，将大于或者等于中位数的样本标记为依存型自我建构。

解释水平本文采用Vallacher和Wegner（1987）开发的行为识别量表来测量被试的解释水平。该量表共有25种目标行为，每种行为都伴随着两种解释，例如，“刷牙”有两种解释：一是描述行为是如何执行的，相对具体，为低水平解释（如在嘴里转动牙刷）；二是描述行为的动因，相对抽象，为高水平解释（如阻止牙齿腐蚀）。本文对解释水平的处理借鉴 Kim 和 John（2008）研究中的方法，被试根据行为从两个描述中选择出他们认为最贴切的解释后，将被试对 25 种行为中选择相对抽象的解释的题项数量进行加总，其数值作为被试解释水平的得分，被试的解释水平得分大于等于 14 分的被划分为高水平解释组，被试的解释水平得分小于 14 分的被划分为低水平解释组。

5.4.2　描述性统计与操纵检验

5.4.2.1　样本与描述性统计

本研究的样本为华南地区大学本科生 300 名。男性占比 40%，女性占比 60%。年龄在 20~24 岁。

本研究通过 SPSS17.0 中的可靠性分析来估算量表的 Cronbach'α 系数，一般认为该系数高于 0.7 时该量表就有相当程度的信度，分析结果见表 5-1。内部一致性信度检验结果显示，无论是心理契约破坏总量表（包括交易型心理契约破坏和关系型心理契约破坏），还是退出行为的测项，甚至自我建构总量表（包括独立型自我建构和依存型自我建构），它们的 Cronbach'α 系数都超过了 0.7 的最低要求。也就是说，本书所采用的量表有较好的内部一致性信度。

表 5-1　各量表信度分析

变量	题项数量	Cronbach'α 系数
心理契约破坏	6	0.848
交易型心理契约破坏	3	0.827
关系型心理契约破坏	3	0.853
退出消费行为	2	0.782
自我建构	24	0.765
独立型自我建构	12	0.702
依存型自我建构	12	0.753

本书通过因子分析分析了变量的结构效度。首先，借助巴特利特球度检验和 KMO 检验方法考察变量是否能提取因子，一般情况下，KMO 值在 0.7 以上，并且巴特利特球度检验对应的概率 p 值小于 0.001，说明该变量适合做因子分析。对心理契约破坏测项进行检验后得出 KMO 值为 0.81，巴特利特球度检验统计量相应的 p 值为 0.000，表明数据具备因子分析的良好条件。其次，采用主成分分析法，以特征根值 1 为标准提取因子，并进行方差最大化正交旋转，得出各测项的因子载荷（见表 5-2）。分析结果与预期一致，TPCB1～TPCB3 和 RPC1～RPC3 分别处于不同的两个维度，而且没有较高的交叉载荷。

表 5-2　心理契约破坏量表因子载荷

变量	测项	因子 1 载荷	因子 2 载荷
交易型心理契约破坏	TPCB1	0.872	
	TPCB2	0.852	
	TPCB3	0.775	
关系型心理契约破坏	RPCB1		0.875
	RPCB2		0.852
	RPCB3		0.819

本书在情境操控时设计了旅游业和餐饮业下发生的心理契约破坏事件，不同的行业背景是否会给消费者感知心理契约破坏造成影响。本研究以心理契约破坏均值作为观测变量，行业为控制变量，利用单因素方差分析对这一问题进行分析。分析结果显示，交易型心理契约破坏情境下，不同行业没有对消费者感知心理契约破坏产生显著影响，F_{TPCB}（1，149）= 0.75，p = 0.474；F_{RPCB}（1，149）= 2.927，p = 0.055；关系型心理契约破坏情境下，不同行业也没有对消费者感知心理契约破坏产生显著影响，F_{TPCB}（1，149）= 2.60，p = 0.076；F_{RPCB}（1，149）= 1.27，p = 0.282。因为不同行业背景下心理契约破坏发生时消费者感知到的程度并没有显著差异，所以本研究接下来会将不同行业的数据结合在一起进行分析。

5.4.2.2　操纵检验

心理契约破坏操纵检验。运用 SPSS17.0 对收集到的数据进行配对样本 t 检验，结果显示在交易型心理契约破坏的情境下，消费者显著地感知到交易型心理契约破坏的程度比关系型心理契约破坏的程度要高（$M_{TPCB}=1.93$，$M_{RPCB}=2.02$，$p=0.017$）；在关系型心理契约破坏的情境下，消费者显著地感知到关系型心理契约破坏的程度比交易型心理契约破坏的程度要高（$M_{TPCB}=1.94$，$M_{RPCB}=1.40$，$p=0.000$）。以上结果表明本研究对心理契约破坏情境的操控是成功的。

自我建构测量与分组。本研究通过 SCS 量表分别测量出被试独立型自我建构测项的得分均值和依存型自我建构测项的得分均值，通过依存自我测项的得分均值减去独立自我测项的得分均值获得差值，再对差值进行排序，将小于中位数 0.33 的样本标记为独立型自我建构；将大于或者等于中位数 0.33 的样本标记为依存型自我建构。最终得出交易型心理契约破坏情境下依存型自我建构者 80 位，独立型自我建构者 72 位；关系型心理契约破坏情境下依存型自我建构者 76 位，独立型自我建构者 72 位。

解释水平测量与分组。本研究通过被试对行为识别量表中 25 种行为中选择 相对抽象的解释的题项数量进行加总，其数值作为被试解释水平的得分，被试的解释水平得分大于等于 14 分的被划分为高水平解释组，被试的解释水平得分小于 14 分的被划分为低水平解释组。

5.4.3　假设检验

以心理契约破坏、自我建构为自变量进行二因素方差分析，结果显示，心理契约破坏主效应显著，$F(1, 299)=5.079$，$p=0.025$；关系心理契约破坏场景下的消费者退出行为（$M=4.14$）高于交易心理契约破坏场景的退出行为（$M=3.93$）。自我建构主效应不显著，$F(1, 299)=1.394$，$p=0.238$；自我建构和心理契约破坏的交互效应显著，$F(1, 299)=4.701$，$p=0.031$。自我建构不同时，不同类型心理契约破坏对消费者退出行为的影响也存在差异。具体而言，交易型心理契约破坏情境下独立型自我消费者的退出行为（M=4.09）高于依存型自我消费者的退出行为（M=3.78），$p<0.05$；关系型心理契约破坏情境下依存型自我消费者的退出行为（M=4.28）高于独立型自我消费者的退出行为（M=3.99），$p<0.05$，如图 5-1 所示。假设 2 通过检验。

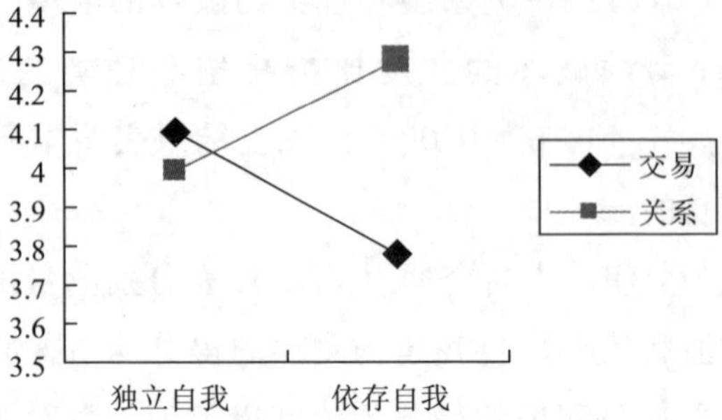

图 5-1　自我建构与心理契约破坏的交互作用

以心理契约破坏、自我建构、解释水平为自变量进行三因素方差分析，结果显示解释水平主效应不显著，$F(1, 299)=0.107$，$p=0.744$；解释水平和心理契约破坏的交互效应不显著，$F(1, 299)=0.866$，$p=0.353$。心理契约破坏、自我建构和解释水平的三维交互效应不显著，$F(1, 299)=0.866$，$p=0.353$。表明不同类型心理契约破坏影响消费者退出行为的过程并不受解释水平的调节作用。假设 3 未能通过检验。

5.5　讨论

5.5.1　心理契约破坏对消费者退出行为的影响

本研究发现心理契约破坏确实会导致消费者产生退出消费行为，且与交易型心理契约破坏相比，关系型心理契约破坏更倾向于导致消费者退出行为的发生。究其原因，中国社会常常被特征化为关系型社会，“有关系好办事”从古至今都是大多数人信奉的信条，在这个社会群体中生活的人们往往更在乎自己与外界个体的关系，关系维持得好，双方都会获得良好的感受以及友好往来，而若关系破裂，双方的情感与行为就会直接中止。因此，相比于经济利益受损，关系的断裂、情感的破坏可能更易让中国文化下的消费者产生不良的感受，从而直接退出消费。

基于此，企业想要维护良好的客户关系，就应认真履行与消费者之间的心理契约，如对产品进行合适的定价，不利用价格陷阱欺骗消费者；又如给消费者提供舒适的消费环境，服务人员态度要好等，只有重视与消费者之间的心理契约，实现对消费者的承诺，消费者才有可能持续支持该企业。另外，由于关系型心理契约破坏更易导致消费者退出，企业应着重关注与消费者之间的情感承诺，并致力于改善企业对消费者的关系型心理契约，以消费者为中心，在其消费过程中给予良好的体验，以此对消费者进行有针对性的激励，从而维护稳固的客户关系，形成坚实的顾客基础。

5.5.2　个体特征的调节作用

自我建构会调节心理契约破坏对消费者退出行为的影响。当企业未能履行其对消费者的情感承诺时，依存型自我建构消费者更容易产生退出行为，因为依存型自我消费者更注重个体与外界的连接性；而当企业未能履行其对消费者的经济利益相关的承诺时，独立型自我建构消费者更容易产生退出行为，因为独立型自我消费者的情感很少受到外界的影响，他们往往更关注产品的质量。因此，企业在面对不同的购买群体及不同的自我建构者时，应采取相对应的措施来有效降低心理契约破坏带来的负面效果，维护好与消费者的心理契约关系。

对于独立型自我消费者，由于其较少受到周围群体的影响，企业在营销产品时应将精力放在产品本身的质量或者价格上，出售质量较高的商品、增加产品的附带物品、制定合理可接受的价格等，这些与经济利益相关的举措较容易被独立型自我消费者所认同，使企业与消费者间的心理契约关系更加牢固。当心理契约破坏发生时，对于独立型自我消费者也应从经济利益方面给予补偿，这样能更有效率地挽回消费者。而对于依存型自我消费者，企业在维护与其的心理契约关系时，应特别关注给予消费者的顾客体验，良好的服务态度、恪守信誉的宗旨、可靠放心的优质服务等，这些与象征价值有关的措施都易获得依存型自我消费者的好感，一旦这些举措没有做好，依存型自我消费者与企业的心理契约就很容易断裂。

假设检验表明解释水平并不会调节心理契约破坏对消费者退出行为的影响。之前在假设提出时我们认为独立型自我建构会启动个体的高解释水平，而依存型自我建构会启动个体的低解释水平，因此解释水平应该具有调节作用。这个实证结果表明个体解释水平的高低受许多因素的影响，不能单纯地将解释水平与自我建构类比到一起。

5.5.2.1 研究局限

本研究的研究角度虽然有一定的创新性，但也存在一定的局限。第一，本书使用的是情境模拟而非真实场景。尽管这种场景模拟实验法在大量文献中被广泛使用，也得到了实证支持，并且本研究的场景经过了多次预测试力求达到最佳效果，但被试根据场景所想象到的内容与其在真实情景中的主观感受必然存在差异，选择这种方法所产生的效度损失不可避免。未来的研究如果能在真实场景中来检验心理契约破坏对消费者退出行为产生的影响，其结论必然更加精确。第二，本研究选取的个体特征太少。个体差异体现在许多方面，如个体的组织公平感会有差异，个体的人格特质也会有差异，这些差异是否会如自我建构与解释水平那般对心理契约破坏机制产生调节作用，本研究的研究并不能全面地说明这个问题。第三，为了数据获取的方便，本研究的样本集中在大学生群体，其他阶层的个体行为是否会与大学生群体不一样，本研究的结果是否同样适用于其他消费者样本，这个问题需要进一步探讨。

5.5.2.2 结论

健康牢固的品牌关系是企业竞争优势的重要来源，企业未能兑现所承诺的价值将给企业与消费者的关系带来负面影响，已有较多研究关注企业的功能性价值失望（如产品伤害危机）对消费者行为的影响，而企业承诺的象征性价值未能实现（如心理契约破坏）会如何影响消费者行为目前还较少被探究。本研究从心理契约破坏视角出发，发现心理契约破坏会导致消费者退出消费行为的发生，且不同类型的心理契约破坏对消费者退出行为的影响程度也有差异，关系型心理契约破坏比交易型心理契约破坏更易导致消费者退出行为的发生。本研究进一步探讨了自我建构与解释水平两种个体特征对这条主线的调节作用，研究发现个体的解释水平并不会调节心理契约破坏对消费者退出行为的影响。自我建构调节心理契约破坏对消费者退出决策的影响。当关系型心理契约破坏发生时，依存型自我建构消费者比独立型自我建构消费者更容易产生退出行为；当交易型心理契约破坏发生时，独立型自我建构消费者比依存型自我建构消费者更容易产生退出行为。

5.6　案例分析——明星“人设”与粉丝期待

近年来，明星人设是明星品牌塑造最重要的一个环节。“好情人”“暖男”“好爸爸”“学霸”等都是明星们喜欢的形象。与此同时“人设崩塌”也成为明星领域发生最频繁的品牌危机。翟博士是明星里面为数不多的毕业于名校的博士，并将继续于北大攻读博士后。2019 年初“明星学霸”翟博士因不知“什么是知网”被网友们关注，并发现其博士论文、博士期间发布的论文都存在严重的抄袭问题。粉丝们由当初的景仰变成转身而去。明星“人设”即明星与其粉丝之间的心理契约，明星们通过传播等多种方式塑造了相应人设后，粉丝们对明星的言论和行为就有了相应的期待；明星也有义务和责任维系这样的人设。如果明星的行为与其人设明显不符，粉丝就会产生失望、后悔甚至被背叛的情绪体验，并产生“脱粉”等退出行为。

2019 年初，综艺节目《妻子的浪漫旅行 2》开播后，章子怡遭遇了大规模的粉丝脱粉（宣布不再成为某个人的粉丝）。其中一位章子怡十几年的老粉丝通过粉丝后援会官微宣布“脱粉”，以此谏言其不要参加综艺节目。“章子怡堕落了，上了综艺、接了电视剧，退去了‘国际章’的高傲和神秘，变得接地气，也变得普通了。”在他们看来，章子怡应该“爱惜羽毛，保持距离感，专心在家选剧本，为下一个大奖蓄力……”而不是像一个普通流量明星一样频频出现在观众眼前，“消磨灵气”。章子怡参加综艺，让大众看到了她为朋友发声、大秀恩爱、沉浸在家庭琐碎中的样子，让许多习惯了她高冷、不可一世脸的粉丝惊讶或失望。

在这之前，章子怡无论作品，还是综艺，都呈现出很一致的特质：刚强坚毅的女性形象。作为谋女郎主演《我的父亲母亲》，在其中饰演青春貌美、表面淡然安静，实际上敢于坚持追爱的年轻时的“母亲”招娣。当年的章子怡只有十九岁。2000 年，章子怡出演李安导演的《卧虎藏龙》，在其中饰演一位身份复杂的大小姐玉娇龙，白天是矜贵的千金小姐，晚上是傲然不羁的江湖侠客。这部电影是中国第一部获得奥斯卡奖的电影，章子怡也因此跻身国际影坛，玉娇龙这一角色受到了广泛的关注和喜爱。这些电影形象，再加上章子怡在业界有名的“敢拼”，都构成了章子怡在观众心里的“专业女演员人设”。比如，拍摄《我的父亲母亲》需要演员提前体验生活，章子怡就住在农民家里，起早贪黑干农活，喂猪、挑水、生炉子、挖土豆……拍摄《卧虎藏龙》时“怕被李安换角而咬牙练打戏”“指甲盖被削下来也接着演”的种种事迹也广为人知。于是，当《妻子的浪漫旅行 2》一播出，大家看到章子怡小女孩一般的心态和贤妻良母的性格特别惊讶。章子怡本人也在节目里坦诚：有时候对家庭的重视和对爱情的重视的确会让她掉粉。

其实对于明星人设崩塌、粉丝集体脱粉在新生代年轻明星中更为常见。艺人鹿晗在微博公布恋情时引起的轰动足以使服务器瘫痪。偶像团体出道的他在粉丝面前一直维持着完美的“偶像人设”或者说“完美男友人设”，粉丝也明知对方不可能和自己在一起，但仍是将其作为完美恋人的精神寄托。对于每个粉丝个体来说，这个人设就是喜爱的价值所在。曾经那么多粉丝用真金白银支持鹿晗成为万千人气偶像，为的就是鹿晗的“男友人设”。对于那些花了钱、时间和大量精力为偶像应援、刷票的粉丝来说，他们消费的不是鹿晗本人，而是共同生产的符号“鹿晗”。当鹿晗单方面宣布恋爱后，带来的不是衷心祝福，而是粉丝要哭要闹要脱粉的尴尬局面。近年来很火的迪丽热巴就是挂的“吃货”人设，这个人设一开始是很成功的，至少她确实吸引了很多粉丝。但随着她的走红，她的言行举止暴露在越来越多的观众面前。有人指出她在节目上看见有什么吃的东西就表现得像几百年没有吃过东西似的，有些夸张。她还说过自己不管怎么吃都不胖，但有一次的直播上，她却只吃了一点东西。很多网友对于这样的虚假人设表示反感，不再买账。

与此前偶像明星公布恋情而导致的脱粉不同，这一次章子怡粉丝脱粉行为主要原因是对其事业规划表示失望。无独有偶，谢娜的官方粉丝团也因不满谢娜在《妻子的浪漫旅行》中的表现提出异议，集体脱粉告终。事情起因是粉丝建议谢娜“不要老在节目中提老公张杰”，这与主持人身份不符。但谢娜并不领情，反而在“超话”（微博里明星与粉丝互动的话题圈）抱怨粉丝“怨气太重”。对粉丝而言，追星是摆脱庸常生活的一种心灵寄托。对明星而言，粉丝经济是达到财务自由的一门赚钱生意。这种认知错位的起点叫“人设”。对于“人设”的理解，用姜文的话说——拔掉一根头发可能没什么，但如果头发拔多了，你就变成葛优了，就不是你自己了。同样的，当一种人设在一个明星身上套太久，即使明星享受了名利，他（她）还是会忍不住产生逆反心理，因为人设不是真实的自己。但这时候粉丝就不乐意了。你一开始这样，你现在怎么又这样了。回到谢娜的脱粉事件，她从一开始，就是一个吃人设的人。作为主持人，作为演员，作为歌手，她都没有过硬的业务水平。那可想而知，她所有的人气，就是依托她建立的“太阳女神”人设身上。谢娜享受着人设给她带来的红利。当有一天，她想做真实的自己了，但粉丝却无法继续喜欢真实的她。章子怡的脱粉，本质也一样。注意粉丝的那句抱怨“最后让自己下决心结束怡迷身份的，就是连名字我都没听过的新综艺了吧……总结这十几年自己的心路历程，就是看着一个人从电影演员变成电视剧演员，最后变成综艺咖的过程。”

在以往的认知里，明星与粉丝分居于产业链的两端，粉丝作为明星产业链终端的单向度追随者，购买明星提供的产品或服务，如电影票、演唱会门票、音乐卡带或唱片。明星只需要专注于提供物有所值或物超所值的作品，粉丝就可以通过持续性的消费行为来实现正向反馈。但在新媒介时代，明星与粉丝的身份属性都在发生着变化，二者间的关系也越发微妙、复杂。明星不再仅仅是作品或服务的提供者，其自身的身份属性已经幻化为极具辨识性的符号，可以被标记、被量化评估、被商业变现。粉丝们在消费明星作品之外，还会去购买明星代言的产品、明星推荐的商品，甚至复制明星的消费行为。与此同时，粉丝的身份也在发生多重变化，对明星的期待性诉求亦多元与复杂。追星不单是一种（拟）社会关系，还是一种身份认同，粉丝通过对名人的“镜像”认识自己，塑造价值观。

更重要的是，粉丝圈的活动方式也蕴含了更多的维度。延伸后的粉丝圈使粉丝行为蕴含了天然的商业属性，变成了明星价值的评估标准，成为明星制造的重要环节。尤其在移动互联网的助推下，粉丝成为可被量化的大数据，粉丝群体的数量、活跃度、评论数等都以数字符号的形式留存汇总，成为商业考核的前期指数与发展指征。身为粉丝，时间、精力、金钱的成本投入不断增加，粉丝的职能不断放大，为了维持明星的热度与良好形象，粉丝们要有组织地投入到明星的商业运营中去。在此过程中，粉丝圈成为一个有着严密序列的群体，核心圈的粉丝对明星关注时间最久、黏性最高，具有专业知识，相对而言，外围的粉丝则很可能只是心血来潮，跟个风，看看热闹。不同的粉丝群体，显然有着不同的期待性诉求。核心圈的粉丝与明星有着深度的情感关联——尽管这种情感关联可能带有粉丝自我投射的意味，明星承接着粉丝的情感投入，粉丝则希望明星能够维护好自身的品牌形象，甚至升级自己的品牌价值。在此意义上，粉丝已开始介入明星制造的核心环节，涉及明星发展路径和形象维护问题，而二者之间一旦在形象定位、审美趣味、对艺术性与商业性尺度把握等方面产生分歧，粉丝便以“脱粉”来表达自己的诉求与价值取向。

移动互联网之前，观众记得很多明星或演员的角色，但他们本人却没有多少粉丝；移动互联网之后，“有些人非常出名，有上百万粉丝，但几乎什么都没做”。戛纳电影节上，凯瑟琳·德纳芙将后者看作是法国巨星“已死”的前兆。我们处在一个娱乐工业化时代，二三十年间，从明星包装改为建立人设，娱乐产业经过了“发现明星”到“创造明星”的整体变迁，由此，行业法则也适时而变。社交媒体把“人设”变成了工业化产品。明星人设是社交媒体时代明星经济、偶像经济的必然产品。每个人都不是完美的，并且有自己独特的性格，偶像也一样。工业化的运作往往会导致用力过猛，以极端行为塑造人设，而极端行为往往是容易被识破的。

明星涌出的空前繁荣时期，他们陨落的速度异常加快，这背后正是近年来频繁发生的“人设崩塌”。近两三年来，人设崩塌日益显示出明星人设产业链的脆弱性。一旦人设不成立，依附在“人设”上的粉丝、明星和商业形成的稳固关系，轻而易举地就被推翻了。正如鹿晗、迪丽热巴，粉丝愿意一直为偶像买单，但同时偶像人设一旦崩塌粉丝也可能立即转身离去。长远来看，人设成功的反面是约束和裹挟。一方面，人设不仅架空了明星的“本我”，而且很有可能制约其扮演的影视角色。粉丝很难接受他们气质高冷的偶像去演喜剧，他们更不愿意自己捧上“神坛”的天仙扮丑搞怪，所以连影视制作都习惯性迎合粉丝，为明星写剧本。另一方面，粉丝自身的口味在不断变化，一个固定的“人设”即使再完美，也难以满足粉丝动态的喜好变迁。

综上可知，明星“人设”即明星与其粉丝之间的心理契约，明星们通过传播等多种方式塑造了相应人设后，粉丝们会对明星的言论和行为有相应的期待；明星也有义务和责任维系这样的人设。如果明星的行为与其人设明显不符，粉丝就会产生失望、后悔甚至被背叛的情绪体验，并产生“脱粉”等退出行为。“人设”危机也有不同类型，“吃货”“暖男”人设崩塌并不会对明星—粉丝关系造成非常大的负面影响，这些人设通过短期的传播可以吸引部分粉丝的短期关注，即使不符合预期，消费者的期望和情感损失也不会太强烈。而“优秀女演员”“明星学霸”人设需要粉丝们投入长期的关注和互动，且包含了消费者对这种人设的身份认同，属于关系心理契约类型。一旦明星们不能履行这些“人设”的预期，消费者的身份认同感受到巨大威胁，自我价值感也受到挑战，从而引起非常强烈的背叛、后悔、沮丧、失望等负面情绪体验，并产生“脱粉”的退出行为。

本章小结

本研究发现心理契约破坏显著提升消费者的退出消费行为。与交易型心理契约破坏相比，关系型心理契约破坏导致的消费者退出决策更高。中国社会常常被特征化为关系型社会，“有关系好办事”从古至今都是大多数人信奉的信条，在这个社会群体中生活的人们往往更在乎自己与外界个体的关系，关系维持得好，双方都会获得良好的感受以及友好往来，而若关系破裂，双方的情感与行为就会直接中止。因此，相比于经济利益受损，关系的断裂、情感的破坏可能更易让中国文化下的消费者产生不良的感受，从而直接退出消费。

自我建构会调节心理契约破坏对消费者退出行为的影响。当企业未能履行其对消费者的情感承诺时，依存型自我建构消费者更容易产生退出行为，因为依存型自我消费者更注重个体与外界的连接性；而当企业未能履行其对消费者的经济利益相关的承诺时，独立型自我建构消费者更容易产生退出行为，因为独立型自我消费者的情感很少受到外界的影响，他们往往更关注产品的质量。因此，企业在面对不同的购买群体及不同的自我建构者时，应采取相对应的措施来有效降低心理契约破坏带来的负面效果，维护好与消费者的心理契约关系。

在案例部分，从心理契约角度考察明星人设塑造、人设崩塌以及粉丝行为的关系。明星通过塑造“学霸”“专业演员”“深情”等理想人设吸引大批粉丝追星。粉丝期待保持并维系理想人设。这实质上就是明星和粉丝之间的心理契约。有些人设如“吃货”，粉丝并不需要强烈的认同和互动，属于短期的交易契约。而“学霸”“专业”等人设是需要粉丝的深度认同和长期互动才能形成的，属于关系型心理契约。一旦明星不能维系这些人设，将导致消费者深度的背叛、后悔、沮丧和失望的情绪体验，导致明星和粉丝关系恶化，甚至出现“脱粉”等行为。

参考文献

[1] 沈伊默，袁登华. 心理契约破坏感对员工工作态度和行为的影响 [J]. 心理学报，2007，39 (1)：155-162.

[2] Chao J. M.，Cheung F. Y.，Wu A. M. Psychological Contract Breach and Counter Productive Workplace Behaviors：Testing Moderating Effect of Attribution Style and Power Distance [J]. The International Journal of Human Resource Management，2011，22 (4)：763-777.

[3] Orvis K. A.，Dud ley M.，Cortina J. M. Conscientiousness and Reactions to Psychological Contract Breach：A Longitud Inal Field Study [J]. Journal of Applied Psychology，2008，

93 (5): 1183-1193.

[4] 沈伊默，袁登华. 心理契约破坏研究现状与展望 [J]. 心理科学进展，2006，14 (6): 912-917.

[5] Argyris C. Understanding Organizational Behavior [J]. 1960.

[6] Levinson H., Price C. R., Munden K. J., et al. Men, Management, and Mental health [J]. 1962.

[7] Schei H. Organizational Psychology [M]. Prentice-Hall Englewood Cliffs, NJ, 1970.

[8] Rousseau D. M. New Hire Perceptions of Their Ownand Their Employer's Obligations: A Study of Psychological Contracts [J]. Journal of Organizational Behavior, 1990, 11 (5): 389-400.

[9] Rousseau D. M. Psychological and Implied Contracts Inorganizations [J]. Employee Responsibilities and Rights Journal, 1989, 2 (2): 121-139.

[10] Robinson S. L., Kraatz M. S., Rousseau D. M. Changing Obligations and The Psychological Contract: A Longitud Inal Study [J]. Academy of Management Journal, 1994, 37 (1): 137-152.

[11] Morrison Wolfe E., Robinson S. When Employees Feel Betrayed: A Model of How Psychological Contract Violations Develop [J]. Academy of Management Review, 1997, 22 (S 1): 226-256.

[12] 魏峰，李燚，张文贤. 国内外心理契约研究的新进展 [J]. 管理科学学报，2005，8 (5): 82-89.

[13] Lusch R. F., Brown J. R. Interdependency, Contracting, and Relational Behavior Inmarketing Channels [J]. The Journal of Marketing, 1996: 19-38.

[14] Roehling M. V. The Origins and Early Development of the Psychological Contract Construct [J]. Journal of Management History, 1997, 3 (2): 204-217.

[15] Blancero D., Ellram L. Strategic Supplier Partnering: A Psychological Contract Perspective [J]. International Journal of Physical Distribution & Logistics Management, 1997, 27 (9/10): 616-629.

[16] Eddleston K. A., Kidder D. L., Litzky B. E. Who's the Boss? Contending with Competing Expectations from Customers and Management [J]. The Academy of Management Executive, 2002, 16 (4): 85-95.

[17] 罗海成. 营销情境中的心理契约及其测量［J］. 商业经济与管理，2005（6）：37-41.

[18] 罗海成，范秀成. 基于心理契约的关系营销机制：服务业实证研究［J］. 南开管理评论，2005，8（6）：48-55.

[19] 游士兵，黄静，熊巍. 品牌关系中消费者心理契约的感知与测度［J］. 经济管理，2008（22）：30-35.

[20] Markus H. R.，Kitayama S. Culture and the Self：Implications for Cognition，Emotion，and Motivation［J］. Psychological Review，1991，98（2）：224-253.

[21] Kacen J. J.，Lee J. A. The Influence of Culture Onconsumer Impulsive Buying Behavior［J］. Journal of Consumer Psychology，2002，12（2）：163-176.

[22] Polyorat K.，Alden D. L.. Self-construal and Need-for-Cognitioneffects on Brand Attitudes and Purchase Intentions Inresponse to Comparative Advertising Inthailand and the United States［J］. Journal of Advertising，2005，34（1）：37-48.

[23] 田阳，黄韫慧，王海忠. 品牌丑闻负面溢出效应的跨文化差异研究——基于自我建构视角［J］. 营销科学学报，2013，9（2）：90-98.

[24] 熊素红，景奉杰. 自我建构对群体购买环境中冲动性购买行为的影响［J］. 情报杂志，2009（11）：198-202.

[25] Trope Y.，Liberman N. Temporal Construal［J］. Psychological Review，2003，110（3）：403-421.

[26] Nussbaum S.，Trope Y.，Liberman N. Creeping Dispositionism：The Temporal Dynamics of Behavior Prediction［J］. Journal of Personality and Social Psychology，2003，84（3）：485-497.

[27] Henderson M. D.，Fujita K.，Trope Y.，et al. Transcending the "Here"：The Effect of Spatial Distance on Social Judgment［J］. Journal of Personality and Social Psychology，2006，91（5）：845-856.

[28] Eyal T.，Liberman N.，Trope Y.，et al. The Pros and Cons of Temporally Near and Distant Action［J］. Journal of Personality and Social Psychology，2004，86（6）：781-795.

[29] Herzog S. M.，Hansen J.，Wanke M. Temporal Distance and Ease of Retrieval［J］. Journal of Experimental Social Psychology，2007，43（3）：483-488.

[30] Fujita K.，Eyal T.，Chaiken S.，et al. Influencing Attitudes Toward Near and Distant Objects［J］. Journal of Experimental Social Psychology，2008，44（3）：562-572.

[31] Todorov A., GorenA., Trope Y. Probability as a Psychological Distance: Construal and Preferences [J]. Journal of Experimental Social Psychology, 2007, 43 (3): 473-482.

[32] Freitas A. L., Langsam K. L., Clark S., et al. Seeing Oneself Inone's Choices: Construal Level and Self-pertinence of Electoral and Consumer Decisions [J]. Journal of Experimental Social Psychology, 2008, 44 (4): 1174-1179.

[33] Rogers T., Bazerman M. H. Future lock-in: Future Implementation Increases Selection of "Should" Choices [J]. Organizational Behavior and Human Decision Processes, 2008, 106 (1): 1-20.

[34] Liberman N., Trope Y. The Role of Feasibility and Desirability Considerations Innear and Distant Future Decisions: A Test of Temporal Construal Theory [J]. Journal of Personality and Social Psychology, 1998, 75 (1): 5-18.

[35] Sagristano M. D., Trope Y., Liberman N. Time-dependent Gambling: Odds now, Money Later [J]. Journal of Experimental Psychology: General, 2002, 131 (3): 364.

[36] Day S. B., Bartels D. M. Representation Across Time: Generalizing Temporal Effects On-perceived Similarity [C]. Proceedings of the Twenty - Eighth Annual Meeting of the Cognitive Science Society, 2006.

[37] Henderson M. D., Trope Y., Carnevale P. J. Negotiation From a Near and Distant Time Perspective [J]. Journal of Personality and Social Psychology, 2006, 91 (4): 712-729.

[38] Bar-Anan Y., Liberman N., Trope Y., et al. Automatic Processing of Psychological Distance: Evidence from a Stroop Task [J]. Journal of Experimental Psychology: General, 2007, 136 (4): 610-622.

[39] Zhao M., Xie J. Effects of Social and Temporal Distance on Consumers' Responses to Peer Recommendations [J]. Journal of Marketing Research, 2011, 48 (3): 486-496.

[40] 柴俊武，赵广志，何伟. 解释水平对品牌联想和品牌延伸评估的影响 [J]. 心理学报，2011，43 (2)：175-187.

[41] 刘红艳，李爱梅，王海忠，等. 不同促销方式对产品购买决策的影响——基于解释水平理论视角的研究 [J]. 心理学报，2012，44 (8)：1100-1113.

[42] Lee S., Lee A. Y., Kern M. C. Viewing time Through the lens of the Self: The fit Effect of Self- construal and Temporal Distance on Task Perception [J]. European Journal of Social Psychology, 2011, 41 (2): 191-200.

第6章　数据泄露——品牌危机应对策略对品牌关系的影响

6.1　问题提出

数字时代，消费者的个人信息被视为大数据时代的“新石油”。消费者希望品牌企业收集到数据后，仅为该品牌提供服务所用。然而事实却是，消费者在某个品牌银行购买某个理财服务后，很多房地产公司就开始向消费者推销房子；或者在某个地产中介留下电话后，整个中介都开始向该消费者打电话了。从心理契约的角度来看，数据保密应该是消费者对品牌企业的一个基本期望。然而，近年来数据泄露事件频繁发生，不仅给企业的生存和发展带来了挑战，也对企业的品牌形象造成负面影响，还可能使得消费者对企业失去信心。个人信息在商业利益的驱动下，信息的挖掘、使用与交易已形成非法商业链条，这些风险对个人信息的保护构成了严峻挑战。

2018年初春，Facebook因涉嫌侵犯用户隐私而经历其史上最严重的信任危机。《纽约时报》《卫报》等媒体在2018年3月19日发布报道，一家名为剑桥分析（Cambridge Analytica）的公司获取了超过5000万Facebook用户的数据信息，用于在美国大选期间构建用户画像并设计相应软件程序，从而干预选民的投票行为。2018年4月4日，Facebook官方首次确认，多达8700万用户的个人数据可能已经被剑桥分析“不当分享”。此事一出立刻引起轩然大波，这家全球最大社交网站公司遭遇了社会各界的严重指控，市值在两日内蒸发近500亿美元。2018年4月12日，来自美国和英国的律师团队提出集体诉讼，Facebook或需向用户支付逾700亿美元赔偿金。事件持续发酵，至

2018 年 7 月，Facebook 股价已经下跌了近 40%。2018 年第四季度在关键市场的用户增长停滞甚至出现下降（北美的用户零增长，欧洲失去 300 万用户）。

Facebook 事件是公众对于用户隐私数据泄露忧虑的一个引爆点。Facebook 可以获取用户登录信息、位置信息、浏览习惯、阅读习惯、休闲爱好、人际关系等数据，这些数据被储存、分析和利用。不只是社交网络，人们日常生活中涉及的诸多行业也在兜售用户隐私。反映到中国市场，在物流行业，圆通、顺丰等快递数据在暗网上被兜售，包含了寄件人、收件人的姓名、地址、电话等信息；在酒店行业，华住和万豪的入住信息数据也在网上售卖。在这些泄密的数据中，包含身份证号、家庭住址、银行卡号等私密信息。大家都在谈论人工智能、个性化推荐、精准营销的现在，各行各业都对这样的数据充满渴求。百度公司董事长兼 CEO 李彦宏表示“中国人对隐私问题更加开放，也没有那么敏感。如果他们可以用隐私换取便利、安全或者效率，在很多情况下他们是愿意的”。此番言论让百度和李彦宏本人深陷舆论风波。事实上，国内用户对个人隐私权的让渡，更多情况下是无奈接受，是“被同意”和“被授权”。除了害怕隐私泄露带来的一系列后果，人们更害怕的是企业及其管理者对用户核心利益的熟视无睹。

在商业利益的驱动下，信息的挖掘、使用与交易已形成非法商业链条，这些风险对个人信息的保护构成了严峻挑战。Schwartz 和 Solve（2011）指出，网络消费者信息被不恰当搜集、存储和传播的风险日益增加，主要体现在以下四个方面：无法控制收集个人信息行为、无法控制被收集的个人信息类型、无法控制个人信息的使用范围、无法控制个人信息泄露的后果。“央视评论”指出，个人信息保护现状存在制度性缺陷且缺乏道德伦理的指引，这既需要监管部门尽快拿出完善大数据使用的规则以及强化隐私保护的互联网法则，也需要科技公司更有良知和担当，明白用户数据使用的边界。目前学术领域针对数据泄露应对策略的专门性研究不多。已有文献大多从技术、管理、政策等宏观视角探讨网络隐私泄露的原因（Wang & Yu，2015）、防范措施（Tomy & Pardede，2016）、举报机制（王忠，2016）、容忍度（李睿、张锐剑、李文立、陈昊，2016）等。探索数据泄露危机应对策略对品牌关系的影响，对于了解数据泄露危机管理对策有重要的理论价值，能够丰富数据泄露危机应对策略的理论研究。本书将在数据泄露危机情境下，从消费者反应出发，探讨消费者负面情绪对品牌关系的影响，拓宽了研究品牌危机应对策略的思路。此外，针对数据泄露问题的研究表明，数据泄露会引起消费者的隐私关注。关于不同的隐私关注度对数据泄露后的消费者反应的研究还十分有限，对于隐私关注度是否影响消费者品牌关系尚不清楚。本书在研究数据泄露危机应对策略如何影响消费者品牌关系时加入隐私关注度这一调节因素，以探究不同的隐私关注度如何影响品牌关系。

6.2 文献综述

信息的收集使企业提升了服务质量，但也让具有商业价值的数据信息面临来自互联网的安全威胁。近几年来，数据泄露已成为困扰全球企业和个人用户的难题。2018 年 10 月，Gemalto 公布了 2018 年全球公共数据泄露事件严重程度指数，涵盖 945 次事件，导致 45 亿条信息泄露。根据数据泄露水平指数，自 2013 年以来已有近 150 亿条数据泄露。数据泄露不仅侵犯了信息主体的隐私权，造成财产或名誉损失，而且最终可能导致企业经济损失和声誉受损。当企业发生数据泄露时，负面的公众形象会损害企业的声誉并引起消费者的隐私问题，进而损害企业与消费者之间的关系（Chen & Jai，2018）。

在数据泄露事件中，Facebook 由于没能保护好用户数据隐私而饱受批评，但 Facebook 最初的回应却是在争辩这到底是 Facebook 自身的失误还是剑桥分析这家公司居心叵测，而回避了自身存在用户数据保护存在漏洞等问题。与此同时，创始人扎克伯格在事情败露之前，将手中的股票高价出手，总计套现 6220 万美元，让员工和投资者们产生了极大的不满。社交媒体上掀起“删除 Facebook”的运动，其中包括马斯克删除了旗下特斯拉和 SpaceX 两家公司的 Facebook 页面，用户表现出要与 Facebook“决裂”的姿态。准备处理数据泄露危机并制定应对策略已成为众多行业既重要又迫切的课题。数据泄露危机发生后，直接的利益相关者不仅是企业，还有广大消费者。企业在面对数据泄露时，需要从消费者的反应出发并结合消费者的利益考虑该采取什么样的策略。在不明数据泄露发生原因的情况下，不同的隐私关注程度是否会影响数据泄露后消费者的情绪，进而影响品牌关系呢?

因此，本书从消费者的反应出发，探究当数据泄露事件发生后，企业应对策略对品牌关系的影响，以及消费者负面情绪在两者之间的中介作用和隐私关注度的调节作用。希望能进一步丰富数据泄露领域的内容，帮助提高企业应对数据泄露危机时的管理水平。

6.2.1　品牌危机及其应对策略

(1) 品牌危机的内涵。

从企业的角度来看，品牌危机是指威胁到品牌提供预期效益的能力从而削弱品牌资产的突发事件（Ahluwalia，Burnkrant & Unnava，2000）。Dawar 和 Lei（2009）把品牌危机定义为关于品牌未经证实或者虚假的品牌主张在被曝光和广为宣传后，对品牌造成严重伤害的负面事件。Dutta 和 Pullig（2011）将品牌危机定义为是一种不仅可能对消费者身体造成伤害，而且还会造成消费者信任违背，进一步削弱品牌资产的突发事件。国内学者卫海英（2011）根据前人的研究，以品牌消费者和品牌之间的关系为切入点，指出品牌危机就是那些广泛宣传的真实的或者虚假的品牌负面信息，这些信息会影响品牌形象，降低消费者对品牌的信任，最终导致品牌关系暂时或永久性断裂。

从文献中可以看出，品牌危机具有迅速损害一个品牌的潜力，而且总是出乎意料地发生。因此，即使是实力雄厚的企业，也可能会受到危机的损害。正如本书前文所述，品牌危机会破坏心理契约从而对品牌关系、购买行为、角色外行为造成负面影响。综上所述，本书认为品牌危机的内涵是因为广泛宣传的负面事件导致品牌形象受损，进而导致品牌关系发生暂时或永久性的断裂。

(2) 应对策略。

危机应对策略是指危机发生后，根据危机的具体状况和情境，企业所采取的应对措施和方法。企业的管理者需要做出明智有效的危机应对策略，以减弱危机的负面影响（Cleeren，VanHeerde & Dekimpe，2013）。不当的危机应对策略会给企业带来更多负面的影响，给企业危机管理带来严重阻碍。及时且恰当的危机应对策略能够有效地处理危机，缓解品牌危机对品牌关系的冲击，最大程度地减小对企业的伤害（Timothy Coombs & Holladay，2007）。基于此，学者们对危机应对策略进行了大量的研究，试图理解组织如何才能最好地应对品牌危机，从而形成了多种多样的危机应对策略。

Marcus 和 Goodman（1991）提出和解型、辩解型两种方式来处理企业危机，和解策略意味着承认过失、承担责任以及采取修复行动，而辩解策略否认问题和过错、拒绝承担责任。Griffin，Babin 和 Attaway（1991）在此基础上增加了缄默策略，即对企业危机没有回应或者回复“暂时无法评论”或“无可奉告”。方正等（2010）在综合国内外学者研究的基础上，对不同类型的企业应对策略进行探究，在基本涵盖企业行为的同时，把沟通策略精简划分为三类：和解策略、辩解策略和缄默策略。综合上述对企业应对策略的国内外研究可以发现，对于企业应对策略的分类，不同的学者有不同的分类方法。但是，这些研究主要集中于形象修复理论和危机沟通理论两方面，应对策略的内容均建立在“和解、辩解、缄默”范式上。因此，本书将采用方正等（2011）提出的三种分类方法，即和解策略、辩解策略和缄默策略。

（3）品牌关系。

品牌关系是一种基于品牌和顾客之间的互动反应，包括品牌对顾客的态度和行为以及顾客对品牌的态度和行为两个方面，这两个方面如同一对作用力和反作用力，相辅相成，是不可分割的一个整体。品牌关系是动态的，会随品牌定位、品牌传播、消费者自身因素和环境因素等的影响而发生变化。传统的品牌关系理论中的研究主体大多涉及消费者与品牌。Fournier（1998）提出品牌关系质量（Brand Relationship Quality，BRQ）可以分解成六个维度：爱与激情（Love 和 Passion）、自我联结（Self-Connection）、相互依赖（Interdependence）、个人承诺（Commitment）、亲密感情（Intimacy）、品牌的伴侣品质（Brand Partner Quality）。周志民和卢泰宏（2004）提出 BRQ 模型可以分成五个维度：获得承诺/相关度、归属/关注度、熟悉/了解度、信任/尊重度、联想/再认度。

品牌危机对品牌信任、品牌忠诚、品牌承诺等都会产生负面影响。Lau 和 Lee（1999）认为，品牌信任是消费者在面对不确定的环境时，对品牌产生的一种依赖，并且相信品牌最终能够得到好的结果。Delgado-Ballester，Munuera-Aleman 和 Yague-Guillen（2003）认为品牌信任是在消费者风险危机情境下，消费者对品牌的可靠性和倾向性的信心预期。品牌信任受到品牌潜力、品牌能力、品牌声誉多种因素的影响（Lau & Lee，1999）。Delgado-Ballester 和 Luis Munuera-Aleman（2001）研究表明，消费者卷入度和消费者满意度对品牌信任有显著影响，企业能否及时地解决顾客的问题，直接关系到企业的声誉和品牌信任关系。Aaker（1991）认为品牌忠诚是由于消费者在以前购买产品或享受服务中产生满意的情绪，从而对某一个品牌产生偏好。温石松（2002）将品牌忠诚的衡量分为行为和态度两个维度，行为忠诚包括：口碑、再购意愿、购买频率、购买量、推荐，态度忠诚体现在“自我认知忠诚”与“转换至竞争者的容忍能力”。Zeithaml，Berry 和 Parasuraman（1996）认为品牌忠诚分为购买比率、口碑、重复购买和失误容忍四个维度，这种划分对忠诚度的概括较为全面且在学界较为认可，认为品牌忠诚是消费者通过一系列行为努力与品牌保持一种关系的动机。王娟等（2016）通过实证研究证明企业危机对消费者品牌信任具有动态影响，企业危机的发生会使消费者品牌信任度大大降低。任金中和景奉杰（2015）研究发现，产品伤害危机模糊情境下，积极响应策略可以提高消费者品牌信任。企业危机后负面信息的宣传对于品牌信任具有极大的不良影响，容易引起消费者的关注和引发抱怨情绪（Henard，2002）。

6.2.2　数据泄露及消费者隐私

（1）数据泄露。

虽然品牌企业泄露消费者的数据以往常有发生，但近年来随着数据价值的提升，学术界才开始关注该领域。Bansal 和 Zahedi（2015）将数据泄露事件分为未经授权的共享和黑客攻击两种类型。Sen 和 Borle（2015）根据事件发生的原因，将数据泄露归为三类：有意和内部的（雇员窃取客户数据）、无意和内部的（暴露个人信息的不安全设置），以及外部和有意的（黑客攻击）。

数据泄露对企业股票价值有显著的负面影响。在信息披露当日，随着时间的推移负面影响逐渐增加；但在披露日之后，负面影响逐渐减小（Acquisti，Friedman & Telang，2006）。数据泄露事件会对企业绩效产生负面影响；当一家企业经历了不止一次的数据泄露时，这种影响会更强烈（Schatz & Bashroush，2016）。发生数据泄露事件的企业会产生大量的财务成本，包括实施应对策略的成本，品牌形象、品牌信任的负面影响以及最终市场份额和销售的损失（Sen & Borle，2015）。数据泄露事件会引起消费者的隐私关注，负面的公众形象会损害品牌的声誉并破坏品牌与消费者之间的关系，并给品牌企业带来经济损失（Chen & Jai，2018）。Confente，Siciliano，Gaudenzi 和 Eickhoff（2019）通过实证研究，发现不同类型的数据泄露，可能会损害企业声誉的不同方面，同时导致消费者有不同的看法。

部分学者对数据泄露应对策略进行了相关研究。Bansal 和 Zahedi（2015）通过实证研究表明，在数据泄露事件中，道歉策略对于品牌信任是最具修复性的，其次是否认策略，最后是缄默策略。当公司被视为危机责任主要承担者时，通过缄默策略去修复信任的效果会更差。Chen 和 Jai（2018）认为，数据泄露事件的信息来源会影响消费者对危机责任的判断，进而影响了他们对品牌的信任和重访意向。温和的形象更新策略能够减轻数据泄露事件对低声誉的企业造成的负面影响，对于高声誉的企业来说，应对策略并不那么重要（Gwebu，Wang & Wang，2018）。

（2）隐私关注度。

隐私关注是个人在相应的隐私情景中感受到的公平程度（Campbell，1997）。Smith，Milberg 和 Burke（1996）认为隐私关注是个体对企业收集、使用其个人信息的关注程度。Rifon，LaRose 和 Choi（2005）将隐私关注定义为一种与信息泄露和隐私侵犯相关联的特殊信息感知。Dinev 和 Hart（2005）首先将隐私关注置于互联网环境下进行探讨，提出隐私关注是当消费者以自愿或非自愿方式向网站透露个人相关信息时，所引发的对个人信息安全的关注。国内学者蒋骁和季绍波（2009）提出隐私关注是使用互联网的用户对控制、收集和使用其个人信息的关注。

Westin（2003）根据个人对隐私的关注程度，从高到低将消费者划分成三个类别：隐私基要主义者、隐私实用主义者和无隐私论者。隐私基要主义者极为关注他们个人信息的使用，并不愿意提供他们的个人资料。隐私实用主义者对隐私有一定的关注，但没有隐私基要主义者那么在意。无隐私论者不在意他们的隐私，并愿意提供他们的个人资料。

为了测量和量化消费者隐私关注程度，有不少学者进行了隐私关注量表的开发研究。早期的研究多使用一维全局信息隐私关注量表（GIPC），Smith 等（1996）提出了信息隐私关注的多维量表（CFIP），指出隐私关注包含四个维度的内容，即收集、二次使用、不适当访问及错误使用。Stewart 和 Segars（2002）对此量表进行了实证分析，确认了它们的有效性，并证明了 CFIP 在测量传统市场中的消费者或企业雇员的隐私关注程度的适用性。CFIP 是网络隐私关注测量量表的基石。Malhotra，Kim 和 Agarwal（2004）在 CFIP 量表的基础上，开发了适用于互联网用户对隐私关注维度的理论框架（IUIPC）。IUIPC 量表将消费者隐私关注划分为三个维度：收集（对个人信息被获取时的担忧）、控制（是否能够控制自己的个人信息）、知情（是否了解企业如何使用用户个人信息）。Hong 和 Thong（2013）整合了 CFIP 和 IUIPC 量表，并构建了不同阶的因子模型，通过多次大规模网络调查和因子分析，研究发现整合量表比单独的 CFIP 和 IUIPC 量表具有更好的信度和效度，且三阶因子模型与调查数据最为吻合。三阶因子模型包括交互管理和信息管理的两个二阶因子，以及收集、二次使用、错误使用、不适当访问、控制和知情六个一阶因子。

目前国内学者尚未对隐私关注量表进行开发，对隐私关注的研究仍使用国外学者提出的相关量表。杨姝、王渊和王刊良（2008）通过系统的考察研究发现，与其他隐私关注测量量表相比，CFIP 和 IUIPC 更符合我国的国情，IUIPC 量表又比 CFIP 量表具有更高的信效度。目前，国内关于网络隐私关注的相关研究大多选用 IUIPC 进行量表测量，这也是本文选择 IUIPC 量表的原因。

6.2.3 消费者情绪

情绪是主观认知经验的通称，是综合感觉、思想以及行为所产生的心理和生理状态。早期研究证实，情绪是一种个人主观感受，在决策上不能发挥主要作用（Holbrook & Hirschman，1982）。但是，情绪能够影响人们行为的动机，同时影响人们对于信息的处理和决策（Zajonc，1980）。消费者的情绪可以分为正面、负面情绪两类。负面情绪包括愤怒、厌恶、鄙视、无助、恐惧等（Izard，1992）。消费者负面情绪的研究是随着一系列消费者危机反应研究演化而来的。早期危机情绪的研究主要关注负面情绪，将危机情绪定义为危机引发的并影响消费者评价的负面情绪（Stephens & Gwinner，1998）。之后的研究开始强调危机情境因素，认为危机情绪是指消费者所处的危机情境所产生的生理和心理反应，它取决于消费者的危机信息评价（Choi & Lin，2009）。

Lazarus（1991）把消费者的负面情绪分为回顾型和展望型两种，代表性的负面情绪类型分别为愤怒和无助。Stephens 和 Gwinner（1998）指出企业危机会引起消费者产生愤怒、厌恶、蔑视、伤心、害怕、羞愧和内疚情绪。Yi 和 Baumgartner（2004）将负面情绪归为四类：后悔、生气、失望和担心。当产品或服务没有让消费者满意时，就会引起消费者失望的情绪（Ortony，Clore & Collins，1990）。担心是消费者对不希望发生的事件表现出的忧虑和不确定（Roseman，Wiest & Swartz，1994）。在危机事件中，由于企业处理的不确定性、拖延性，加上消费者有限的行业知识，导致消费者很难在众多复杂的消息中找到准确的信息，做出正确的判断，因此产生愤怒、无助的负面情绪（涂铭、景奉杰和汪兴东，2013）。在研究中，学者们青睐于从众多的负面情绪中挑选若干具体情绪来进行探究，如愤怒（Timothy Coombs & Holladay，2007）、伤心（Kim & Cameron，2011）、厌恶和蔑视（Romani，Grappi & Bagozzi，2013）等。

危机事件是消费者负面情绪产生的起因。Choi 和 Lin（2009）认为，有些负面情绪是由于消费者对危机进行归因而产生的，有些则与归因判断无关，是快速的直觉情绪。前者包括愤怒、害怕、担忧等情绪，而后者包括厌恶、羞愧和同情等情绪。危机事件发生后，消费者会根据信息对危机事件进行归因，据此判断承担危机责任的主体。当企业对危机事件负主要责任时，将引发消费者的愤怒情绪，进而对企业表现出消极态度（L. M. McDonald, Sparks, &Glendon, 2010），高品牌关系的消费者感知背叛更高，其购买意愿恢复得更慢（Timothy Coombs & Holladay, 2007）。已有的研究表明，危机严重性越高，消费者的损失越大，消费者负面情绪（如愤怒、失望）就越强烈（阎俊、佘秋玲，2010）。徐小龙和苏勇（2012）根据解释水平理论认为，随着危机带来的直接和间接损失，消费者会积累对危机品牌的负面情绪，从而逐渐疏远与品牌之间的心理距离，最终导致品牌关系的破裂。McDonald 等（2011）研究发现，消费者的负面情绪会影响消费者态度和行为，恶化品牌关系。

6.3 研究假设与模型

6.3.1 研究假设

品牌危机会对品牌关系和顾客决策产生负面影响；危机后品牌企业的应对策略将决定品牌企业能否生存下去。有学者指出，在负面曝光事件发生后，企业采取情感性策略（道歉等）、功能性策略（赔偿等）、信息性策略（及时公开后续信息）能促进消费者原谅，进而修复消费者信任（Xie & Peng, 2009）。Timothy Coombs 和 Holladay（2007）认为对危机进行解释比置之不理更有效，简单的否认并不能恢复消费者对于品牌的信心。消费者品牌关系理论证实，简单的否认在重塑消费者信任方面的效力是低于道歉的（Bottom, Gibson, Daniels & Murnighan, 2002）。Bansal 和 Zahedi（2015）通过实证研究表明，在数据泄露事件中，道歉策略对于品牌信任是最具修复性的，其次是否认策略，最后是缄默策略。由此，提出以下假设：

H1：数据泄露危机中，企业不同的应对策略对品牌关系影响有显著差异。

在发生数据泄露后，不同企业采取的应对策略不同；消费者会根据所能获取的信息对危机事件进行归因。当消费者认为企业应该对危机事件负主要责任时，将引发消费者的愤怒情绪，进而对企业表现出消极态度（L. M. McDonald et al.，2010）。消费者的负面情绪会恶化品牌关系，如害怕会引起品牌关系断裂（L. McDonald，Glendon & Sparks，2011）。当危机侵犯了消费者时，危机情绪可能导致品牌厌恶（Romani et al.，2013）或品牌敌意（Fournier，1998）。徐小龙和苏勇（2012）根据解释水平理论认为，随着危机带来的直接和间接损失，消费者会积累对危机品牌的负面情绪，从而逐渐疏远与品牌之间的心理距离，最终导致品牌关系的破裂。由此，提出如下假设：

H2：数据泄露危机中，消费者负面情绪在企业应对策略与品牌关系之间发挥着中介作用。

Cockcroft 和 Heales（2005）的研究表明，消费者对网络隐私的关注会增加其对隐私风险的感知，即隐私关注度高比隐私关注度低的消费者感知风险要高。在企业危机的模糊情境下，由于消费者在模糊容忍特质上的不同，导致消费者感知危机严重性不同，进而影响消费者认知活动、情绪反应及行为意向（Laufer，Silver & Meyer，2005）。相对于模糊容忍性高的消费者，模糊容忍性低的消费者会更多地责备企业。数据泄露发生后，消费者首先接收到的是关于企业的数据泄露负面信息，知觉到威胁和风险。隐私关注度越高的消费者的感知风险越高，感知危机越严重，对企业的负面情绪也越大。Eastlick，Lotz 和 Warrington（2006）发现在 B2C 中，消费者的隐私关注会对品牌信任和忠诚产生负向影响。周涛和鲁耀斌（2010）的研究发现，在移动电子商务中，消费者隐私关注显著影响其品牌信任，并进而决定其行为动机，包括重复购买、正面的评论等。由此，提出以下假设：

H3a：数据泄露危机中，隐私关注度调节品牌企业应对策略对消费者负面情绪的影响。隐私关注度越高，负面情绪越高。

H3b：数据泄露危机中，隐私关注度调节品牌企业应对策略对品牌关系的影响。隐私关注度越高，品牌关系损害越大。

6.3.2　研究模型

根据上文的研究假设，得出的研究模型如图 6-1 所示。

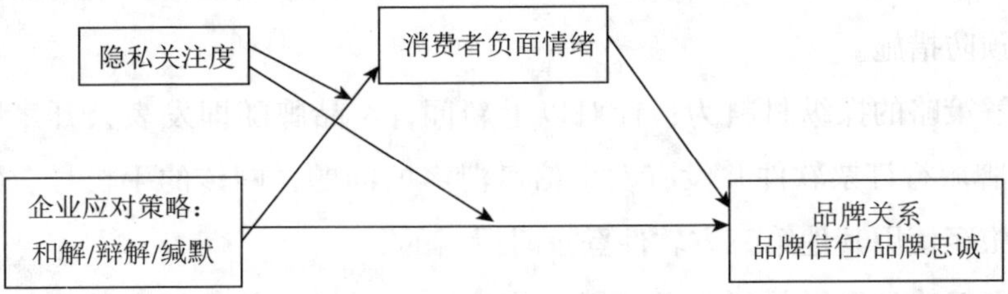

图 6-1　研究模型

6.4　实证研究

6.4.1　实验设计

（1）问卷设计。

本实验为 3（应对策略：和解 vs. 辩解 vs. 缄默）×2（隐私关注水平：高 vs. 低）的被试间实验。被试被随机分配到三个实验组中。共有 262 名广州某高校学生参与了此次实验，其中和解策略组 86 人，辩解策略组 86 人，缄默策略组 90 人。

本研究选择被试生活中最常用的 A 品牌旅游订票软件作为刺激品牌。实验材料以 2018 年 12306 铁道部数据泄露事件和 2018 年 Facebook 数据泄露事件为基本素材，结合有关网络新闻报道，对真实事件进行修改加工，模拟出符合本次实验要求的情境。为了避免被试中有人知道现实中发生的该类真实数据泄露事件而脱离实验设定的情境，所以更改数据泄露危机事件的名称为“A 品牌旅游订票软件”。

实验启动材料如下：

假设 A 品牌是您最常用的旅行预订软件品牌。日前，有媒体爆料 A 品牌旅行预订软件发生大规模数据泄露事件，超过 470 万用户的数据可被获取，有 880 万条数据疑似泄露，包括手机号、密码、真实姓名、身份证、订票记录等。

和解策略组的操纵材料为：针对以上新闻，A 品牌随即发表公开声明，声称此次事件是由黑客攻击引起的，并表示会尽快修复漏洞，不断加强数据泄露的预防措施。

辩解策略的操纵材料为：针对以上新闻，A 品牌随即发表公开声明，声称 A 品牌旅行订票软件并没有发生信息泄露的问题，网传的手机号、姓名等信息是旅客使用其他第三方软件登录时泄露的。

缄默策略的操纵材料为：到目前为止，针对以上的数据泄露事件，A 品牌还没有做出任何的回应。

实验前对危机应对策略进行了前测，被试能感知到三种策略的差异，且随后的品牌信任和品牌忠诚都有大幅度下降。符合实验要求。

（2）实验变量测量。

对于消费者隐私关注度的测量，本研究选用的是 Malhotra 等（2004）的 IUIPC 量表。本研究中的量表一共有五部分，包括对消费者隐私关注度、消费者负面情绪（愤怒、失望、后悔）、品牌信任和品牌忠诚的测量。研究的变量测量均参考已有研究的成熟量表，并依据研究的具体情境做了适当的调整。所以变量的测量均采用李克特 7 级量表进行度量，1 表示非常不同意，7 表示非常同意。具体测量题项如表 6-1 所示。

表 6-1　实验测量题项

变量	测量题项
隐私关注度（$\alpha=0.84$）	在软件需要我提供个人信息时，我要考虑一下
	我担心软件收集了太多我的个人信息
	我担心提供给软件的个人信息被第三方获取
	我认为自己能控制被收集的个人信息如何被利用很重要
	我认为软件应该清楚说明将如何使用我的个人信息
	我担心企业将我的个人信息用于其他用途

续表

变量	测量题项
负面情绪（α=0.85）	我对 A 品牌感到愤怒
	我对 A 品牌感到失望
	我后悔使用 A 软件
品牌信任（α=0.89）	A 品牌是值得信赖的
	A 品牌的订票服务是可靠的
	我的个人信息在 A 品牌软件上很安全
	无论何时我总是信任 A 品牌
品牌忠诚（α=0.91）	有需要时，我愿意再次使用 A 品牌软件
	在同类旅行订票软件中，我更喜欢 A 品牌软件
	我会向他人推荐 A 品牌软件
	我会在他人面前称赞 A 品牌软件

品牌信任与品牌忠诚的相关系数为 0.885，非常高，下文将二者合并成一个高阶因子品牌关系进行假设检验。

6.4.2　实验结果分析

采用 SPSS22.0 进行统计分析。有效问卷 262 份，其中，男性占 22.90%，女性占 77.10%。

（1）主效应分析。

以品牌应对策略为自变量，品牌关系为因变量对样本进行方差分析。结果显示，和解策略的品牌关系质量更高（$M_{和解}=3.95$，$SD_{和解}=0.92$），其次是辩解策略（$M_{辩解}=3.47$，$SD_{辩解}=0.98$），最低是缄默策略（$M_{缄默}=3.22$，$SD_{缄默}=1.04$），且三组之间存在显著差异，$F(2, 259)=12.54$，$p=0.00$。这说明面对品牌危机时，企业采取和解策略能获得较高的品牌关系，采取缄默策略对品牌关系的负面影响最大。H1 得到验证。

对消费者负面情绪的分析结果显示，与和解策略和辩解策略相比，缄默策略下消费者的负面情绪更高（$M_{和解}=5.06$，$SD_{和解}=0.90$；$M_{辩解}=5.12$，

$SD_{辩解}=0.88$；$M_{缄默}=5.57$，$SD_{缄默}=0.91$），且三组之间的负面情绪存在显著差异，$F(2, 259)=8.70$，$p=0.00$。这说明面对品牌危机时，企业采取和解策略时消费者经历的负面情绪较低，采取缄默策略时消费者经历的负面情绪最高。

为了进一步阐释隐私关注度、消费者负面情绪和品牌关系三者之间的相关关系，本文采用 Pearson 相关分析法探究它们之间的相关系数。相关分析的结果如表 6-2 所示。

表 6-2　隐私关注度、负面情绪、品牌关系的相关性分析

变量	隐私关注度	负面情绪	品牌关系
隐私关注度	1		
负面情绪	0.40**	1	
品牌关系	-0.15*	-0.38**	1

注：* 表示 p<0.05，** 表示在置信度（双测）为 0.01 时，相关性是显著的.

根据表 6-2 得出，隐私关注度与消费者负面情绪正相关，与品牌关系之间负相关。消费者负面情绪与品牌关系之间在 0.01 层级上显著负相关。

（2）中介效应分析。

本研究使用 Hayes（2013）所提出的 Bootstrap 方法来检验。我们选择模型 4 进行消费者负面情绪在企业应对策略与品牌关系之间，以及在隐私关注度与品牌关系的单纯中介效应分析。结果表明，Bootstrap 检验的置信区间分别为（-0.17，-0.04）和（-0.32，-0.12），均不包含 0。因此，在企业应对策略影响品牌关系和隐私关注度影响品牌关系的路径中，消费者负面情绪的中介作用显著（见表 6-3）。H2 得到验证。

表 6-3　负面情绪的单纯中介效应分析

	Effect	Boot SE	BootLLCI	BootULCI
企业应对策略→负面情绪→品牌关系	-0.0932	0.0342	-0.1744	-0.0386
隐私关注度→负面情绪→品牌关系	-0.2053	0.0506	-0.3176	-0.1175

（3）调节作用分析。

如表 6-4 所示，使用 Hayes（2013）对有调节作用的中介模型进行检验。结果表明，将隐私关注度放入模型后，企业应对策略与隐私关注度的乘积项对品牌关系显著，对消费者负面情绪和品牌信任不显著，说明隐私关注度只在企业应对策略对品牌关系的直接预测中起调节作用，而不能调节应对策略对消费者负面情绪的影响。

表 6-4　直接和间接调节作用分析

	coeff	se	LLCI	ULCI
企业应对策略×隐私关注度→品牌关系	−0. 2014	0. 0889	−0. 3764	−0. 0263
企业应对策略×隐私关注度→负面情绪	−0. 0068	0. 0791	−0. 1625	0. 1490

进一步按照均值、均值加减一个标准差，区分了低、中、高三种隐私关注度，分析了在不同隐私关注度下企业应对策略对品牌关系的影响。表 6-5 的结果表明，对于低隐私关注度的消费者，不同的企业应对策略对于品牌关系的影响没有显著差异，Bootstrap 检验的置信区间为（−0. 3119，0. 0824），该区间包含 0；而对于中等和高等隐私关注度的消费者，不同的企业应对策略对于品牌忠诚的影响具有显著差异，Bootstrap 检验的置信区间分别为（−0. 4082,−0. 1261）和（−0. 6092，−0. 2298），均不包含 0。H3b 得到验证，H3a 不成立。

表 6-5　隐私关注度的直接调节效应分析

隐私关注度	Effect	SE	t	p	LLCI	ULCI
−0. 7566	−0. 1148	0. 1001	−1. 1463	0. 2527	−0. 3119	0. 0824
0. 0000	−0. 2671	0. 0716	−3. 7302	0. 0002	−0. 4082	−0. 1261
0. 7566	−0. 4195	0. 0963	−4. 3547	0. 0000	−0. 6092	−0. 2298

6.5 讨论与管理启示

6.5.1 研究结论

通过实证分析，本研究得出以下结论：

第一，企业应对策略对品牌关系有显著影响。数据泄露发生后，企业采取和解策略的效果最好，和解提供了一种公平、诚实和被尊重的感觉，使消费者有一种被重视的感觉，认为企业关心消费者的隐私安全，从而引发消费者对企业的好感，进而影响消费者的态度和行为。相反，如果企业只是单纯地转移责任或者漠视问题的存在，就会引发消费者的负面情绪，品牌信任和品牌忠诚也将大大降低。

第二，消费者负面情绪在企业应对策略和品牌关系之间发挥着中介作用。这说明，不同的危机应对策略会导致不同程度的消费者负面情绪，消极的危机应对策略，比如缄默策略，会让消费者觉得企业在逃避问题，从而引发消费者更深程度的负面情绪。而积极的危机应对策略，比如和解策略，会安抚消费者的情绪，帮助修复企业的良好形象，这会使消费者更能原谅企业，使品牌信任和品牌忠诚得以提升。

第三，消费者负面情绪在隐私关注度和品牌关系之间发挥着中介作用。隐私关注度与消费者负面情绪为正相关，与品牌关系为负相关。当数据泄露危机发生后，隐私关注度较高的消费者，会产生更大的负面情绪，进而使品牌信任和品牌忠诚大大降低。

第四，隐私关注度调节企业应对策略对品牌关系的影响。企业应对策略与隐私关注度的交互作用对品牌关系有显著影响。在消费者隐私关注度低的时候，不管企业采用何种应对策略，对品牌关系没有显著影响。当隐私关注度为中和高时，企业采取不同的应对策略会对品牌关系有显著差异。

第五，危机应对策略和隐私关注度对品牌关系有不同的贡献。隐私关注度能直接影响消费者的负面情绪，然后间接影响品牌关系，而且作用要大于企业应对策略。隐私关注度对品牌关系没有直接影响，只在企业应对策略对品牌关系的影响过程中起调节作用。

本书的假设通过检验情况如表 6-6 所示。

表 6-6　假设验证情况

假设	验证情况
H1：数据泄露危机中，企业不同的应对策略对品牌关系的影响有显著差异	支持
H2：数据泄露危机中，消费者负面情绪在企业应对策略与品牌关系之间发挥着中介作用	支持
H3a：数据泄露危机中，隐私关注度调节企业应对策略对消费者负面情绪的影响	不支持
H3b：数据泄露危机中，隐私关注度调节企业应对策略对品牌关系的影响	支持

6.5.2　讨论

虽然本书聚焦于大数据时代隐私问题所带来的品牌危机，但是也不能忽视传统品牌管理视角下的消费者决策边界。本节从品牌危机类型和消费者个人因素的角度继续探讨可能的边界条件。国内外关于品牌危机的研究强调，面对不同的危机类型，品牌或企业应该采取不同的应对策略，以提升消费者品牌态度和购买意愿。

(1) 危机类型。

为了深入研究品牌危机的影响，学者们对其进行细致的分类。从危机爆发特点来说，品牌危机可分为突发性和渐进性。突发性品牌危机是指某一事件突然爆发给品牌造成的冲击，人们关注较高的品牌危机大多为该种类型。突发性品牌危机具有短时间传播范围广、影响面大等特点。渐进性品牌危机在短时间内不会引起人们的关注，是长期积累的过程，常常导致顾客满意度下降、顾客流失等后果。目前，学术研究领域对品牌危机的分类也五花八门，如能力型（Competence）和道德型（Morality）；与性能相关（Performance-related）和与价值观相关（Value-related）；公司能力型（Corporate Ability）和社会责任型（Corporate Social Responsibility）等。但综合来看，以上危机类型可以总结为两大类：一类与品牌绩效和企业能力（Competence/Performance/Ability）相关，是指由于企业业务能力的缺乏导致产品和服务出现问题的危机，简称能力型危机。这类事件关乎消费者的切身利益和保障，会引发消费者产生强烈的负面情绪，增加感知风险，进而降低消费者对品牌或产品的评价和购买意愿。

另一类品牌危机与品牌道德和价值观（Morality /Value /CSR）相关，是指企业由于违反道德标准或社会普遍认同的价值观等而引发的危机，简称道德型危机。这类危机一般不会妨碍消费者获得产品功能性利益，但可能危害到他人和社会的利益。以杜嘉班纳（Dolce & Gabbana）辱华事件为例。2018年11月21日，意大利奢侈品牌D&G在上海举办品牌大秀，并且拍摄了视频进行宣传。但是广告内容被指出含有不尊重中国文化、种族主义和思维定式的意味，同时其设计师被曝出在社交网站上发布涉嫌辱华的言论，并称不害怕被曝光，引发争议。杜嘉班纳并未对此事做出回应，只是删除了官方微博上的相关视频。事件愈演愈烈，迅速遭到中国消费者、明星、媒体甚至政府的强烈抵制。原定于2018年11月21日的时装秀中途“流产”，主流媒体纷纷发声批评、已签约内地明星也纷纷解约与其划清界限，更遭到国内网友集体声讨，国内各大电商平台更是纷纷下架其在售商品。

以往研究表明，消费者对危机品牌的感知和评价会受到品牌危机类型的影响。比如，从消费者对品牌预先态度的确定程度（Prior Attitude Certainty）考察消费者的品牌态度。当消费者对品牌预先态度的确定程度较低，且能力型定位的品牌发生能力型危机时，消费者的品牌态度变化（Brand Attitude Revision）高于道德型危机；而当消费者对品牌预先态度的确定程度较高，且能力型定位的品牌发生能力型危机时，消费者的品牌态度变化低于发生道德型危机。也就是说，当品牌发生与其定位相一致的品牌危机时，消费者对品牌预先态度的确定程度会调节其品牌态度。

品牌面临不同类型的危机，如何应对才能把损失降到最低是企业关心的核心问题。国内外关于品牌危机的研究强调，不同的应对策略对消费者品牌态度和购买意愿有不同的影响。比如Raju的研究发现，基于道德的危机对消费者品牌信任的伤害大于能力型危机。因此，他建议企业应该否认道德危机来避免恶化局势，而对能力型危机则应该采取和解策略。然而 Dutta 的研究却认为发生价值关联型危机时，应认错并修正而不是否认。一般来说，当品牌面临的危机主要涉及产品和服务的功能缺陷或属性时，品牌的应对策略应该强调品牌的能力，比如专业的设计团队、优质的供应商和先进的技术等，以强化品牌能力感知，弱化消费者因产品功能危机而产生的品牌能力不足和产品不合格的认知，从而降低品牌危机对购买意愿的负面影响；当品牌面临的危机主要涉及社会行为或道德时，品牌的应对策略应该强调品牌的情感，如重视消费者需求、保障员工基本福利、履行企业社会责任等以提升品牌温情感知，扭转消费者因道德危机对品牌形成的负面认知。

在能力型品牌危机中，消费者更关注感知功能性价值；在道德型品牌危机中，消费者更关注感知情感性价值，所以高情感能量的应对策略有更好的效果。有学者结合危机类型，应对诉求方式和品牌信任，探讨了出现危机后品牌应该采用何种应对诉求，能更有效地提升消费者购买意愿。应对诉求方式指的是企业应对策略的表现形式，是更体现能力还是情感。实验结果表明在能力型危机情境下，采用能力诉求能更有效地提升消费者品牌购买意愿，且品牌能力信任起中介作用；在道德型危机情境下，采用温情诉求能更有效地提升消费者品牌购买意愿，且品牌善意信任起中介作用。以“勒索病毒”事件为例，360 官方宣传“360 安全卫士”已防御此类勒索病毒，如果您不幸遭遇此类木马，360 将帮您支付比特币，并全力恢复您的加密文档”，而腾讯管家的宣传是“管家主动防御系统已提供漏洞防御、主动拦截等多层防勒索保护”。360 强调对用户的关心和补偿，以温情诉求应对；腾讯则强调其产品保护用户的能力，以能力诉求应对。此次病毒事件属于能力型危机，腾讯的应对方式更有利于挽回用户信任，维护品牌关系。

企业应对品牌危机时，有一种较为特殊的“抢雷”策略，即企业主动揭露危机信息。有学者从组织合法性角度，分析了抢雷策略的修复效果。能力危机主要由产品功能缺陷引起，因而主要威胁消费者对品牌价值实现其利益的信任，即品牌的实效合法性。这时企业进行的社会沟通和危机处理越及时，越有利于保护品牌的合法性。与道德型危机相比，能力型危机对消费者品牌满意度和购买决策造成的影响更大。因此，在面对能力型危机时，消费者会更加需要与品牌核心功能利益有关的真实信息。此时企业如果能顺应消费者需求，快速发布有关产品的真实信息，就能及时减少消费者的担忧和怀疑，保护品牌的合法性基础，反之就会使危机品牌因媒体的广泛宣传而陷入合法性陷阱。简单来说，在能力型危机情境下，企业抢雷相对于不抢雷，能取得更好的品牌危机修复效果。而在道德危机情境下，该类型危机主要由品牌违背社会规范或道德准则引起，因而主要威胁消费者对品牌与社会规范一致性的评价，即品牌的道德合法性。道德合法性是企业在一定的环境下自发形成的，难以进行直接的管理。与企业能力危机相比，企业社会责任危机使利益相关者感知的危机严重性更高，进而对企业的声誉评价造成更大的损害。这说明，在道德型危机下，企业抢不抢雷都很难减少危机对品牌道德合法性产生的负面影响，也无法降低消费者感知的危机严重性，进而不利于品牌危机的修复。因此，在道德型危机情境下，企业抢不抢雷对消费者感知品牌可靠性和品牌危机修复效果的影响无显著差异。

品牌实力（强势 vs. 弱势）和危机类型对网络外溢效应具有交互影响。网络外溢效应是指网络上对一个品牌的负面评价会影响到另一个品牌。网络外溢效应分为传染型和对比型。传染效应说明品牌危机对行业其他竞争品牌产生了相似的负面影响，而对比效应则是品牌危机对其他品牌产生相反的影响。当品牌发生能力型危机时，相较于弱势品牌，强势品牌更易出现传染型网络外溢效应；当品牌发生诚信型危机时，相较于强势品牌，弱势品牌更易出现对比型网络外溢效应。其背后原因在于消费者动机在品牌实力和网络外溢效应之间发挥了中介作用。当强势品牌发生能力型危机事件，消费者产生的保护性动机会导致传染型外溢。当弱势品牌发生诚信型危机事件，消费者产生的准确性动机会导致对比型网络外溢效应。

（2）消费者特征。

品牌危机事件屡见不鲜，但消费者对其产品的购买情况却不尽相同。在现实生活中，个人的价值观、思维模式甚至社会地位均有其自身烙印，影响消费者对品牌危机的心理认知和实际行为。因此，在品牌危机管理领域探讨个人特质对品牌关系的影响是十分必要的。

人的认知思维方式可以分为整体性思维和分析性思维，前者是指人们更倾向于将事物和其环境看成一个整体，并偏好于用这种思维来解释事物间的联系，较容易观察到事物间的表面联系；而后者是指人们习惯于将环境与事物剥离开来，并且关注个体的独立特点，较容易关注到事物的本质属性。在面对品牌危机信息时，整体性思维模式的消费者倾向于将情境与焦点事物联系起来，对危机的归因更注重与大环境相结合，这使他们更容易对品牌外在的道德型危机产生溢出效应，认为竞争品牌也会发生同样的道德危机。分析性思维模式的消费者倾向于忽视情境信息和事物之间的联系，更关注将焦点事物从环境中分离出来就事论事，这使他们更容易对涉及品牌本质的质量型危机产生溢出效应，认为竞争品牌也更容易发生同样的质量危机。

思维方式在信息流畅性对消费者品牌危机评价的影响中起调节作用。信息流畅性是指从信息源获取信息时，人们自身感知到的获取信息的难易程度。信息的流畅性越高，人们越容易获取和理解信息。信息流畅性是一个相对主观的概念，是由个体感知到的信息流畅性，而非客观存在的流畅性。流畅性可分为加工流畅性和提取流畅性两类，其中前者是指在处理外界信息时的感知流畅度，而后者是指在回忆或检索相关信息时的感知流畅度。对于分析性思维方式的消费者，信息流畅性对消费者品牌危机评价具有正向影响；对于持有整体性思维方式的消费者，信息流畅性对消费者品牌危机评价无显著影响。总的来说，企业在应对品牌危机时，无论品牌危机为何种类型，均应尽量使用高流畅性信息。如在选择文案及声明时，应尽量选择简洁、直接的表述方式；或者通过广告和宣传语等手段加强消费者的整体性思维操纵，进而使品牌危机的负面效应降到最低。

社会阶层是指人们在社会层次结构中所处的地位，文献中也常使用社会经济地位进行替换。它既可以来源于客观的社会资源（物质资源、教育程度、职业等）的差异，形成客观社会阶层，还可以来源于自我与其他人比较而感知到的差异，形成主观社会阶层。近年来，社会阶层如何影响人们的心理和行为作为新兴领域受到了越来越多关注。社会阶层和国家、种族等社会身份一样，会对人们的思维方式和行为倾向产生影响。一般来说，社会阶层高的人在成长过程中获得了较好的物质、教育等资源，生活压力较小，行为相对独立自我，有唯我主义的社会倾向。该倾向主要表现为关注自身利益和目标，遵循内心的动机和情感，移情能力较低，甚至会为了自身利益参与不道德行为。而社会阶层低的人获得的资源有限，生活中常常伴随不确定性和不可预测性，承受较多生活压力。他们擅于借助外部环境和他人支持来实现目标，有情境主义的社会倾向。该倾向主要表现为具有同情心和同理心，愿意从事亲社会行为。

结合对品牌危机的研究可知，道德型品牌危机一般不会伤害该品牌的产品质量或服务水平，也并不影响消费者获得功能性利益。因此，在面对没有伤害到消费者切身利益的道德型危机时，高社会阶层的消费者比较容易原谅，并可以考虑继续购买危机品牌的产品。低社会阶层的人关注他人利益和目标，环境因素对他们的影响较大，而道德型危机很可能会给他人和整个社会环境带来负面影响，因此，相比于高社会阶层的人，他们无法接受道德型危机带给他人或社会的伤害，对品牌的评价会大打折扣，购买该品牌的产品和服务的意愿也会降低。总的来说，道德型危机对高社会阶层消费者的消极影响小于低社会阶层消费者，具体表现为高社会阶层（vs. 低社会阶层）消费者的购买意愿更高，对品牌的评价也更积极。然而，能力型危机会直接危害到所有消费者的利益，因此尽管高社会阶层和低社会阶层的社会导向不同，购买意愿和品牌评价都会受到负面影响。

（3）品牌群危机。

品牌群危机是指在若干消费者的认知中所共同建构的他们与某一特定品牌群体之间的关系冲突状态，表现为消费者群体与品牌群体的冲突过程。有学者从群体冲突的角度探究两者之间的关系。社会比较理论认为，改变自己的行为以缩小与他人的差距是人们的一种基本动机。而群体成员的社会比较倾向将会决定对比较结果的评价及群际关系的变化。如果是令人不满的人际社会比较会导致个体相对剥夺感，令人不满的群际社会比较将导致群体相对剥夺感。社会比较倾向越高，相对剥夺感越强。面对品牌群体危机时，消费者群体的社会比较倾向并不完全一致，于是产生了不同的感知和评价。一般来说，社会比较倾向越高，就越容易受到社会比较信息的影响，从而影响品牌评价和满意度。即社会比较倾向越高，剥夺感越敏感，消极情绪越严重。

企业群体应对品牌群危机时应当关注消费群体认同和社会比较过程。在面对品牌群危机时，涉事企业常常互相推诿，而消费者却借助网络平台集结成群。所以企业群体也应当联合应对。一方面，快速响应危机，在消费者形成群体之前降低其相对剥夺感，减少消极群际情绪的传染；另一方面，利用消费群体成员社会比较倾向存在差异的客观条件，降低他们的消费总成本，提供能够达到或超过补救预期的修复策略，从而降低他们的相对剥夺感和消极群际情绪，避免群际关系冲突的发生。

6.5.3　管理启示

数据泄露危机事件的发生是突然的且无法预料的，它会破坏良好的企业形象，破坏企业的声誉，给企业带来难以想象的伤害。因此企业如何有效处理数据泄露危机就显得至关重要。本书的研究结果对数据泄露危机沟通和管理提供了几点启示：

第一，事后危机沟通中，企业采用有效的危机应对策略至关重要。当数据泄露事件发生时，企业应该及时找出解决方案，选择有效的应对策略，来恢复企业形象，防止品牌关系断裂。当企业采用积极的应对策略时，比如和解策略，会让消费者感受到企业的真诚和关心，从而缓和消费者的负面情绪，这有助于修复企业积极的形象并赢得消费者的信任。而采用消极策略，比如辩解或缄默策略，会引发消费者更大的负面情绪，激怒消费者，令他们感到后悔和失望，从而影响品牌信任，降低品牌忠诚。因此，在面对数据泄露危机事件时，企业在选择何种应对策略处理危机时应该认真思考。在危机发生前，就应该成立专门的公关小组，提前准备好应急预案，以防危机的突然发生而措手不及。此外，在危机发生后，应当及时地去解决问题，而不是视而不见，逃避责任，这样反而会加剧危机的恶化程度。选择适当的危机应对策略进行妥善处理，终能获得消费者的谅解，修复企业的良好形象，有助于企业的稳定发展。

第二，为了能降低企业应对数据泄露危机的成本，我们建议选择采取何种应对策略时，应考虑隐私关注度的影响。当用户在该软件新注册的时候，可以通过问卷的形式了解消费者的隐私关注态度。从而在发生数据泄露危机时，可以根据企业应对策略和隐私关注度对品牌关系直接和间接的影响，选择最优的应对策略，达到降低成本的同时，最终对品牌关系修复的效果相差甚大。

第三，加强预防措施是必要的。在数据泄露事件发生后，企业不管采取何种应对策略，品牌信任都要低于原来的品牌信任程度。因此，每个企业都需要在预防数据泄露的发生方面做出努力。

6.5.4 研究局限与展望

本研究分析了企业应对策略对品牌信任和品牌忠诚的影响，取得了一些有意义的结论，为企业的管理实践提供了有益的帮助，但是由于危机情境的复杂性，研究方法所能控制因素的局限性及研究样本范围的局限，使得本研究存在以下不足：

(1) 样本范围的局限。在实验样本的选取上，本书的样本集中为在校大学生样本，且大部分是女性，样本选择比较单一。本书也没有考虑样本的收入水平和消费能力，被试者的地理范围主要是广东省内地区。因此，对于本研究中取得一些结论，在推广性方面会受到影响。在未来的研究中可以选择一些覆盖面更为庞大的群体。

(2) 刺激物的局限。出于研究目的的需要，本书采用了“被试生活中最常用的 A 品牌旅游订票软件”作为刺激物，对实验结果会有一定的影响。因为消费者对于现实中真实品牌具有一定的思维定式，这些态度不可避免地会对实验产生影响。另外，本书的情境设计只涉及旅游订票行业，数据泄露危机的爆发还会涉及其他行业，所以本书的研究结果是否适用于其他行业还需要进一步研究。未来的研究可以选取更为广阔的行业领域范围进行实验。

（3）研究方法的局限。本书的研究是根据实验法来进行的，使被试者处于实验设置的情境之下去填写问卷，从而得到原始数据来进行数据分析的。这些情境设计并不是真实的现实情况，不能给予被试者直接的感官冲击，数据的真实性可能会受到影响，可能会存在一定的数据误差。

6.6　案例分析——万豪酒店数据泄露事件

（1）万豪酒店简介。

万豪国际酒店集团公司，即万豪国际集团，是全球首屈一指的国际酒店管理公司和入选《财富》全球 500 强名录的企业，多次被世界著名商界杂志和媒体评为首选的酒店业内最杰出的公司。万豪拥有遍布全球 131 个国家和地区的超过 7000 家酒店和 30 个品牌，年营业额近 200 亿美元。万豪国际集团创建于 1927 年，总部位于美国马里兰州贝塞斯达，雇用约 300000 名员工。

首家万豪（Marriott）酒店于 1957 年在美国华盛顿市开业。在 1987 年万豪公司收购了“旅居”连锁酒店（Residence Inn）。同年，推出经济型的（Fairfield Inn）和万豪套房酒店（Marriott Suites）两个新品牌酒店。1995 年，收购了全球首屈一指的顶级豪华连锁酒店公司——丽嘉酒店（Ritz-Carlton），这一举措使万豪成为首家拥有各类不同档次优质品牌的酒店集团。1997 年，相继完成了对万丽连锁酒店公司（Renaissance）及其下属的新世界连锁酒店（New World），以及华美达国际连锁酒店（Ramada International）的收购。此举使万豪国际集团在全球的酒店数量实现了大幅增长，特别在亚太地区，一跃成为规模领先的酒店集团。2016 年 6 月万豪以 136 亿美元成功收购喜达屋，成为全球最大酒店集团，此时合计拥有逾 6500 家酒店。

（2）数据泄露事件。

2018 年 11 月 30 日，万豪国际酒店集团在其官网、微博等多个社交平台发布声明，其公司旗下的喜达屋酒店的一个顾客预订数据库遭到黑客入侵，约 5 亿顾客的信息可能遭到泄露。喜达屋旗下酒店包括瑞吉酒店、威斯汀酒店、喜来登酒店、雅乐轩酒店、福朋酒店以及 W 酒店等品牌。消息公布后，万豪国际美股盘前跌逾 5%。

从声明中我们了解到整件事情的始末。2018 年 9 月 8 日，万豪国际收到一条内部安全工具发出的关于第三方试图访问喜达屋宾客预订数据库的警报。万豪国际迅速聘请了权威安全专家帮助确定已发生的情况。万豪国际在调查过程中了解到，自 2014 年起，即存在第三方对喜达屋网络未经授权的访问。如今未经授权的第三方已复制并加密了某些信息，并采取措施试图将这些信息移出。2018 年 11 月 19 日，万豪国际成功解密这些信息，并确定信息的内容来自喜达屋宾客预订数据库。数据库中包含 2018 年 9 月 10 日或之前曾在喜达屋酒店预订的约 5 亿名客人的信息。

其中，高达 3. 27 亿人次的泄露信息包括名字、邮寄地址、邮箱地址、电话号码、护照号码、SPG 俱乐部账户信息、出生日期、性别、到达和离店信息、预订日期和通信偏好等。相较于以往，此次事件更为严重的是，一些客人的支付卡号和卡片有效期也可能在泄露之列。尽管万豪国际表示，对这些数据都已经进行了加密，但目前无法排除这两个信息已经被窃取的可能性。如果黑客掌握破解了密钥即会造成这部分客人的直接损失。

对于一些商家而言，酒店住客所登记的真实信息具有很高的商业价值，获得这些数据可以使商家掌握消费者的行为和消费习惯。而这些信息如果落入非法分子手中，将会沦为非法牟利的工具。比如利用他人的真实信息注册虚假身份，进行违法犯罪；或通过获取用户更多精准有效的数据，进行敲诈、勒索、多重洗劫账号等。

有业者指出，从此次泄露的这些信息已经可以构成一个完整的个人信息大数据库。如此大规模的信息泄露事件却并未被货币化，不少专家怀疑可能不是黑客的个人行为，或许是有组织和有规划的窃取。

（3）数据泄露原因。

在过去一年全球共发生 945 起信息泄露事件，导致 45 亿条信息泄露。比如，Twitter 的密码散列出现问题，导致无法对密码进行加密并以纯文本格式保存，此次事件影响了 3. 3 亿用户；华住集团被爆数据泄露，用户信息在暗网公开出售，标价 8 个比特币（当时的市值大约等价 37 万元人民币），被泄露用户信息近 5 亿；Under Armour 旗下软件 My Fitness Pal 泄露 1. 5 亿用户数据；谷歌旗下开发平台 Firebase 泄露超过 1 亿用户敏感信息；Quora 被第三方软件恶意攻击，1 亿用户数据遭遇泄露风险；Facebook 大约有 1. 47 亿账户暴露在漏洞之下；Uber、Ticket Fly、英国航空、新加坡航空等公司均未能幸免。

近年来，数据泄露越发频繁，究其根源，主要是因为：

企业数据安全意识不够。首先是归结于企业自身对数据安全不重视，一方面从企业到普通用户，对个人的隐私没有很强烈的感知；另一方面是很多企业都忙着生产和发展，对于安全信息相关投入是滞后的。尽管一些大型连锁酒店都组建了自己的技术团队，但显然在信息安全方面并没有做好足够的准备。随着大数据、人工智能、云计算等技术的不断深入发展，管理系统开放的接口越来越多，对于互联网的依赖性越来越大，加之大型连锁酒店集团是多品牌、多地点、多市场的运营模式，近年来又不断跨境、跨区域扩张规模，整合吞并其他品牌，其系统的承载能力、防御功能、更新匹配能力都面临挑战。在信息化管理和保障方面不具备特殊优势的情况下，网络攻击事件便防不胜防。

安全管理意识传递不到位，企业对员工的安全意识缺乏足够的教育。对于华住酒店用户入住信息被泄露一事，安全人员分析后认为，是华住公司程序员为了方便，把公司测试平台的账号密码上传到 GitHub 导致的，黑客利用这个漏洞，随便找个正常的工具就能下载整个数据。

企业对数据泄露存在规避责任的侥幸心理。国际或者国内有数据安全相关的法律法规、政策指引，比如对于重要的信息系统，都有要求做等级保护，尤其面对巨大的用户信息时。超级科技网络安全团队认为，企业设置安全基础线不只是要解决安全防护有无的问题，还需要有足够的经营安全专家，把系统用好，真正对数据负责，不能存在侥幸心理。

其实，喜达屋并不是第一次出现大规模数据泄露问题。在被收购之前，喜达屋在 2015 年已被爆出，因 POS 恶意软件入侵，导致旗下 54 家酒店全部客户信息泄露。

根据万豪国际的公告，此次攻击至少从 2014 年开始。而 2015 年喜达屋被 POS 恶意软件入侵的调查报告中，指出 POS 恶意软件入侵也是从 2014 年开始的。所以有理由相信 2014 年喜达屋遭到了有组织的黑客入侵，入侵规模和范围都比喜达屋 2015 年发现的更严重，2018 年万豪数据安全事件可能是因为 2015 年喜达屋未完全清理 IT 系统木马后门导致。同时此次事件爆发后万豪进行数据转移，淘汰喜达屋的系统，也从侧面印证了，或许直到现在喜达屋系统中的后门和木马也并未被全部发现并清理，为了防止再次发生类似事件，万豪决定彻底弃用喜达屋整套 IT 系统。

此次万豪安全事件，大部分人都认为是 2015 年喜达屋未完全清理 IT 系统木马后门导致。安全不是简单的边界和外网安全，内网安全尤其是数据库安全更加关键。如果万豪酒店集团数据安全意识高，必然会使用适当的安全工具对数据库定期扫描，这样或许能早点发现黑客在预订数据库中残留的木马、后门，从而不会发生现在的 5 亿数据泄露事件。

（4）黑客动机分析。

酒店业的数据盗取事件一直层出不穷。这和酒店业天生对外接口多且业务复杂，给黑客更多入侵的机会有一定关系。但黑客组织一直盯着酒店业数据的主要原因，不是酒店业易于入侵的 IT 环境，而是酒店业数据中自带的巨大经济效益。根据多年对黑客入侵趋势的研究，如今的黑客攻击都是以隐匿自己、快速折现为目的。恰好酒店业有一种数据满足黑客上述要求。

此次万豪声明外泄的数据包含：姓名、邮寄地址、电话号码、电子邮件地址、护照号码、SPG 俱乐部账户信息、出生日期、性别、到达与离开信息、预定日期和通信偏好、支付卡号和支付卡有效期。包含万豪在内大部分酒店把安全防护重点放在泄露的支付卡号和支付卡有效期这两组数据上，但实际上除非黑客只希望用这笔数据挣一次钱，否则绝对不会尝试盗刷信用卡或出售用户数据。黑客隐藏了 4 年才被意外发现，说明黑客之前并未大规模贩卖盗取的个人信息和信用卡信息。

从 2013 年开始黑市上的个人信息质量大幅下降。只有一些小型的黑客团伙还在交易个人信息。大型黑客团伙已经放弃通过倒卖个人信息牟利，而是通过对数据的深度挖掘和利用进行牟利。信用卡信息确实在黑市有很大市场，但一旦盗刷，很快会被用户发现。加上用户安全意识的提高以及银行采取的各种措施，很可能盗刷失败，同时还会暴露自己。

万豪公布的被盗数据中的 SPG 俱乐部账号信息才是黑客盗取的主要目标。酒店为了吸引回头客一般会给自己的会员提供忠诚度积分。忠诚度积分可以用来进行换住宿、换机票、换购物卡等一系列有价值的商品。忠诚度积分一定会设计成被用户易于使用。大部分忠诚度积分都是可以从用户 A 转移到用户 B 处。

SPG 也不例外，SPG 的忠诚度积分也可以兑换多种有价值的东西，同时支持积分转移能力。SPG 积分在 Dream Market、Olympus and Berlusconi Market 等线上黑市都有巨大交易额，在黑市 1 个 SPG 积分价格在 5 美分左右（官网价格 35 美分）。获得 SPG 俱乐部账号和用户电话号后，黑客可以很容易地把用户的 SPG 积分转移出来进行出售。大部分用户搞不清楚自己具体的积分数量。所以只要黑客对 5 亿用户每次只转移有限的积分，就可以稳定持续地利用 SPG 忠诚度积分赚钱，而不被发现。

（5）事件处理与结果。

对于此事件的处理，万豪国际方面表示，已经报知司法部门，后续将继续协助调查。此外，万豪国际也通知了相关监管机构。

万豪国际的 CEO 苏安励先生对此次事件表达了深深的歉意，并表示目前正在采取积极行动，努力确保顾客能够通过专门的网站和电话服务中心获得有关其个人信息问题的回应，不遗余力地帮助受影响的顾客。同时，他们正在准备全面淘汰喜达屋系统，加速提升网络安全的相关工作，与权威安全技术专家合作改进。

在数据泄露后，万豪国际采取了以下措施来协助顾客检测和保护个人信息。建立专门的网站和电话服务中心来回应顾客对此次事件的咨询，网站上实时更新顾客的常见问题。从 11 月 30 日起，万豪酒店通过邮件告知所有受影响的喜达屋客户，关于此次数据安全事件的消息，同时提供一年免费注册 WebWatcher 监控工具的机会。WebWatcher 可以检测涉及共享个人信息的网站，一旦发现任何个人信息泄露，就会发出警告。不过需要注意的是，由于各国法律规定及政策原因，WebWatcher只向英国、美国、加拿大三个国家的用户提供。

对于这起事件的大部分细节，万豪表示尚不清楚，并有待调查。该公司正在调查网络攻击的各个方面，包括它是如何发生的，是否访问了未加密的支付数据，或者为什么在2014年入侵开始时安保程序没有被激活，以及其他细节。由于黑客开始入侵的时间在万豪收购喜达屋之前，有舆论质疑万豪在与竞争对手喜达屋的合并之前是如何进行网络安全尽职调查的。

在万豪酒店数据泄露事件后，已有用户利用法律手段开始进行维权。就在万豪国际官方宣布该事件之后的数小时内，两家美国诉讼集团代表众多消费者向万豪国际提起集体诉讼。相关法律顾问表示，“侵权行为地法”原则是一般侵权适用原则，而一起大规模的侵权案件，具有管辖权的不仅是侵权人所在国，受害人所在国通常也具有管辖权。因此，未来不排除万豪国际要面临更多的诉讼。

此次万豪酒店用户数据泄露事件，不仅影响了这家酒店集团的品牌声誉，而且也会导致用户担忧万豪酒店集团能否做好自身信息安全工作。2019年7月，英国数据隐私监管机构宣布，万豪酒店集团因在2018年发生数据泄露将面临1.24亿美元的罚款。

(6) 结论和启示。

技术演进催生更多复杂场景，相伴相生更多新问题。随着云计算、大数据等新型IT技术的演进，数据泄露的势头不仅没有止步反而愈演愈烈。尤其在大数据场景下，数据从多个渠道大量汇聚，数据类型、用户角色和应用需求更加多样化，访问控制面临诸多新的问题。数据安全已到了非管不可的程度。数据泄露已经成为当下网络时代的一个无法抹去的主角。人类社会从未经历过如此大规模数据“满天飞”的时代，动辄上百万甚至上亿批量的用户信息被泄露，下至亿万网民上至政府要员都也不能幸免。大数据时代的来临，企业和个人数据隐私信息时刻面临着被泄露的风险，我们需要国家、企业、个人三方面结合起来，才能建立一个安全的网络环境。

政府应加大数据泄露事件执法力度。执法部门有必要加强网络技侦和取证技术手段，加大执法力度，对数据泄露的作案者和责任人依法采取惩处措施，改变数据泄露事件发生多、惩处少的现状。同时为个人因数据被泄露进行权益申诉提供更加高效、方便的渠道。

数据持有者应将保护用户数据安全放在更重要的位置上。大规模数据泄露如果得不到有效制止，不仅损害网民利益，而且会动摇社会安全根基。应从法律角度赋予数据持有者更大的保护义务，促使其采取更加完善有效的安全技术手段和管理措施。例如 3 月 27 日，美国议会提交《参议院网络安全保护法案》，加大对参议员及其身边工作人员的个人手机和电脑的安全保护。

对企业而言，数据泄露的方式大致分为黑客攻击、内部泄露和软件漏洞等，企业在整个业务流程开始时就应该认真考虑安全因素。在架构设计层面有明确的授权管理、用户认证和日志审计要求。必要的漏洞修复和架构升级需要有专业技术人员负责。内部安全管理不完善以及能力不足不容忽视。部分企业甚至大型互联网企业内部，安全管理制度松懈或得不到有效执行，造成数据主动泄露。同时，具备足够的技术能力必不可少，例如正确配置服务器、采取必要的数据加密措施等，避免给黑客留下可乘之机。

如果用户想要避免自身利益受损，也可以采取一些安全措施，比如使用复杂而独特的密码；在社交平台发布内容前多次调整；使用信用卡进行网上购物，如果财务信息泄露，欺诈性收费的责任就会减少；仅对外提供必要信息，信息提供越少，泄露的就可能越少；在终端设备上选择一些安全防护软件；如果数据已被通知泄露，请立即更改密码并采取相应公司建议。

客人们出示个人信息以配合酒店登记入住的同时，酒店就有义务保护好住客们的信息安全。万豪酒店集团没有履行好保护顾客个人信息安全的义务，未能实现消费者的预期，导致顾客心理契约破坏，对品牌形象、品牌忠诚和信任都产生了负面影响。这些血的教训，希望能够让全球的酒店集团以及各行业对于数据安全、保护用户隐私等问题有更积极的意识，能够快速升级网络构架，建立信息安全体系，尽到足够的保护责任，防止数据泄露事件的发生。

本章小结

企业应对策略对品牌关系有显著影响。数据泄露发生后，企业采取和解策略的效果最好，和解提供了一种公平、诚实和被尊重的感觉，使消费者有一种被重视的感觉，认为企业关心消费者的隐私安全，从而引发消费者对企业的好感，进而影响消费者的态度和行为。相反，如果企业只是单纯地转移责任或者漠视问题的存在，就会引发消费者的负面情绪，品牌信任和品牌忠诚也将大大降低。

消费者负面情绪在企业应对策略和品牌关系之间发挥着中介作用。这说明，不同的危机应对策略会导致不同程度的消费者负面情绪，消极的危机应对策略，比如缄默策略，会让消费者觉得企业在逃避问题，从而引发消费者更深程度的负面情绪。而积极的危机应对策略，比如和解策略，会安抚消费者的情绪，帮助修复企业的良好形象，这会使消费者更能原谅企业，使品牌信任和品牌忠诚得以提升。

隐私关注度调节企业应对策略对品牌关系的影响。企业应对策略与隐私关注度的交互作用对品牌关系有显著影响。在消费者隐私关注度低的时候，不管企业采用何种应对策略，对品牌关系没有显著影响。当隐私关注度为中和高时，企业采取不同的应对策略会对品牌关系有显著差异。

参考文献

[1] 方正，江明华，杨洋，等．产品伤害危机应对策略对品牌资产的影响研究——企业声誉与危机类型的调节作用［J］．管理世界，2010（12）：105-118.

[2] 蒋骁，季绍波．网络隐私关注与行为意向影响因素的概念模型［J］．科技与管理，2009（5）．

[3] 李睿，张锐剑，李文立，等．移动互联网环境下的隐私泄露容忍度测度方法［J］．管理评论，2016，28（7）：102-111.

[4] 任金中，景奉杰．产品伤害危机模糊情境下危机响应调节匹配对宽恕的影响［J］．管

理学报，2015，12（4）：583.

［5］涂铭，景奉杰，汪兴东．产品伤害危机群发属性如何影响补救预期［J］．商业经济与管理，2013（8）：53-62.

［6］王娟，陆克斌．产品伤害对消费者品牌信任的影响——一个动态研究［J］．长春理工大学学报（社会科学版），2016，29（4）：96-102.

［7］王忠．大数据时代个人数据隐私泄露举报机制研究［J］．情报杂志，2016，35（3）：165-168.

［8］卫海英．品牌危机管理：基于品牌关系视角的研究［M］．广州：暨南大学出版社，2011.

［9］温石松．顾客价值与网络忠诚度之关系［D］．国立中兴大学，2002.

［10］徐小龙，苏勇．产品伤害危机下消费者—品牌关系断裂研究［J］．中南财经政法大学学报，2012（2）：43-49.

［11］阎俊，佘秋玲．消费者抵制的心理机制研究［J］．营销科学学报，2010，6（2）：98-110.

［12］杨姝，王渊，王刊良．互联网环境中适合中国消费者的隐私关注量表研究［J］．情报杂志，2008，27（10）：3-7.

［13］周涛，鲁耀斌．隐私关注对移动商务用户采纳行为影响的实证分析［J］．管理学报，2010，7（7）：1046.

［14］Aaker D. A. Management Brand Equity［J］. Conversations with Marketing Masters，1991：26-44.

［15］Acquisti A.，Friedman A.，Telang R. Is There A Cost to Privacy Breaches? An Event Study［J］. ICIS Proceedings，2006：94.

［16］Ahluwalia R.，Burnkrant R. E.，Unnava H. R. Consumer Response to Negative Publicity：The Moderating Role of Commitment［J］. Journal of Marketing Research，2000，37（2）：203-214.

［17］Bansal G.，Zahedi F. M. Trust Violation and Repair：The Information Privacy Perspective［J］. Decision Support Systems，2015（71）：62-77.

［18］Bottom W. P.，Gibson K.，Daniels S. E.，et al. When Talk is Not Cheap：Substantive Penance and Expressions of Intent in rebuilding Cooperation［J］. Organization Science，

2002, 13 (5): 497-513.

[19] Campbell A. J. Relationship Marketing in Consumer Markets: A Comparison of Managerial and Consumer Attitudes about Information Privacy [J]. Journal of Interactive Marketing, 1997, 11 (3): 44-57.

[20] Chen H. S., Jai T. M. C. Cyber Alarm: Determining the Impacts of Hotel's Data Breach Messages [J]. International Journal of Hospitality Management, 2018, 0278-4319.

[21] Choi Y., Lin Y. H. Consumer Response to Crisis: Exploring the Concept of Involvement in Mattel Product Recalls [J]. Public Relations Review, 2009, 35 (1): 18-22.

[22] Cleeren K., Van Heerde H. J., Dekimpe M. G. Rising from the Ashes: How Brands and Categories Can Overcome Product-harm Crises [J]. Journal of Marketing, 2013, 77 (2): 58-77.

[23] Cockcroft S., Heales J. National Culture, Trust and Internet Privacy Concerns [J]. ACIS Proceedings, 2005: 65.

[24] Confente I., Siciliano G. G., Gaudenzi B., Eickhoff M. Effects of Data Breaches from User-generated Content: A Corporate Reputation Analysis [J]. European Management Journal, 2019, 37 (4): 492-504.

[25] Dawar N., Lei J. Brand Crises: The Roles of Brand Familiarity and Crisis Relevance in Determining the Impact on Brand Evaluations [J]. Journal of Business Research, 2009, 62 (4): 1-516.

[26] Delgado - Ballester E., Munuera - Aleman J. L. Brand Trust in the Context of Consumer Loyalty [J]. European Journal of Marketing, 2001, 35 (11/12): 1238-1258.

[27] Delgado-Ballester E., Munuera-Aleman J. L., Yague-Guillen, M. J. Development and Validation of a Brand Trust scale [J]. International Journal of Market Research, 2003, 45 (1): 35-54.

[28] Dinev T., Hart P. Internet Privacy Concerns and Social Awareness as Determinants of Intention to Transact [J]. International Journal of Electronic Commerce, 2005, 10 (2): 7-29.

[29] Dutta S., Pullig C. Effectiveness of Corporate Responses to Brand Crises: The Role of Crisis Type and Response Strategies [J]. Journal of Business Research, 2011, 64

(12): 1281-1287.

[30] Eastlick M. A., Lotz S. L., Warrington P. Understanding Online B-to-C Relationships: An Integrated Model of Privacy Concerns, Trust, and Commitment [J]. Journal of Business Research, 2006, 59 (8): 877-886.

[31] Fournier S. Consumers and Their Brands: Developing Relationship Theory in Consumer Research [J]. Journal of Consumer Research, 1998, 24 (4): 343-353.

[32] Griffin M., Babin B. J., Attaway J. S. An Empirical Investigation of the Impact of Negative Public Publicity on Consumer Attitudes and Intentions [J]. Advances in Consumer Research, 1991, 18 (1): 334-341.

[33] Gwebu K. L., Jing W., Li W. The Role of Corporate Reputation and Crisis Response Strategies in Data Breach Management [J]. Journal of Management Information Systems, 2018, 35 (2): 683-714.

[34] Hayes A. F. Introduction to Mediation, Moderation, and Conditional Process Analysis: A Regression-based Approach [J]. Journal of Educational Measurement, 2013, 51 (3): 335-337.

[35] Henard D. H. Negative Publicity: What Companies Need to Know about Public Relations [J]. Public Relations Quarterly, 2002, 47 (4): 8-12.

[36] Holbrook M. B., Hirschman E. C. The Experiential Aspects of Consumption: Consumer Fantasies, Feelings, and Fun [J]. Journal of Consumer Research, 1982, 9 (2): 132-140.

[37] Hong W., Thong J. Y. L. Internet Privacy Concerns: An Integrated Conceptualization and Four Empirical Studies [J]. Social Science Electronic Publishing, 2013, 37 (1): 275-298.

[38] Izard C. E. Basic Emotions, Relations among Emotions, and Emotion-cognition Relations [J]. Psychological Review, 1992, 99 (3): 561-565.

[39] Kim H. J., Cameron G. T. Emotions Matter in Crisis: The Role of Anger and Sadness in the Publics' Response to Crisis News Framing and Corporate Crisis Response [J]. Communication Research, 2011, 38 (6): 826-855.

[40] Lau G. T., Lee S. H. Consumers' Trust in a Brand and the Link to Brand Loyalty [J].

Journal of Market-Focused Management, 1999, 4 (4): 341-370.

[41] Laufer D., Silvera D. H., Meyer T. Exploring Differences between Older and Younger Consumers in Attributions of Blame for Product Harm Crises [J]. Academy of Marketing Science Review, 2005 (1) .

[42] Lazarus, Richard S. Progress on a Cognitive-motivational-relational Theory of Emotion [J]. American Psychologist, 1991, 46 (8): 819-834.

[43] Malhotra N. K., Agarwal K. J. Internet Users' Information Privacy Concerns (IUIPC): The Construct, the Scale, and a Causal Model [J]. Information Systems Research, 2004, 15 (4): 336-355.

[44] Marcus A. A., Goodman R. S. Victims and Shareholders: The Dilemmas of Presenting Corporate Policy During a Crisis [J]. The Academy of Management Journal, 1991,. 34 (2): 281-305.

[45] Mcdonald L., Glendon A. I., Sparks B. Measuring Consumers' Emotional Reactions to Company Crises: Scale Development and Implications [J]. Advances in Consumer Research Association for Consumer Research (U. S.), 2012 (39): 333-340.

[46] Mcdonald L. M., Sparks B., Glendon A. I. Stakeholder Reactions to Company Crisis Communication and Causes [J]. Public Relations Review, 2010, 36 (3): 263-271.

[47] Ortony A., Clore G. L., Collins A. The Cognitive Structure of Emotions [M]. Cambridge University Press, 1990.

[48] Rifon N. J., Larose R., Choi S. M. Your Privacy is Sealed: Effects of Web Privacy Seals on Trust and Personal Disclosures [J]. Journal of Consumer Affairs, 2005, 39 (2): 339-362.

[49] Romani S., Grappi S., Bagozzi R. P. My Anger is Your Gain, my Contempt Your Loss: Explaining Consumer Responses to Corporate Wrongdoing [J]. Psychology & Marketing, 2013, 30 (12): 1029-1042.

[50] Roseman I. J., Wiest C., Swartz T. S. Phenomenology, Behaviors, and Goals Differentiate Discrete Emotions [J]. Journal of Personality & Social Psychology, 1994, 67 (2): 206-221.

[51] Schatz D., Bashroush R. The Impact of Repeated Data Breach Events on Organisations'

Market Value [J]. Information & Computer Security, 2016, 24 (1): 73-92.

[52] Schwartz P. M., Solove D. J. The PII Problem: Privacy and a New Concept of Personally Identifiable Information [J]. Social Science Electronic Publishing, 2011, 86 (6): 1814-1894.

[53] Sen R., Borle S. Estimating the Contextual Risk of Data Breach: An Empirical Approach [J]. Journal of Management Information Systems, 2015, 32 (2): 314-341.

[54] Smith H. J., Burke M. S. J. Information Privacy: Measuring Individuals' Concerns about Organizational Practices [J]. MIS Quarterly, 1996, 20 (2): 167-196.

[55] Stephens N., Gwinner K. P. Why don't Some People Complain? A Cognitive-emotive Process Model of Consumer Complaint Behavior [J]. Journal of the Academy of Marketing Science, 1998, 26 (3): 172-189.

[56] Stewart K. A., Segars A. H. An Empirical Examination of the Concern for Information Privacy Instrument [J]. Information Systems Research, 2002, 13 (1): 36-49.

[57] Coombs W. T., Holladay S. J. The Negative Communication Dynamic: Exploring the Impact of Stakeholder Affect on Behavioral Intentions [J]. Journal of Communication Management, 2007, 11 (4): 300-312.

[58] Tomy S., Pardede E. Controlling Privacy Disclosure of Third Party Applications in Online Social Networks [J]. International Journal of Web Information Systems, 2016, 12 (2): 215-241.

[59] Wang Z., Yu Q. Privacy Trust Crisis of Personal Data in China in the Era of Big Data: The Survey and Countermeasures [J]. Computer Law & Security Review, 2015, 31 (6): 782-792.

[60] Westin A. F. Social and Political Dimensions of Privacy [J]. Journal of Social Issues, 2010, 59 (2): 431-453.

[61] Xie Y., Peng S. How to Repair Customer Trust after Negative Publicity: The Roles of Competence, Integrity, Benevolence, and Forgiveness [J]. Psychology & Marketing, 2009, 26 (7): 572-589.

[62] Yi S. H. Coping with Negative Emotions in Purchase-related Situations [J]. Journal of Consumer Psychology, 2004, 14 (3): 303-317.

[63] Zajonc R. B. Feeling and Thinking: Preferences need no Inferences [J]. American Psychologist, 1980, 35 (2): 151-175.

[64] Zeithaml V. A., Berry L. L., Parasuraman A. The Behavioral Consequences of Service Quality [J]. Journal of Marketing, 1996, 60 (2): 31-46.

第7章　品牌长期管理

品牌之树如何长青？知名品牌如可口可乐（Coca-Cola）、西门子（Siemens）、联合利华（Unilever）、丰田（Toyota）等已经生存了上百年，且长盛不衰。它们也曾经受到负面信息或内部不当运营等因素的影响。如1984年，可口可乐就遭遇了巨大的“新配方”危机。在那段时间，可口可乐遭遇了竞争对手的巨大挑战，可口可乐的市场份额一直在下降。公司已经用尽了各种办法，包括大量广告、积极的渠道政策等，也无法提振市场。在当年圣诞节期间，可口可乐公司决定在品牌百年诞辰之际，推出新的配方，传统配方将退出市场。忠诚的可口可乐消费者在品尝了新可乐后，极度的失望和愤怒，认为可口可乐背叛了消费者，要求可口可乐恢复原来的配方。可口可乐被消费者认为是老朋友。可口可乐公司被迫改变了原来的决定，宣布用回原来的配方。迅速响应消费者的诉求，积极地采取应对措施，使得可口可乐又重回软饮料品牌的榜首。

品牌危机防御与应对是品牌长期管理的重要维度。如果说品牌是一块人们安居乐业的领土，那么没有危机应对和防御，敌人就可能长驱直入，破坏领土和掠夺资源。如果说品牌是一个时刻运转的机器，不难想象品牌随时可能停止运转。企业投入巨额资金，打造出强势的品牌。品牌依靠其强势的、积极的和独特的联想为企业节约成本和增加收入。但如果缺少危机应对和品牌防御机制，强势的、积极和独特的联想可能会被削弱，从而也不能再为企业创造有价值的收益。很多品牌由于品牌危机应对意识薄弱，使得多年建起来的品牌大厦顷刻坍塌。有的品牌毁于一次产品质量危机，有的品牌止步于一次负面传闻。据统计，中国民营企业品牌平均寿命仅3.7年，中小企业品牌平均寿命只有2.5年；而在美国与日本，中小企业品牌的平均寿命分别为

8.2年、12.5年。中国大公司品牌的平均寿命是7~9年，欧美大企业品牌平均寿命长达40年，日本大企业品牌平均寿命有58年（易纲，2018）。营销学者科特勒非常强调品牌维持和保护的价值：“区别专业营销者的最佳方式是看他们是否拥有对品牌的创造、维持、保护和扩展的能力。”品牌咨询公司Interbrand在评估品牌价值时，将品牌支持和品牌保护作为品牌价值最重要的评价维度。

下文将从品牌危机应对和品牌危机防御两个方面展开阐述品牌长期管理。

7.1 品牌危机应对

7.1.1 品牌危机发展阶段

传统观点认为，品牌危机有其生命周期，一般经历四个发展阶段，即潜伏期、爆发期、处理期、解决期。潜伏期是危机前期的积累过程，该阶段难以被察觉，难以识别和判断。爆发期是危机诱因积累从量变到质变的结果，表现为事件冲突升级，立刻引发利益相关者，如消费者和媒体的关注。此时组织运营受到影响，品牌形象受损，企业生存和发展受到了极大考验。如果没有及时采取有效的应对策略，危机可能会进一步扩大。企业通常在处理期面临关键决策，包括资源调配、人员调动、机构改革等决定。危机进入解决期意味着事件爆发所产生的各种显性化问题基本解决，组织承受的压力减弱。企业应寻找危机发生的根本原因，避免同类型危机再次发生。需要注意的是，上述危机的四个发展阶段只是一般常态，但企业并不一定会一一经历。也有学者从品牌事件演化的角度理解品牌危机的发展。品牌危机最初只是品牌事件在小范围的冲突没有被妥善解决，如果此时被越来越多群体关注到，品牌事件就会恶化为品牌危机。首先关注到这些问题事件的应该是相关利益群体。在利益团体、行业或职业内部对这一问题的关注度提升，事件被逐步放大，成为一个话题。事件发展到这一阶段，企业比较容易进入，并且能主动阻止事件发展，甚至转危为机。但是在现实经营中，企业往往更关注那些已经很“紧迫”的任务，忽视可以及时止损的时机，导致事件继续蔓延。在互联网时代，媒体报道成为危机事件的主要推力。当品牌事件被媒体负面报道出来后，品牌离危机也就不远了。越是具有新闻价值的品牌在此时受到的关注越多，遭受的负面影响越大。

此外，有学者将品牌危机与疾病治疗类比；强调治疗时间窗的概念，即针对某些疾病的治疗方法仅在限定的时间范围内应用才有效，危机应对同样存在这种因“时”制宜的时间窗效应。从时间窗视角，危机应对的四阶段可分为危机症状阶段、急性时间窗、慢性时间窗、治愈时间窗（冉雅璇、卫海英）。危机类型和基率信息是危机前期症状的突出表现。基率信息是指发生同类危机事件的频率，可分为企业基率和行业基率。对于行业基率信息高、企业基率信息低的企业，消费者会认为该行业危机频发，某品牌偶尔的危机事件会被归因为偶然因素；而对于基率信息低的行业，危机事件会给犯错品牌带来较大的负面影响。当消费者利益受到侵害时，低忠诚度消费者更易采取负面行为（如负面口碑、报复行为），而高忠诚度消费者的品牌情感可帮助其缓冲负面行为。

在急性时间窗，企业主要有排难解纷、信息控制、外援求助和观望形势四种行为。排难解纷型指企业安抚已有负面情绪的顾客，信息控制型是企业合理地运用媒体和顾客渠道来降低负面消息。对于真实性未知、负面效应引导性较强的报道，企业会立刻联系媒体进行公关；而对于真实的负面事件企业会尽量避开媒体的关注，“因为我们希望受到媒体的遗忘”，受到采访的管理者如是说。外援求助型在中国的制度背景下具有重要作用，当企业遇到无法直接处理的事件时“会采取国家的法律手段”。观望事态型是对于企业暂时无法确定事件原因的危机，企业会先调查事件，再依据调研结果处理危机。在急性时间窗，消费者会获得较多负面的危机信息，获取方式有两种：一是被迫告知，通过媒体报道和消费者之间的分享获得信息；二是主动搜寻，出于危机信息与已有的品牌认知冲突，消费者会主动通过判断信息真实性、分析信息内容、借鉴其他消费者经验等方式关注危机。

在慢性时间窗，企业行动重点在清理危机残余，一方面通过控制信息，清理外部的负面宣传，另一方面通过息事宁人，清理消费者的负面情绪。在该时间窗，危机信息既包括负面报道，也包括“挺”企业的消费者评论、企业应对危机的正面报道。由于互联网平台的特殊性，持不同想法的消费者受到的社会规范和群体压力更小，更愿意表达自我真实想法，其他消费者也会接受到不同消费者的意见分享。

在治愈时间窗，企业吸取本次危机的经验教训，诊断和改正组织不足，从而预防类似危机的再次发生。危机后企业应关注且修复利益相关者的印象。企业需要在品牌危机后修复、改善和提高内部管理，由内到外全方位地“治愈”品牌危机。在该时间窗，消费者与企业的互动越来越正面。危机后，企业通常会推出新产品或新广告推动消费者进行品牌接触。同时，为了确保危机得以妥善处理，消费者会主动与危机后的品牌进行接触，也会联合企业举办参观工厂互动、企业宣传等了解企业应对策略。

7.1.2 品牌危机应对策略类别

危机应对策略是指危机发生后，根据危机的具体状况和情境，企业所采取的应对措施和方法。企业的管理者需要做出明智有效的危机应对策略，以减弱危机的负面影响（Cleeren，Van Heerde & Dekimpe，2013）。不当的危机应对策略会给企业带来更多负面的影响，给企业危机管理带来严重阻碍。及时且恰当的危机应对策略能够有效地处理危机，缓解品牌危机对品牌关系的冲击，最大程度地减小对企业的伤害（Coombs & Holladay，2007）。基于此，学者们对危机应对策略进行了大量的研究，试图理解组织如何应对才能更好地应对品牌危机。

形象修复理论（Image Restoration Theory）指出形象修复策略并不注重危机发生的阶段，而是把重点放在信息选择上，也即“危机发生时该说什么话”。Marcus 和 Goodman（1991）提出和解型和辩解型两种方式来处理企业危机，和解策略意味着承认过失、承担责任以及采取修复行动，而辩解策略对问题采取否认态度并拒绝承担责任。Griffin，Babin 和 Attaway（1991）在前人研究的基础上增加了缄默策略（对企业危机不回应或者回复“暂时无法评论”或“无可奉告”），至此，学术研究通常把危机应对策略分为道歉、否认、缄默三类。Benoit（1997）在已有研究的基础上整合了五种主要应对策略，提出组织可以单独或混合使用这五种应对方法来保护和修复组织声誉，最终恢复企业形象。企业危机应对策略包括：否认（简单否认、转移指责）、逃避责任（合理回应、无力控制、意外和良好的目的）、减弱事件攻击（支撑、淡化、区别、超脱、反击和补偿）、纠正行为和认错道歉。

Coombs 和 Holladay（2007）提出危机情境沟通理论，运用实证研究法去探索采取何种应对策略能够有效保护企业声誉。危机情境沟通理论表示，危机应对策略需要与危机情境匹配，才能最大程度上减小危机带来的负面影响。Coombs 和 Holladay（2007）根据消费者对危机责任的归因，将企业危机划分为受害型、事故型和重建型，并且提出了三种危机类型对应的应对策略：否认型策略、弱化型策略和重建型策略。方正等（2011）在 Coombs 和 Griffin 等的基础上，对不同类型的企业应对策略进行探究，在基本涵盖企业行为的同时，把沟通策略精简划分为三类：和解策略、辩解策略和缄默策略。

综合上述对企业应对策略的国内外研究可以发现，对于企业应对策略的分类，不同的学者有不同的分类方法。但是，这些研究主要集中于形象修复理论和危机沟通理论两方面，应对策略的内容均建立在“和解、辩解、缄默”范式上。

随着对品牌危机应对策略的研究深入，近年来不少学者提出了新的危机挽救策略。例如，陶红和卫海英（2016）针对“抢雷策略对危机修复的效果”进行了研究。抢雷策略是指组织在危机发生时先于媒体渠道主动向社会公众揭露负面信息的一种危机沟通策略。就像个体可以通过接种疫苗来抵御疾病一样，如果企业事先自我揭露负面信息，给消费者打了“预防针”，就有可能使信息的接收者形成“免疫”“人非圣贤，孰能无过”。企业也一样，虽然工作失误难以完全避免，但敢于承认错误，积极分析原因、寻找差距并及时改进，也许可以拯救危机。是否采用抢雷策略需要从负面信息来源和沟通时间来判断。除此之外，不少国内学者将品牌危机应对策略“本土化”，不仅与中国企业和消费者相结合，还从中国文化的角度探讨了危机应对方法：企业在危机情境下的“舍得”行为（王新刚、彭璐珞、周南，2018）。“舍”主要指在产品质量危机背景下，企业高管及其团队基于市场消费者、社会公众或自然资源生态等方面的考虑，主要以产品召回或经济赔偿等方式，做出与顾客头脑中所参照的规范一致或超规范偏离的决策行为。“大舍”主要指对企业而言，在危机管理中的经济损失或经济赔偿成本，远远超出顾客头脑中所参照的应对标准或事前期望，属超规范偏离行为。而“小舍”主要指对企业而言，在危机管理中的经济损失或经济赔偿成本，符合或略微超出顾客头脑中所参照的应对标准或顾客事前期望，属规范一致行为。

7.1.3 品牌危机应对策略的修复效果

互联网时代，品牌危机发生的频率、产生的影响力和波及的范围都被扩大了。危机应对策略能否有效止损关系到企业存亡。现有研究从消费者的角度出发，探究了品牌危机及其应对策略对品牌关系和消费者购买意愿产生的影响。

7.1.3.1 不同危机类型下，“抢雷”危机应对策略的修复效果存在差异

针对“抢雷策略对品牌危机修复效果”的研究指出，危机修复效果会受到品牌危机类型和品牌声誉的影响（陶红、卫海英，2016）。在能力型危机情境下，相对于不抢雷，企业抢雷能显著增加消费者感知的品牌可靠性，进而提高危机修复效果；在道德型危机情境下，企业是否采取抢雷策略对消费者感知品牌可靠性和品牌危机修复效果的影响不大。在此基础上进一步研究发现，能力型危机情境下，无论是高声誉品牌还是低声誉品牌，相对于不抢雷，抢雷都能取得更好的品牌危机修复效果；道德型危机情境下，仅高声誉品牌抢雷有更好的危机修复效果，而低声誉品牌抢不抢雷的品牌危机修复效果无显著差异。综上所述，在能力型危机下，企业抢雷相对于不抢雷的修复效果更好，这对于声誉高低的品牌均适用；而在道德型危机下，企业抢不抢雷的修复效果取决于品牌声誉高低，即抢雷策略仅对于高声誉品牌有更好的修复效果，对于低声誉品牌则不然。

企业采取抢雷策略，第一时间向公众表明态度，有助于提升消费者感知的品牌可靠性，从而提高品牌危机修复效果。反之，如果企业总是怀着侥幸

心理，试图瞒天过海，其结果只会使危机愈演愈烈。即使企业在危机后期投入大量的资源，其修复效果也可能十分有限。而低声誉品牌在面对道德型品牌危机时，消费者对其固有的负面态度会进一步强化，使其即使抢雷也很难获得更好的品牌危机修复效果。此时，企业应重点关注危机的事后响应，如尽快对企业内部进行整治与改进，诚恳地向社会公众道歉，以尽可能地提升品牌危机修复效果。

7.1.3.2　不同危机类型下，危机应对策略的侧重点存在差异

当品牌面临的危机主要涉及产品的功能缺陷或属性时，品牌进行声明和应对时应该从产品设计、生产技术和原材料等方面强调品牌的能力，弱化消费者因产品功能危机而产生的对品牌能力的质疑，从而降低对品牌购买意愿的影响。当品牌面临的危机主要涉及品牌的社会行为或道德时，品牌进行声明和应对时应该倾向于强调品牌的感性一面，如关心消费者需求、注重员工福利、重视社会责任的履行等以提升品牌温情感知，扭转消费者因企业的道德关联危机而产生对品牌价值观缺失或道德低下的认知，从而提升消费者品牌购买意愿（李峰、靖广强，2018）。

道德型品牌危机下不同危机应对策略的效应存在差异。在道德型品牌危机中，就保护品牌资产的效果而言，和解策略和辩解策略的差异不大，而否认策略的效果最差。在道德型品牌危机中，企业声誉会影响应对策略对品牌资产的挽救效果。具体而言，企业采用否认策略时，企业声誉水平高或低对品牌资产的影响不存在显著差异。企业采用辩解和和解策略时，与低声誉水平企业相比，高声誉水平的企业品牌资产的保护效果更显著。对于承诺水平高的消费者来说，无论企业采取否认、辩解与和解三种策略中的哪一种都对品牌资产的影响不存在显著差异（田虹、王琰，2018）。韩冰、王良燕、余明阳（2018）的研究发现，当面对品牌道德型危机时，高社会阶层的消费者比低社会阶层的消费者对品牌的评价和购买意愿更高；当面对品牌能力型危机时，高社会阶层和低社会阶层的消费者对品牌的评价和购买意愿无显著差异。

综上可知，品牌企业应该在斟酌危机本身的性质和特点的基础上选择不同的危机应对策略，在道德品牌危机的情境下，辩解策略可以和纠正策略一

样有效；但企业采取纠正策略的成本可能是高昂的，作为替代选择的辩解策略在此时就显得尤为重要。虽然企业在选择相应策略时要考虑到经济上的因素，但无论何时，否认策略都是不可取的。因此，企业应该建立健全信息沟通机制来保证在危机发生时能够从容应对。另外，当该企业拥有大量忠诚和品牌承诺高的消费者时，可以付出更少的努力来应对价值型品牌危机；因为面对企业的负面信息时，高承诺的消费者可能已经自发地对危机产生了必要的辩驳。相比之下，当该企业消费者的品牌忠诚度和品牌承诺都比较低时，企业可能要做出更多的努力才能将品牌资产的损失降到最低。同时，由于不同社会阶层的消费者对品牌危机应对策略的反应有差异，企业可以参考客户群体的社会阶层，从而在发生品牌危机时，根据危机的类型及时判断该信息所造成后果的严重程度，并制定快速有效的应对措施。例如，当发生道德型危机时，企业可以营造消费者所得知的丑闻并不会直接影响品牌的产品质量或服务能力的舆论导向，进而减轻丑闻带来的负面影响；而当发生能力型危机时，企业需要通过切实有效的补偿策略或召回策略才可能减轻对消费者的伤害。最后，企业建立良好的声誉是具有长期战略意义的举措。高声誉水平的企业在发生价值型品牌危机的时候更容易得到消费者的谅解，与低声誉企业相比，即使采取同样的应对策略对于品牌资产的保护也更有效。因此，企业应该在日常经营管理中注重对声誉的培养与维护，通过履行企业社会责任行为来提升自身形象，塑造高水平的企业声誉。

7.2 品牌长盛的制度性防御

从上文可知，品牌危机随时都可能发生，其根源既可能来自于企业外部的负面媒体曝光等，也可能来自企业内部的不当决策。在如今变幻莫测的自媒体时代，任何品牌都无法保证自己不会被碰到危机。企业应该建立常规的品牌管理体系，观察和监控自己品牌是否存在风险，从微观的角度防微杜渐。此外，企业还应该从宏观、战略角度部署品牌防御战略，建立常规的品牌监控机制，开展系统的品牌审计，设立完善的品牌防御管理体制。

7.2.1　建立常规的品牌监控机制

品牌防御和保护的第一个战略步骤是建立常规的品牌监控机制和设立执行该任务的机构，监控来自企业外部的威胁和企业内部的伤害。例如，企业应该密切监控商标公告、跟踪商标侵权信息；不定时关注报纸、杂志、电视、广播等大众传媒上不当使用企业商标、广告用语的行为。不定时地检查零售情况，观察是否存在仿冒、山寨等侵权行为。企业对这些行为应该采取及时的法律措施，不能听之任之，否则就可能稀释品牌资产。譬如，Kappa 原本是高端的运动服装品牌，但很多中国企业仿冒该商标生产了大量低劣产品。大街小巷，卖菜小贩的衣服上都印制着醒目的 Kappa 商标。Kappa 公司并未及时采取法律措施，导致目前消费者认为 Kappa 是一个低端的服装品牌，Kappa 的品牌资产被严重稀释。

为了及时应对媒体的负面曝光，在如今的网络时代，企业还应该密切关注媒体特别是网络媒体（博客、论坛和微博）的负面曝光、消费者的负面口碑、消费者的抵制活动等。如果发现有不利于品牌的负面事件和口碑，企业应该及时评估这些负面事件的重要性和严重程度，以及评估该事件是否会进一步恶化的可能性。

此外，企业还应该监控内部的决策行为是否会导致品牌稀释。由于产品、定价、促销和渠道决策分布在不同的职能部门，企业必须监控不同职能部门的决策是否在伤害品牌。品牌延伸、品牌联盟时都应该为维持品牌的一致性而努力。企业最好要制定一个品牌使用规范，包括如何正确使用品牌名、品牌 Logo 和品牌标语，避免错误的行为和不当的使用，防止品牌被稀释。

7.2.2　开展系统的品牌审计

品牌审计（Brand Audit）是用一系列程序来确定品牌的健康程度，发现品牌资产的来源，并且建议提出方法来改进并调控品牌资产。系统的品牌审计，可以帮助企业创建强势品牌，全面及时地发现品牌可能存在的问题。企业应该定期对品牌定位、品牌战略、品牌延伸情况进行审查，确定品牌的商业价值、了解品牌的使用情况，制定相应的品牌保护战略，防范品牌风险。企业进行品牌系统审计时，可以从如下三个方面展开：

（1）品牌定位与战略审计。

品牌定位与战略审计，考察品牌在消费者心中的位置以及确定品牌的未来发展方向。需要审核消费者对品牌的联想是否具有独特性和显著性？品牌定位和品牌形象在消费者心中是否吻合？品牌联想需要强化吗？品牌缺乏未来竞争力吗？品牌发展存在什么品牌机会和潜在的挑战？

品牌应该使消费者相信其产品是强大的、可靠的和独特的。例如沃尔沃汽车强调安全，哈雷·戴维森强调刺激。强势而独特的品牌定位使消费者在选择产品时体现出更多的品牌忠诚。品牌定位和战略审计应该从公司和消费者两个方面了解品牌。从公司的视角，要了解什么产品和服务目前正提供给消费者和它们怎样被营销并且品牌化。从消费者的视角，需要深入挖掘消费者的体验和观点，了解品牌和产品的真正含义是什么。企业还应该审核和评估品牌定位和形象是否保持一致性。长期连续一致的维持一种品牌形象、定位，有助于企业打造强势品牌（戴维·阿克，2012a）；从而降低品牌被稀释的风险。

（2）品牌延伸审计。

品牌延伸审计要评估企业是否有一个品牌适合进行延伸？对某些品牌是否过度延伸？品牌形象是否正遭受伤害？延伸会给原品牌带来哪些积极影响？或带来哪些消极影响？

维珍是一个强势的英国企业品牌；最初以维珍音乐起家，现在跨越了3个洲涵盖了200多项业务，包括维珍大西洋航空公司、维珍手机、维珍能源、维珍金融（保险、抵押和投资），以及维珍旅馆。维珍公司利用母品牌的强势，将母品牌延伸到新行业和新产品形式。恰当的品牌延伸，有利于企业新产品的推广和新市场的开拓，降低消费者的感知风险，提高推广和营销效果。但是品牌延伸过多，不仅不利于品牌推广，反而会伤害母品牌。一个品牌所表示的产品数量过多，可能是品牌的显著标识作用下降，导致品牌稀释

（Keller，2006）。

品牌延伸审计就必须评估企业的延伸是否合适，是否会产生积极的效果？品牌应该进行水平延伸还是垂直延伸？延伸品牌可能会产生哪些消极影响？延伸品牌是否让产品特征产生了不利联想？损害了原有品牌的感知质量？或者改变了现有的品牌联想的强度和独特性（戴维·阿克，2012b）？

（3）品牌联盟审计。

企业是否有机会与其他品牌合作？什么类型的品牌联盟能够减少自身品牌形象的局限？什么类型的品牌能够强化自身的品牌形象？品牌联盟过程中哪些因素可能对品牌造成不利影响？

品牌联盟的风险和收益是并存的。好的品牌联盟可以获得多个品牌资产，从而增强品牌的差异性和价值取向。如果每个品牌的关联性都很强而且互补，联盟品牌的影响力就比单个品牌更高。柯达公司的一项调查表明，有一种虚拟娱乐设备，20%的被调查者愿意购买柯达的产品，另外 20%的被调查者愿意购买索尼的产品；其中 80%的人愿意购买同时带有柯达和索尼商标的产品（戴维·阿克，2012c）。这表明，品牌联盟产生了协同效应。但很多情况下，合作双方的实力相差悬殊、品牌形象不一致等，或合作某一方发生了品牌危机，这些因素都可能会影响品牌自身的形象和资产。

进行品牌审计时，可以从如下两个步骤展开：品牌盘存（Brand Inventory）和品牌测定（Brand Exploratory）。首先，企业开展品牌盘存，对所有相关的品牌要素及辅助营销计划进行分析，并为每一种现实产品或服务编制清单。彻底的品牌盘存可以反映出品牌各个要素及其历史发展一致性的程度。其次，进行品牌测定，就是收集企业和消费者方面的有关品牌定位、品牌延伸和品牌联盟等方面的详细信息，用相关研究方法了解企业和消费者对品牌的看法，尤其是品牌认知度和品牌力度、赞誉度以及品牌联想的独特性等。系统的品牌审计，有助于企业发现品牌系统中存在的问题以及风险，就像体检一样发现身体健康问题。品牌审计有助于企业提前采取合适的措施进行防御和应对，防止品牌被稀释和伤害。

7.2.3 设立完善的品牌防御管理体制

（1）完善品牌保护的管理体制。

企业应该建立专职的品牌保护机构，有高层领导具体负责品牌保护事务，协调相关部门的活动，如法务部、营销部的协调和合作。公司管理层应该像对待机器、厂房等有形资产一样，重视品牌资产的战略管理。如果没有管理层的重视和支持，很难建立起一个具有执行力且对公司经营有支持作用的品牌管理体制。管理层应该了解品牌战略保护的知识，树立品牌战略保护的意识。例如，GE 总部有健全的商标管理部门负责商标的管理和保护工作，商标事务执行官在公司管理层的职务序列中，地位与公司副总裁相当。

（2）将品牌保护制度化。

建立品牌及相关专利使用权、经营权和转让权等的许可制度，建立定期评估品牌价值和品牌活动的制度。

许可证制度。即建立和完善品牌及相关专利的使用权、经营权、转让权等许可证制度；制定并贯彻品牌经营许可的资格标准和许可证发放权，避免滥用商标使用权。

评估制度。即在企业内部建立起品牌资产价值评估制度，进行一年一度的品牌经营资质审核，评估品牌的资产价值保值、增值的贡献力；对资质不合格、贡献力下降，甚至有损品牌形象的决策和活动采用一票否决制。

检验制度。即通过建立品牌市场综合表现及竞争力的评价标准和考核制度，以品牌市场综合竞争力为核心对品牌进行检验；检验手段为规范的、定期的、定性与定量相结合的专业化测试。检验的主体在企业外部而不是内部，就是更多地关注消费者及品牌相关的客体，采集他们的意见并进行判断，如建立一系列的品牌安全预警指标（品牌美誉度和毁誉度、品牌知名度和负知名度、品牌满意度和抱怨度等），通过定期对预警指标的检视来诊断品牌竞争力的状况，从而制定保护品牌形象的策略和方案。

7.3　品牌长盛的战略性防御

7.3.1　品牌活化

一般来说，新品牌的首要问题是如何进行品牌创建，老品牌的核心课题是如何进行品牌维护。对于处于衰退之中的、经营状况每况愈下的老品牌，其管理的艰巨任务是需要研究和解决品牌如何活化（Revitalization）、复兴（Rejuvenation）或重建（Rebranding）的问题。即使是像迪士尼这样具有极高品牌价值的公司，也先后在“二战”期间和创始人逝世的打击下经历过低谷。因此，即便是功成名就的强势品牌，长期管理的问题也不可回避。

公司长期经营的过程中，品牌老化问题非常值得关注，其实质是品牌资产的流失或贬值。品牌资产是一系列与品牌名称和标志相关的资产，它能够增加（或减少）产品或服务带给企业或企业顾客的价值。品牌资产包括品牌意识、品牌忠诚、感知质量和品牌联想等方面。品牌资产的作用体现在：①提高购买品牌的兴趣和可能性。不同的品牌有其特色及目标消费群体，消费者容易被符合自己调性的品牌吸引。②保持和提高议价能力。有形价值差不多的商品会因为贴牌不同而产生较大的价格差异，这一部分的差额收益就是由品牌资产带来的溢价。消费者愿意为品牌买单，一个重要原因是看重该品牌所带来的服务和它所代表的精神和文化。③增强品牌竞争力。品牌资产是一种保护和激励企业的手段，可以增强企业抵御风险和竞争的能力。④提高品牌延伸的能力。不少企业在建立强势品牌之后将产品线延伸到众多领域，以品牌为背书，降低新领域产品进入消费者视线的成本。

按照 Keller（1999，2003）的理论架构，长期品牌管理主要有两大方面的内容：一是品牌强化（Brand Reinforcement）；二是品牌活化（Brand Revitalization）。品牌强化是通过向消费者传达一致的品牌意义来实现的，强调维护品牌的一致性（不变）。品牌活化是指通过改变品牌相关的信息来提升品牌资产。企业通过品牌强化保持一致性有利于建立明确的品牌定位和形象符号，最终形成品牌竞争优势。如“支付就用支付宝”“怕上火喝王老吉”已经深入人心，它们的竞争对手很难再重复类似的定位。品牌的形象符号可以是视觉形象、广告语、独特声音或者是代言人。这些符号有利于品牌形象被理解和记忆，并且迅速产生品牌联想。麦当劳叔叔、因特尔的音乐都是有记忆点的典例。此外，当符号与品牌联系越来越紧密时，有利于延缓消费者的厌倦情绪。新品牌吸引消费者的成本很高，而成熟的品牌只需要更新现有的品牌联系就可唤醒消费者脑海中的品牌印象。当沟通和获取注意力的任务简化到只需要提示一个广为人知、与品牌密切联系的形象或广告，那么其成本就会大大降低。另外，创建新形象的效果不可测。如果品牌形象建立造成的印象不深或迅速过时，没有累积效应，所做的努力就会付诸东流。相反，支持和强化一个已经进行了很长时间的推广活动，可能会更有效。

品牌创立之后，品牌资产有可能因为内外部环境的变化而流失，出现品牌停止发展、衰落甚至濒临“死亡”的情况。从成本和营销战略的角度考虑，企业总希望在不断变化的市场上缔造不死品牌的神话。于是又回到长期品牌管理的基本决策问题：变还是不变？哪些可以或应该改变？哪些又不可以或不应该改变？需要注意的是，品牌老化不仅仅与品牌的创立时间有关，而且与消费者认知也有一定的关系。品牌开始被消费者忽视，即表明它开始衰老。品牌走下坡路不一定是因为产品质量差，可能只是与新产品相比，该品牌的产品尝起来、听起来或看起来老旧而已，于是在消费者脑海中没有记忆点。因此，老品牌不一定就有品牌老化的问题，像可口可乐等国际品牌虽历经百年沧桑，但在消费者眼里仍然是那么年轻、时尚（卢泰宏、高辉，2007）。

7.3.2 品牌活化的理论视角

认知学派的代表人物 Keller 在基于顾客的品牌资产（CBBE）的基础上，提出了“品牌活化战略”。Keller 认为，品牌活化策略主要有两种方法实施：一种是挖掘与扩展品牌认知的深度与宽度；另一种是改善与建立新的品牌联想，重新构造品牌资产所依赖的基础。Jean-Marc Lehu 以法国食品行业为背景，经过研究调查，提出品牌老化的原因主要缘于三个方面：产品/服务、目标市场和沟通。来自企业提供的产品或服务的主要问题有：①过时的消费者满意承诺；②产品调研和开发滞后；③创新缓慢；④专利日益减少；⑤生产过程陈旧；⑥产品或服务丧失竞争力；⑦技术明显落后；⑧生产方法不能达到目前的要求水准；⑨样式、设计和颜色过时；⑩品牌分类存在问题。目标市场有关品牌老化的主要问题包括：①消费者人数减少；②目标市场没有更新换代；③消费者的平均年龄偏高；④新产品因不符合消费者需求而推广失败；⑤品牌极少或不为青年消费者所知。以香奈儿（CHANEL）等入驻“抖音”为例。奢侈品行业全方位对话年轻人，选用自带话题、流量的年轻偶像成为品牌大使，在年轻人喜爱的平台投放广告等。品牌有时是由于传播和沟通不利而趋于老化的，这方面的问题包括：①随着时间的推移，传播预算减少；②品牌提及率降低；③包装过时；④传播创造力减弱；⑤媒体计划缺乏针对性；⑥传播内容过时；⑦频繁更换广告代理，导致核心信息模糊；⑧代言人形象“老化”或适应性差；⑨忽略了时尚因素，而被竞争对手巧加利用。品牌活化也应该从上述三个方面出发，针对具体问题，采取不同的办法。

从社会心理学角度来看，品牌活化强调的是品牌意义的复活（Revival of Brand Meaning）。它的机理是唤醒消费者的怀旧情结，该理论主要由 Brown、Kozinet 和 Sherry Jr 提出。他们通过网络实地调查法（Netno Graphy）定性研究了大众的新甲壳虫汽车和电影《星球大战序曲 1：魅影危机》两个案例。在此研究的基础上，Brown 等提出了基于品牌意义的品牌活化的概念框架，该框架包括四个方面（4RS）：一是品牌故事（Brand Story）。品牌故事是指关于品牌的象征性故事，既可以是叙述性的，也可以是比喻性的，是有关品牌历史、意义、精神等的描述。二是理想化的品牌社群（Idealized Brand Community）。在品牌活化过程中，关于过去的一种理想化意义被唤醒，而这种意义在现实社会又是不存在的。品牌活化将其与现代最新的技术相结合，并进一步深化。社群成员在某些意识上具有共同性，拥有品牌才能进入社群，品牌在某种程度上成了消费者的身份证和进入社群的通行证。三是品牌精髓（Brand Essence）。品牌独特性是品牌身份的一个重要的方面，而品牌精髓则代表品牌的核心价值，被称作品牌的 DNA（基因）。四是品牌悖论（Brand Paradox）。现代社会的技术进步是不可阻挡的，但在技术不断进步的同时，消费者内心又向往回到简单、轻松的时代。因此，品牌在保留老元素与注入新元素之间出现了矛盾。

国内学者何佳讯将西方品牌活化理论分为认知心理学和社会心理学两个角度。认知心理视角关注品牌意识和品牌形象两个方面，强调置入新的元素，主要包括四个方面：新产品（用途）、新市场、新定位和新形象；而社会心理视角则关注新老品牌资产，强调挖掘老的元素，主要是复古策略，但它们之间也是相互联系的。因此，在品牌活化的过程中，应该把两种理论有效地结合起来，既要不断更新产品和服务，同时又要引入能够引发消费者怀旧的因素。为此，何佳讯建立了认知心理—社会心理联合视角的品牌活化矩阵（Brand Revitalization Matrix，BRM），它概括了品牌活化的四大根本策略：唤醒记忆、扩展意识、复古风格和改变形象。下面将简要介绍创新策略和怀旧策略

7.3.3 创新策略

创新就是面向未来，通过求变来更新陈旧的品牌资产来源，或创建新的品牌资产来源（Keller，1999），最终达到品牌活化的目的。相反，怀旧是面向过去，利用消费者的怀旧偏好，通过维护老品牌的某些经典的、不变的东西来勾起消费者对老品牌与自己关系的正面回忆和情感，激发老品牌独有的品牌资产，从而达到品牌活化的效果（何佳讯、李耀，2006）。通过创新进行品牌活化的原理在于消费者头脑中的品牌知识得到改变，包括拓展品牌意识以及改善品牌形象（Keller，1999，2003）。

正如上文所提到的，营销创新主要围绕产品、目标市场和营销沟通三个方面进行。品牌是以产品或服务为载体的，没有高质量的产品，品牌也就是无源之水、无本之木。产品创新一直是保持品牌年轻的重要手段。产品创新并不一定是颠覆性的全新产品，可以是新的元素或新的用途。在一个成熟的市场环境下，增加产品新用途的成本远低于吸引新用户所需的成本。此外，增加消费者对品牌的使用量和使用频率也是一种创新。比如通过扩大牙膏口

一毫米，无形中增加了消费者的使用量，从而带来销售的提升。2017 年 8 月，可口可乐宣布推出一款零糖可乐（Coke Zero Sugar），上市之后获得接近于 10% 的销量增长。它的配料都和先前上架的零度可乐（Coke Zero）一样，依然会使用阿斯巴甜这样的人工甜味剂，区别在于零糖可乐无论是在口味还是包装上都向原味的可口可乐看齐。这款饮料的推出使得碳酸饮料业务基本维持不再大幅下降的情况。

从目标市场的角度来说，改变或扩大目标市场是对抗品牌老化的另一种有效方法。当决定“改变目标市场”的战略时，品牌既可以选择转向更年轻的消费者，也可以选择转向更年长的消费者。因为所谓“年轻”的品牌并不一定是以年轻人为购买主体的品牌，而是能够保持甚至提升销售业绩的品牌（Lehu，2004；Aaker，1991）。Aaker（1991）特别强调在进行品牌重新定位时，要确保新定位与现有品牌联想的一致性。否则将会出现两种情况：现有品牌联想抑制品牌重新定位的效果；某些潜在市场由于重新定位而被忽略，而这些潜在市场也许是非常有价值的。除此之外，品牌延伸也可以扩大目标市场。通过开发子品牌或老品牌延伸至新产品的做法可以实现市场扩大。老化的品牌从另一个角度而言也是成熟的品牌，这类品牌已积累了相当的品牌资产，因此品牌延伸可以成为品牌活化的又一选择（Aaker，1991；Lehu，2004）。在欧莱雅旗下的众多产品品牌中，欧莱雅有意淡化了欧莱雅企业品牌同各产品品牌的关系，使产品品牌以独立的形象出现，以至于许多消费者并不知道赫莲娜、兰蔻、碧欧泉、薇姿等知名品牌也是出自主品牌为低端品牌“巴黎欧莱雅”的欧莱雅之手。使得欧莱雅的产品成功覆盖了高、中、低三个消费档次。

营销传播对品牌活化也十分重要。当品牌在人们心目中形成陈旧、衰老的形象后，我们需要用更集中有力的传播攻势打破旧印象、树立新形象（Lehu，2004）。无论产品创新、产品线延伸还是开发新用途，都必须将这些新信息及时向消费者传递。可以说营销传播是品牌活化中不可或缺的环节（Merrilees，2005）。Wansink 和 Gilmore（1999）更强调了原品牌产品发展新功能（替代功能）的传播要点：如果原品牌产品和其所要替代的产品之间的差异较大，那么它们的相似点应当加以宣传；反之，如果原品牌产品和其所要替代的产品之间过于相似，那么两种产品或品牌间的不同之处应被明确指出。

从品牌策略的角度出发，企业可以采取品牌延伸策略、副品牌策略和更新品牌形象进行创新。品牌延伸策略是指企业在原有品牌名下连带推广新产品。一方面，品牌延伸可以利用消费者长期积累的品牌认同和品牌偏好；另一方面，品牌延伸可以丰富产品线，给品牌注入新鲜感。迪士尼最初只是电影制作公司，到后来发展了影视娱乐、媒体网络、主题公园和度假村、消费产品等多个品牌产业，形成了一个巨大的娱乐产业闭环。副品牌是指企业在生产多种类型产品的情况下，给其所有产品冠以统一品牌的同时，再根据每种产品的不同特征给其取上名称。主副品牌策略从本质上讲仍然是一种品牌延伸策略。它是规避品牌延伸风险的有效手段之一。这样既可以使各种产品在消费者心目中有一个整体的概念，又在各种产品之间拉开一定的距离，使产品在统一中保持差异性。

更新品牌形象包括更换品牌名称和标识。品牌名称和标识是能通过视觉较为直观地感受出来的信号。在企业经营过程中，品牌形象变与不变、什么时候变，都是需要企业决策中在权衡机会与风险之后才能做出的重大抉择。第一代华为 LOGO 是由 15 个花瓣组成的“太阳花”。15 个花瓣代表了华为成立之初的 15 位创始人，而太阳花寓意着阳光、积极、向上。华为第二代标识“重新思考公司品牌的核心价值，延续公司核心理念”。第二代相比于第一代而言有很大的变化，不仅太阳花的花瓣少了，而且整个花瓣看起来是那么的饱满。第二代的华为 LOGO 延续了第一代的红黑色主色调，图案和文字上面略有不同，并且还增加了渐变效果，看起来极具动感。八个花瓣从聚拢到散开，也预示着华为的业务可以更加兴旺。底部的花心聚拢，表明了华为坚持以客户需求与客户创造价值的核心理念。花瓣下面配上黑色字母“HUAWEI”，并没有用英文，而是选择了用大写的汉语拼音。第三代华为的 LOGO 发布于 2018 年 3 月，相对于第二代，第三代则有了一些变化。之前华为 LOGO 都是渐变色，而第三代的颜色全部改为了红色，虽然没有了以前的立体感，但是第三代华为 LOGO 更具直观感的视觉冲击。

7.3.4 怀旧策略

创立于1931年的美妆品牌百雀羚，如今已经85岁高龄。2008年以前，人们谈起百雀羚时，想起来的还只有那款铁盒香脂。2015年7月，一份《2015中国化妆品品牌50强》榜单里，百雀羚高居本土品牌榜首，其年零售额已直奔120亿元。2016年百雀羚销售额跃至138亿元，超过高峰时期的玉兰油50%以上，成为中国化妆品市场上所有品牌（包括外国品牌在内）中年零售额最大的单一品牌。到2017年百雀羚更是冲到177亿元。百雀羚签下了对“80后”、“90后”极具影响力的周杰伦等知名明星，百雀羚注重与年轻消费者的联系。两次作为“国礼”被赠予，百雀羚成为一个被赋予了民族文化的品牌，国民认同度直线飙升。以《一镜到底》展现了旧上海滩的景象，激发了全民怀旧热潮，仅300万元的预算最终达到了阅读量10万多的效果。百雀羚成功“复活”，并逐步“高端化”和“国际化”。

怀旧是人之常情。随着营销研究的深入，关于品牌怀旧的相关研究越来越受到重视。Holbrook和Schindler（1991）把怀旧定义为：一个人年轻的时候（在成年期早期、青少年期、幼年时期甚至出生之前），对经常出现的事物（人、地方或者事件）的一种偏好（喜欢、积极的态度或者美好的情感）。他们强调了偏好是指消费者对消费的各种物品的喜欢程度。怀旧可以由与最近或者久远的过去相联系的外部刺激引发。这些刺激可能是社会性的（如朋友、家庭成员、野餐、生日聚会或者失去爱人等），也可能是非社会性的（如物品、音乐、气味、产品等）。消费者怀旧倾向能对品牌依恋和品牌偏好产生正面影响。Melani Wallendorf和Eric（1998）研究发现，相对于事物的属性来说，美国人的依恋更多的来自对过去经历的回忆。Heilbrunn（2001）认为依恋描述了消费者与品牌之间的六个方面关系：享乐、认知、交往、怀旧、自我表达和关系持久。他认为怀旧是依恋构念的一个构面，这也从一个侧面反映了怀旧对依恋有一定的影响。另外，Fournier（1994）认为，品牌依恋表达了消费者想要维持与品牌之间的关系的渴望，通过该品牌消费者可以实现一种怀旧连接（Nostalgic Connexion）。消费者对品牌越信任、越依恋，就越容易对品牌做出承诺，进而形成品牌忠诚。

一般来说，上了年纪的人比较容易产生怀旧情感。消费者怀旧通常表现为对现实生活的不满，试图通过对旧事物的怀念寻找安慰。陈莹燕（2007）认为，对于年长的人来说，怀旧是对自己的一种慰藉；对于年轻人来说，怀旧是一种对从前的好奇，是一种和长辈沟通的方法，是一种解决代沟的方式。Brown（2003）指出，对不同年代的人采用怀旧情绪是一种有效的营销方法。Zimmer，Little 和 Grif fiths（1999）则提出了虚构历史品牌战略和怀旧品牌战略，其中，虚构历史品牌战略是指为新产品虚构几十年前的背景或传统；怀旧品牌战略则是指对新产品采用熟悉的联想手法或树立“古老”的形象来唤起消费者的怀旧情感和记忆。因此，在编写历史品牌故事时，创作中重大事件的呈现，是能够最快引起消费者关于一个年代记忆的共鸣，且易用较为轻松有趣的方式呈现，在勾起怀旧情绪的同时赋予它们更多简单的趣味，让一般消费者容易吸收相关信息，而非大量的文史资料。

与通过创新活化老品牌相对应的是，老品牌本身所具有的独特历史文化资源和忠实消费群体等“旧资产”同样不容忽视，值得加以开发利用。从长期品牌管理的角度看，可以充分利用消费者的怀旧偏好，通过相似的口号或者是包装，调用品牌传统，唤起消费者对以前美好事物的回忆，达到唤醒老品牌资产的效果（何佳讯、李耀，2006）。当老品牌面临新品牌的强有力竞争时，怀旧方式的利用则显得尤为必要。消费者往往对那些能够引起对过去经历回忆的东西有着强烈的感情，进而激发出强烈的购买倾向（Holbrook，Schindler，2003）。因此，从理论上看，运用怀旧联结（Nostalgic Bonding）是老品牌对付新产品的一种有效策略。

Brown，Kozinets 和 Sherry（2003）认为，老品牌可以唤起过去经历的记忆即一种个人怀旧，也可以唤起兴趣相同的团体成员的亲密感即一种集体怀旧。一个品牌同怀旧紧密联系，就具有了更好的市场价值。怀旧加强了消费者与品牌之间的情感连接，如果决策者选择走怀旧路线，那么加强并有效传递产品的某些固有特征，将能有效激起消费者对原有品牌的怀旧情感。Holbrook 和 Schindler（2003）曾归纳了 10 种能够激起汽车消费怀旧情结的元素，包括感官体验、家乡、友谊和所爱的人等。从营销要素的角度看，品牌名称、标志、产品特征，包括特定的形状、颜色、气味等，这些容易在消费者心目中留下历史印迹的要素是不容改变的。如可口可乐的红色、IBM 的蓝色、宝马的双肾格栅等。Holak 和 Havlena（1992）把引发怀旧的元素简洁地归结为：人（People）、物（Objectives）、事件（Events）。因此，设定怀旧为主题的品牌叙事、采用怀旧的场景、选择时代感较强的品牌代言人等，将会使高怀旧倾向的消费者产生对品牌的强烈怀旧情感（Reisenwitz，Iyer，Cutler，2004）。

怀旧的消费者总是将旧时的产品与高品质、美好相联系，他们通常对过去的产品品质给予较高的评价，认为过去的产品就是质量的象征；对于老式的产品他们表现出更高的支付溢价的意愿（Lyon & Colquhoun，1999）。据研究显示，消费者对于过往年代的怀念，就算没有亲身经历的记忆，也能引发其怀旧情绪（Goulding，2001）。因此，保证产品的感知质量，通过广告强调产品不变的品质，将给消费者带来信任感。而在定价的操作上，为了扩大目标市场盲目削价，只会使消费者产生品质下降的负面联想（Gordon，Calantone，Benedetto，1999）。

但是怀旧对品牌忠诚的正向影响具有边界条件。物质主义倡导通过获取或拥有实物对象满足现有需求，高物质主义倾向的人十分注重公众象征价值（Richins，1994），即我们通常所说的面子感；而怀旧通常以一种特有的个性经历为基础，由某一对象（甚至大规模营销的产品）激发的怀旧情感往往是非常私人的情感体验（Holak，Halena，1992），因而无须呈现在公众面前。Rindfleisch，Freeman 和 Burroughs（2000）的研究部分证实了怀旧倾向和物质主义之间的负相关关系。如果更进一步证明这种关系的存在，那么意味着，对那些代表奢侈高档或充满地位象征意义的产品开展大规模的怀旧营销是无济于事的。这就提醒管理者，准确识别不同怀旧倾向的目标市场，对有关产品开展针对性的营销是十分重要的。事实上，使用怀旧倾向进行市场细分研究已得到了很多研究成果。Holbrook（1993）研究表明，怀旧倾向与年龄之间不存在任何关系，它们是相互独立的变量。同时证实，怀旧倾向会影响消费者的购物偏好模式；Reisenwitz，Iyer 和 Cutler（2004）通过研究得出结论：女人比男人的怀旧倾向更大。Holbrook 和 Schindler（1996）的研究得到消费者对于电影出现偏好高峰的年龄，怀旧倾向程度影响不同的偏好高值出现时间。Schindler 和 Holbrook（2003）研究了怀旧倾向在汽车的购买上可能存在的影响。与低怀旧倾向的汽车消费者相比，高怀旧倾向者在更早期的年龄阶段就产生一个偏好高峰。这与电影的研究结果相似。可见，在很多产品上，怀旧倾向是区分消费者态度的有效变量。

从时间管理的意义上看，变与不变都是相对的，但变的幅度和频率视营销要素的不同而存在区别。Keller（2003）又指出，品牌一致性并不意味着市场营销人员应该避免在营销方案中做任何变动。恰恰相反，作为管理品牌资产中的一致性，也许需要多种战术转换和变化，以保持战略目标和品牌方向。因此，在长期品牌管理过程中，我们应该把两种理论有效地结合起来，既要不断更新产品和服务，同时又要引入能够引发消费者怀旧的因素，但要注意与现代标准和消费者需求相结合，把过去的元素和现代的功能技术完美融合在一起。

7.4 案例分析——美联航的品牌危机应对

美国联合航空公司，简称美联航。该公司成立于 1926 年，作为波音航空运输公司、太平洋航空运输公司、国家航空运输公司和瓦尼航空公司 4 家公司的管理公司，主要是在美国内交付邮件。1994 年大多数联合航空公司的雇员购买了公司 55%的股份，交换条件是对工资和福利等做出让步，这使得联合航空公司成为世界上最大的大多数股份由雇员拥有的航空公司。该公司还在美国西海岸开始了低成本的联合穿梭公司的运营。联合航空公司的航线网覆盖全球，每天运营 2200 多个航班飞往 30 个国家的 139 个目的港。该公司号称注重不同文化、不同种族人的融合，并聘用了许多少数族裔和外国服务人员。公司要为旅客提供尊重、礼貌、诚实的服务。然而其暴力驱逐乘客的做法却与其企业文化大相径庭。

2017 年 4 月 9 日，美国联合航空公司 3411 号航班原定于 2017 年 4 月 9 日晚从芝加哥奥黑尔国际机场飞往肯塔基州路易斯维尔。为让 4 名机组人员能于翌日抵达路易斯威尔，以为隔日的航班做准备，便在机上寻求 4 名自愿下机的乘客，承诺赔偿 400 美元及一夜酒店住宿；但加至 800 美元都无人放弃登机，航空公司决定用电脑随机抽出 4 人。一对被抽到的男女平静接受，但一名自称是医生、与妻子同被抽中的亚裔拒绝下机，表示翌日要到路易斯威尔医院见患者。在争持不下的情况下，3 名机场执法人员决定强行拖走男子。从网络上曝光的视频中可以看到，几名身材高大壮硕的黑人安保人员，强行将一名亚裔老者拖离座位。而在拖离的过程中，该男子的面部，腰部多次撞到飞机座椅上。一开始他还能爆发出哀嚎，而到后面，就只能满脸是血地被人在过道上拖着向前。被拖走时衣衫不整且眼镜滑落，额头及口部有血，更有乘客指他被打晕。被拖走的男子在约 10 分钟后挣脱，并返回到机上，喃喃自语说："我要回家，我要回家。""杀死我吧！"这名乘客遭受的不仅是暴力，还有屈辱。

暴力事件引发了全球舆论关注，中美社交媒体上大量信息称欲抵制美联航。新浪微博话题页面"美联航强制乘客下机"吸引了 4.8 亿次浏览关注。有人卸载美联航 APP，有人剪掉了美联航的会员卡。甚至有人在白宫请愿网站上发起签名，要求美国联邦政府对 4 月 9 日发生的美联航事件展开调查。截至北京时间 4 月 11 日 17 点 35 分，该请愿已经收集到 18380 个签名。根据白宫官方网站说明，任何请愿签名如果在 30 天内能收集到 10 万个支持者在线签名，就能得到白宫的正式回应。其竞争对手西南航空公司借势喊出口号"我们只打击竞争对手，不打我们的乘客"。随着事件不断发酵，当地时间周二盘前，股价开始波动，一度下跌近 6%，创下上年 8 月初以来的最大跌幅，其后回升。11 日早上开盘后，美联航股票价格一度下跌高达 4.3%，半小时内市值蒸发 9.6 亿美元。

迫于舆论压力，美联航在推特发表了一段声明，解释了超售不当的事，但并未对受到暴力对待的乘客道歉，只是轻描淡写地提到"不得不重新安置乘客"。但是广大消费者对此声明并不买单。美国联合航空发言人表示，公司有遵循正确的程序，指该航班必须起飞，故通知芝加哥警方协助。联合航空行政总裁穆尼奥斯对事件深表歉意，表示正与当局合作了解详情，并已与该名男子对话接触，希望可以解决问题。但他却在一封写给员工的内部邮件中表示，对此事件他也深感困扰，尤其是为什么这名旅客拒不执行芝加哥机场安保人员的要求，机组是在屡次要求这名旅客下飞机其拒不听从后才知会机场安全人员，一线人员的处理方法符合既有操作守则，他坚定地支持机组的处理方法，并要求一线人员确保飞行正常。美联航高傲的态度和两面派的做法将公众的愤怒值推向又一个高点。

据英国《每日邮报》报道，在美联航航班上遭遇暴力对待的亚裔男子，名叫陶大卫（David Dao），当年 69 岁，是美籍越南裔，同时也是一名医生。4 月 13 日，陶大卫的女儿和代表律师在芝加哥工会联盟俱乐部召开新闻发布会，公布了陶大卫的伤情，并表示在调查工作完成后将提起诉讼。陶大卫的律师德米特里奥（Thomas Demetrio）在当天的新闻发布会上称陶大卫在此次事件中脑震荡、鼻骨骨折、鼻窦损伤，还失去了两颗前牙，需要进行重建手术。陶大卫的女儿克里斯特尔·佩珀（Crystal Pepper）说，对于发生在父亲身上的一切，家人非常惊恐和震惊。自从现场视频蔓延传播以来，一家人深受影响，感谢“来自世界各地的关心和祈祷”，希望这样的事情不会再重演。北京时间 4 月 14 日律师表示，陶大卫在 1975 年西贡陷落时乘小船逃离越南，当时感到很恐怖，但这位医生自述在美联航的遭遇“比越战还可怕”。

同时媒体报道陶大卫的五个孩子中四个都是医生，老婆也是儿科医生，其中两个孩子在全美最好的医疗机构 Mayo Clinic 工作。代他打官司的两个律师都是胜率在全美排前 5%的人物。网友调侃说“美联航以为拖下去的是个普通亚裔，结果却踢到碳化钨装甲板上了”。美联航也意识到了这一点。首席执行官奥斯卡·穆尼奥斯发表声明再次道歉，说美联航对这一事件“负全部责任”，将进行详细调查，并在 4 月 30 日前公布调查结果。对于公司政策，美联航公布三项决定：除安全防卫，美联航将不再让执法人员拉人下飞机；重审公司政策；加强对员工培训。奥斯卡·穆尼奥斯表示未来将不再安排警察带离客舱乘客，同时将退还 UA3411 航班所有乘客机票。“让一名已经预定、付过钱甚至已经坐到座位上的乘客离开，我们不能这么做，美联航绝对不会再次发生类似事件”。穆诺茨表示，整个事件是一起“系统性错误”。这是穆诺茨第一次公开谈论此事，几天来，事件激起了舆论强烈反弹，给美联航造成数以亿万计的损失。

美国当地时间 2017 年 4 月 27 日 14 点（北京时间 28 日凌晨 3 点），负责代理美联航暴力拖拽乘客下飞机一案的律师德米特里奥给包括央视记者在内的媒体发来邮件，称美联航已与遭暴力拖拽下飞机的乘客 David Dao 达成和解协议。但作为条件之一，协议的具体内容和涉及的金额保密。外界猜测此次赔偿高达 1.4 亿美元。

美联航一直以来都被诟病服务质量差，2015 年年底，外媒评选“全球服务最差的航空公司”榜单里，美联航（非廉航）名列其中。刘强东直接说其“服务最差，没有之一”。2008 年 3 月，加拿大乡村歌手达夫·卡罗尔（Dave Carroll）乘坐美联航航班从加拿大哈利法克斯前往美国内布拉斯加，当飞机在芝加哥奥黑尔机场中转时，有乘客反映工作人员将乘客的行李像“扔链球”一样毫不在意地抛来抛去。由于吉他的特殊性，卡罗尔立即向机上工作人员投诉，但没有人去制止。当他最后拿到行李后，发现自己的吉他果然被摔坏了。该吉他价值 3500 美元，并且在损坏后卡罗尔先后花费了 1200 美元修理它。但修理后的吉他已无法弹奏出以前的音色。自那之后的长达一年时间里，卡罗尔先后与联合航空公司在芝加哥、纽约、加拿大甚至印度的服务部门沟通，通过电话、传真、电子邮件等方式不断投诉，试图使这一问题得到合理解决。而美联航则以种种理由推卸责任，或者拖延时间，即俗称的“踢皮球”。在网络媒体时代，舆论才能使店大欺客的企业低头。卡罗尔和他的乐队成员创作了一首名为《美联航弄坏吉他》（United Breaks Guitars）的民谣歌。在歌词里，卡罗尔以幽默的口吻叙述了事情的经过，并且还拍了个更有趣的 MV。这支 MV 随后被放在了 Youtube 上，在 10 天之内，这首歌的点击量就突破了 400 万次。而处于舆论中心的美联航饱受网民舆论声讨，商业形象大幅度跳水，美联航股价暴跌 10%，相当于蒸发掉 1.8 亿美元市值。迫于舆论资本双重压力的美联航赶忙主动联系到卡罗尔，表示愿意向他无条件赔偿维修吉他的费用，并且还答应向他赠送价值 3000 美元的飞行优惠券，不过卡罗尔后来表示美联航不妨把这笔钱捐给音乐公益组织 Thelonious Monk Institute of Jazz。美联航的新闻发言人还表示："我们已经把这段视频保存，作为我们培训客服员工的案例，让他们吸取教训，更好地服务客户。"从以上事件来看，美联航由于其服务质量和公关能力已经损失了数十亿美元的损失，希望他们能从中吸取教训，尊重顾客权益。

本章小结

品牌危机防御与应对是品牌长期管理的重要维度。企业需要理解品牌危机的生命周期，即潜伏期、爆发期、处理期、解决期，也有学者将该周期对应为危机症状阶段、急性时间窗、慢性时间窗、治愈时间窗。不同阶段的应对策略有所不同，强调因"时"制宜。一般来说，危机应对策略可以分为和解策略、辩解策略和缄默策略。和解策略即承认过失、承担责任以及采取修复行动；辩解策略是指企业否认问题和过错、拒绝承担责任；缄默策略即对企业危机不回应或者以"无可奉告"回应大众。对于特殊情况，企业可以采取"抢雷"策略，主动自我披露负面消息，将负面影响降到最低。

品牌长期管理分为制度性防御和战略性防御。制度性防御主要通过企业建立常规的品牌管理体系，观察和监控自己品牌是否存在风险，从微观的角度防微杜渐。制度性防御可采取建立常规的品牌监控机制、开展系统的品牌审计和设立完善的品牌防御管理体制等方式。战略性防御主要通过品牌创新和怀旧两种策略使得品牌活化。创新策略是指更新陈旧的品牌资产来源，或创建新的品牌资产来源。怀旧是利用消费者的怀旧偏好，通过维护老品牌的某些经典的、不变的东西来勾起消费者对老品牌与自己关系的正面回忆和情感，激发老品牌独有的品牌资产。

参考文献

[1] Aaker, D. A. Managing Brand Equity [M]. New York: Free Press, 1991.

[2] Bill Merrilees. Radical Brand Evolution: A Case - based Framework [J]. Journal of

Adertising Research, 2005, 45 (2): 201-210.

[3] Benoit, W. L. Image Repair Discourse and Crisis Communication [J]. Public Relations Review, 1997, 23 (2): 177-186.

[4] Cleeren, K., Van Heerde, H. J., Dekimpe, M. G. Rising from the Ashes: How Brands and Categories Can Overcome Product-harm Crises [J]. Journal of Marketing, 2013, 77 (2): 58-77.

[5] D. Crockett, Melani Wallendorf. Sociological Perspectives on Imposed School Dress Codes: Consumption as Attempted Suppression of Class and Group Symbolism [J]. Journal of Macromarketing, 1998, 18 (2): 115-131.

[6] Fournier S., Yao J. Reviving Brand Loyalty: A Reconceptualization Within the Framework of Consumer-Brand Relationships [J]. International Journal of Research In Marketing, 1997: 451-472.

[7] Goulding C. An Exploratory Study of Age Related Vicarious Nostalgia and Aesthetic Consumption [J]. Advances in Consumer Research, 2002 (29): 542-546.

[8] Gordon, Geoffrey L., Roger J. Calantone and C. Anthony di Benedetto, Mature Markets and Revitalization Strategies: An American Fable [J]. Business Horizons, 1999 (3): 39-49.

[9] Griffin, M., Babin, B. J., Attaway, J. S. An Empirical Investigation of the Impact of Negative Public Publicity on Consumer Attitudes and Intentions [J]. ACR North American Advances, 1991.

[10] Heilbrunn, B. Les Facteurs d' Attachement du Consommateurà la Marque [D]. These de Doctorat en Sciences de Gestion, Universite Paris IX Dauphine, 2001.

[11] Holak, Sus an L., William J. Havlena. Nos talgia: An Exploratory Study of Themes and Emotions in the Nostalgic experience [J]. Advances in Consumer Research, 1992 (19): 380-387.

[12] Holbrook, Morris B. Nostalgia and Consumption Preferences: Some Emerging Patterns of Consumer Tastes [J]. Journal of Consumer Research, 1993, 20 (2): 245-256.

[13] Holbrook, Morris B., Robert M. Schindler. Echoes of the Deardeparted Past: Some Work in Progress on Nost Algia [J]. Advances in Consumer Research, 1991 (18): 330-333.

[14] Keller, Kevin Lane. Managing Brands for Long Run: Brand Reinforcement and Brand Revitalization Strategies [J]. California Management Review, 1999, 41 (3): 102-124.

[15] Keller, Kevin Lane. Strategic Brand Management: Building, Measuring and Managing Brand Equity (2nd Edition), Pearson Education, 2003

[16] Lehu, Jean- Marc. Back to Life! Why Brands Grow Old and Sometimes Die and What Managers Then Do: An Exploratory Qualitative Research Put into the French Context [J]. Journal of Marketing Communications, 2004, 10 (2): 133-152.

[17] Lyon, Phil and Anne Colquhoun. Selectively Living in the Past: Nostalgia and Lifestyle [J]. International Journal of Consumer Studies, 1999, 23 (3): 191-196.

[18] Marcus, A. A., Goodman, R. S. Victims and Shareholders: The Dilemmas of Presenting Corporate Policy During a Crisis [J]. Academy of Management Journal, 1991, 34 (2): 281-305.

[19] Reisenwitz, Timothy H., Rajesh Iyer, Bob Cutler. Nost Algia Advertising and the Influence of Nos Talgia Proneness [J]. The Marketing Management Journal, 2004, 14 (2): 55-66.

[20] Richins, Marsha L. Special Possessions and the Expression of Material Values [J]. Journal of Consumer Research, 1994, 21 (3): 522-533.

[21] Rindfleisch, A., D. Freeman, J. E. Burroughs. Nostalgia, Materialism and Product Preference: An Initial Inquiry [J]. Advances in Consumer Research, 2000 (27): 36-41.

[22] Schindler, Robert M., Morris B. Holbrook. Nostalgia for Early Experience as a Determinant of Consumer Preferences [J]. Psychology & Marketing, 2003, 20 (4): 275-302.

[23] Stephen Brown, Robert V. Kozinets, John F. Sherry Jr. Teaching Old Brands New Tricks: Retro Branding and the Revival of Brand Meaning [J]. Journal of Marketing, 2003, 67 (3): 19-33.

[24] Timothy Coombs, W., Holladay, S. J. The Negative Communication Dynamic: Exploring the Impact of Stakeholder Affect on Behavioral Intentions [J]. Journal of Communication Management, 2007, 11 (4): 300-312.

[25] Wansink, B., J. M. Gilmore. New Uses that Revitalize Old Brands [J]. Journal of Advertising Research, 1999, 39 (2): 90-98.

[26] 陈莹燕. 论怀旧元素在包装设计中的体现 [J]. 商场现代化, 2007 (12Z): 154-155.

[27] 方正，杨洋，江明华，李蔚，李珊. 可辩解型产品伤害危机应对策略对品牌资产的影

响研究：调节变量和中介变量的作用［J］. 南开管理评论，2011（4）：9-79.

［28］韩冰，王良燕，余明阳 . 社会阶层与品牌危机类型对品牌评价及购买意愿的影响探究［J］. 管理评论，2018，30（2）：212-221.

［29］何佳讯，李耀 . 品牌活化原理与决策方法探窥——兼谈我国老字号品牌的振兴［J］. 中国品牌，2007（2）：90-93.

［30］凯文·莱恩·凯勒 . 战略品牌管理［M］. 北京：中国人民大学出版社，2003.

［31］李峰，靖广强 . 品牌危机类型和应对诉求匹配性对消费者购买意愿的影响［J］. 工业技术经济，018（8）：18.

［32］卢泰宏，高辉 . 品牌老化与品牌激活研究述评［J］. 外国经济与管理，2007，29（2）：17-23.

［33］冉雅璇，卫海英 . 互动仪式链视角下品牌危机应对的多案例研究［J］. 管理学报，2016，13（5）：647-656.

［34］陶红，卫海英 . 抢雷策略对品牌危机修复效果的影响研究——品牌危机类型，品牌声誉的调节作用［J］. 南开管理评论，2016，19（3）：77-88.

［35］田虹，王琰 . 价值型品牌危机响应策略对品牌资产的影响［J］. 珞珈管理评论，2018，20（4）：114-129.

［36］王新刚，彭璐珞，周南 . 企业品牌危机管理中的舍得行为研究［J］. 经济管理，2018，40（11）：125-139.

重要术语索引